AF259236

BAYONNE SOUS L'EMPIRE

LE BLOCUS

DE 1814

D'APRÈS LES CONTEMPORAINS ET DES DOCUMENTS INÉDITS

PAR

E. DUCÉRÉ

ILLUSTRATIONS HORS TEXTE

COSTUMES MILITAIRES PAR M. FORT

BAYONNE

IMPRIMERIE & LITHOGRAPHIE A. LAMAIGNÈRE

—

1900

LE BLOCUS DE 1814

Justification du Tirage : Trois cents exemplaires numérotés

№ 147 ✳

BAYONNE SOUS L'EMPIRE

LE BLOCUS

DE 1814

D'APRÈS LES CONTEMPORAINS ET DES DOCUMENTS INÉDITS

PAR

E. DUCÉRÉ

ILLUSTRATIONS HORS TEXTE

Costumes Militaires par M. Fort

BAYONNE

IMPRIMERIE & LITHOGRAPHIE A. LAMAIGNÈRE

1900

AVANT-PROPOS

Le Blocus de Bayonne, en 1814, marque l'un des derniers faits de guerre de l'étonnante épopée impériale. Ce titre seul exige qu'il soit raconté avec détail. Il est en même temps comme l'épilogue de l'histoire de Bayonne sous le Consulat et l'Empire, qui commence avec le passage de l'armée du général Augereau, atteint son point culminant d'intensité lors du séjour de Napoléon, en 1808, et se termine par l'invasion des armées alliées (1). En outre, il forme comme une ligne de démarcation bien tranchée dans les annales de la ville, car beaucoup de vieilles gens avaient l'habitude de dater leurs impressions personnelles de cette époque mémorable : *C'était avant ou après le Blocus !* disait-on d'une manière courante. Enfin, les actions militaires qui eurent le territoire de Bayonne pour théâtre, ont encore aujourd'hui une certaine importance au point de vue de la défense du pays. Nous avons pensé qu'il n'était pas sans intérêt de réunir sur ce

---

(1) L'ouvrage que nous publions ici est un simple chapitre d'une œuvre plus considérable, pour laquelle nous avons rassemblé des documents inédits et du plus haut intérêt. En effet, la période du Consulat et de l'Empire, à Bayonne, a une intensité de vie toute particulière, et on peut dire que, pendant ces quinze années, la vieille cité a plus vécu que pendant plusieurs siècles antérieurs. Le passage incessant des troupes allant ou revenant d'Espagne, les grands personnages qui séjournent à Bayonne à diverses reprises, le séjour des cours impériale de France et royale d'Espagne, tous ces événements contribuèrent à donner à cette histoire une saveur toute particulière. Cette œuvre, à laquelle nous avons travaillé depuis de longues années, paraîtra, nous l'espérons, dans un avenir prochain, et nous montrera la ville de Bayonne sous un aspect qui s'était déjà évanoui parmi les ombres du passé.

sujet tous les documents qui étaient parvenus en notre possession.

Presque tous les historiens bayonnais ont parlé dans leurs ouvrages de ce Blocus célèbre, mais aucun d'entre eux ne l'a fait d'une manière complète, et en étudiant toutes les phases de la défense et de l'attaque ; toutefois, il en est quelques-uns qui apportent des témoignages fort précieux, car ils ont été témoins oculaires ou bien ont connu des personnes qui assistèrent à la presque totalité des événements.

Les mémoires et souvenirs militaires, dont la publication récente a atteint une si grande vogue, sont venus nous apporter un sérieux contingent de notes et d'appréciations et surtout, ce qui nous a paru encore plus précieux, des opinions personnelles et des vues de détail qui nous ont permis de donner à cette étude un tour moins sec et plus anecdotique que ne le sont d'ordinaire les ouvrages purement techniques. Nous avons cru devoir recueillir aussi les traits de mœurs et les traditions populaires qui sont restées parmi la masse du peuple, tout en les examinant soigneusement et en rejetant sans pitié celles qui nous paraissaient avoir un caractère de fabrication par trop fantaisiste.

Cet ouvrage a été divisé en chapitres distincts dans lesquels nous avons étudié plus spécialement chacune des phases du Blocus. Un appendice, placé à la fin du livre, contiendra la reproduction des pièces officielles et des états de situation que nous avons pu recueillir à diverses sources qui seront indiquées.

Nous devons cependant une mention toute particulière pour le plus important de ces ouvrages. Nous voulons parler du beau livre du commandant Clerc, ancien chef de bataillon au 49ᵉ de ligne. Il nous apporte, en effet, le plus sérieux contingent de pièces officielles puisées par lui dans le vaste dépôt des archives de la guerre, et dont nous nous sommes abondamment servi. Nous ne doutons pas que des documents nouveaux ne sortent de la poussière des archives, sans toutefois que leur découverte fasse sensiblement varier les lignes principales de l'histoire du Blocus de 1814. Il est vrai qu'ils pourront peut-être apporter des renseignements nouveaux sur des faits anecdotiques et jeter plus de lumière sur la bravoure de nos soldats, sur leurs travaux continuels et leur extraordinaire abnégation.

Le Blocus de Bayonne marque la fin de ces luttes prodigieuses des armées d'Espagne pendant lesquelles la fortune de la France ne cessa de déchoir. Le genéral anglais Napier, l'un des ennemis et des adversaires de Napoléon, termine de la manière suivante son remarquable ouvrage sur les guerres de la Péninsule : « Napoléon,
» le plus grand homme qui ait apparu dans l'histoire du
» monde, le plus étonnant général, le plus habile politi-
» que, l'homme d'Etat le plus profond, a perdu, par le
» sort des armes, la Pologne, l'Allemagne, l'Italie, le
» Portugal, l'Espagne et la France. La fortune, car c'est
» ainsi qu'il faut appeler l'ordre mystérieux de la Provi-
» dence, lui a manqué, et, sans son secours, les desseins
» de l'homme disparaissent comme des bulles d'eau sur
» la surface agitée de l'Océan. »

CHAPITRE I

LES SIÈGES DE BAYONNE

Situation de Bayonne. — La forteresse romaine. — Bayonne au moyen âge. — Fortification des XVᵉ et XVIᵉ siècles. — Siège de Bayonne par une armée espagnole. — La fortification de Vauban. — Projet d'ouvrages extérieurs. — Les redoutes.

La situation de Bayonne, au confluent des deux rivières la Nive et l'Adour, en a fait à toutes les époques une forteresse d'une grande importance pour la défense du pays. Il faudrait à coup sûr un gros ouvrage pour décrire ses fortifications dans lesquelles on peut remarquer encore des vestiges de tous les âges et de tous les systèmes, et de nombreuses pages seraient nécessaires pour faire l'historique des sièges qu'elle a subis ou des faits de guerre dont son territoire a été le théâtre. Quoiqu'une étude de ce genre soit bien tentante, nous savons que nous devons nous résumer, et ne présenter ici qu'un abrégé succinct du passé militaire de Bayonne, de son rôle comme forteresse jusqu'au moment du Blocus qui va bientôt nous occuper.

Lorsque les Romains construisirent l'imposante forteresse qui prit le nom de *Lapurdum*, il est probable qu'elle fut établie sur les vestiges d'une ancienne agglomération cantabre, car cela paraît assez bien démontré par le peu de régularité de l'enceinte. La description, donnée ailleurs, de cette fortification, nous dispense d'y revenir, et, du reste, il est encore facile d'en faire aujourd'hui le tour extérieur et d'y relever les quelques tours romaines qui subsistent encore (1). Après l'abaissement des maîtres du monde, la ville fut prise et reprise par les Visigoths, les Arabes, les Normands, et enfin par tous les barbares qui traversèrent les Pyrénées pour aller conquérir l'Espagne.

Les fortifications furent réédifiées par l'évêque Raymond de Martres, qui engloba dans sa nouvelle construction non seulement

---

(1) *Les fortifications du Vieux Bayonne.* — Bayonne, Lamaignère, in-8º.

les quartiers maritimes qui étaient venus se placer sur les bords de la rive droite de la Nive, mais encore le faubourg du Bourgneuf qui avait été fondé sur la rive gauche. Cette fortification nouvelle se composait d'une muraille défendue de distance en distance par des tours arrondies. En même temps, une chaîne était tendue en travers de la Nive, et faisait de cette rivière un port intérieur d'une grande sûreté.

La ville était en cet état, lorsqu'elle fut assiégée et prise, en 1230, par le roi de Navarre. Plus tard, elle fut encore enlevée d'assaut, à ce que l'on croit, par Richard Cœur de Lion, et repoussa, au siècle suivant, une tentative faite par un comte de Foix. En 1377, elle subit de nouveau un siège qui dura plusieurs mois, et réussit à rendre vains les efforts du roi de Castille, Henri de Transtamare, ami et allié du roi de France.

Mais pendant le XIVe siècle, l'artillerie à feu avait fait son apparition, et la fortification bayonnaise allait subir un changement notable dans son enceinte. Ses hautes murailles, dépourvues de flanquement, ne répondaient plus aux exigences des engins nouveaux, et des barbacanes, qui avaient le grand avantage de couvrir les portes et de pouvoir recevoir le canon, furent construites en avant des murailles de St-Léon et de Lachepaillet. Ces ouvrages, complètement détachés et solidement terrassés, devaient nous mener bientôt au front bastionné de Vauban.

En 1418 et 1419, nouvelles attaques de la part des armées espagnoles, qui respectèrent la vieille forteresse, mais qui, d'après d'anciens textes, ruinèrent la contrée de fond en comble. La fortification du moyen âge n'avait guère changé, lorsque, par capitulation, la ville passa, en 1451, sous la domination des Français. Toutefois, des boulevards avaient été construits devant les différentes portes et en avant des tours de la Boucherie et de Sault. Charles VII commença la construction du Château Neuf, et Louis XI fit élever un ouvrage à l'embouchure de la Nive pour la protection du port. Mais les vieilles murailles de Bayonne avaient été d'un si faible secours à la défense et un obstacle si peu sérieux aux efforts des assiégeants, qu'il fallait nécessairement en changer le système et l'adapter à des exigences plus modernes. La ligue qui s'était formée en 1514 entre Ferdinand, roi d'Aragon et Henri VIII d'Angleterre, la menace d'une armée anglaise débarquée à Saint-Sébastien firent songer qu'on avait peut-être trop attendu,

Aussi, après cette fausse alerte, Louis de Poncher, conseiller du roi et trésorier de France, fit-il dresser un devis des nouvelles fortifications à élever par Jean de Cologne ou de la Cologne, qui paraît avoir été le premier ingénieur militaire qui se soit occupé de Bayonne, et dont le nom soit parvenu jusqu'à nous.

Une très faible partie de ces défenses avaient été exécutées, lorsque la ville fut tout à coup assiégée, en 1523, par une armée espagnole dont la fougue vint se briser sur ses murailles, et surtout devant le courage de ses habitants. Les faubourgs avaient été détruits, mais ce ne fut qu'à la fin du règne de François Ier que l'on songea à pourvoir la place d'un système complet. Toutefois, malgré les sommes considérables dépensées jusqu'alors, le tracé de l'enceinte ne devait être définitivement corrigé qu'après le plan établi par l'un des précurseurs de Vauban : nous voulons parler du célèbre Errard, de Bar-le-Duc.

Ce dernier ne s'occupa d'ailleurs que du corps de place, et il nous faut arriver aux menaces d'une armée espagnole et à l'invasion d'une partie du Labourd pour voir commencer le développement de l'action extérieure de l'antique forteresse par la construction de deux forts au-dessus du faubourg Saint-Esprit et par l'élévation d'une demi-lune et de quelques autres ouvrages détachés.

En 1674, nouvelle alarme, car on craignit un moment la descente d'une flotte hollandaise portant de nombreuses troupes de débarquement. Aussi, en 1680, Vauban fut-il chargé de fortifier la ville, en appliquant à sa défense le système dont il s'était déjà servi avec tant de succès. On retrouve encore dans nos murailles des fragments considérables de ces travaux, et, pour la première fois, les dehors de la place constituèrent sa plus sérieuse défense. Toutefois, ils ne consistaient encore qu'en contre-gardes et en demi-lunes, ayant pour objet principal de défiler les courtines du corps de place, qu'en certains endroits on voyait jusqu'au pied. Vauban commença son œuvre par la citadelle qui, dit l'illustre maréchal, « servoit en outre à contenir les habitants dans le » devoir » (1). Voilà donc la ville de Bayonne pourvue pendant un siècle environ, et il nous faut arriver à l'époque de la Révolu-

____

(1) Manuscrit de Vauban sur la ville de Bayonne.

tion pour voir son rôle s'étendre peu à peu, à mesure qu'augmente la portée de l'artillerie.

En 1791, les commissaires de l'artillerie et du génie visitèrent Bayonne et firent un rapport circonstancié sur la situation dans laquelle elle se trouvait, ainsi que sur les ressources qu'on pouvait tirer de sa position stratégique.

Bayonne, disent ils, est une clef très essentielle du royaume, et l'Espagne a fait autrefois un grand nombre de tentatives pour s'en emparer, tant par surprise que par la force ouverte. Toutes ces tentatives ont été, du reste, absolument infructueuses, car c'est la seule place sur cette frontière qui soit capable de servir d'entrepôt à l'artillerie, tant pour soutenir la guerre défensive, que pour agir offensivement dans les provinces d'Espagne ; cette place, située au confluent des rivières de l'Adour et de la Nive, couvre tout le pays derrière ces rivières jusqu'à la Garonne, et est la seule qui puisse retarder la marche d'une armée. On ne peut voir sans douleur une place de cette importance s'opposer aux grandes entreprises de l'ennemi, sans courir le risque d'être enlevée elle-même en peu de jours si elle était attaquée.

Les commissaires concluaient à la construction d'un grand ouvrage sur la hauteur de Castelnau (1), ainsi que l'avait prescrit le maréchal de Vauban, ouvrage qui devait couvrir le faubourg de Saint-Esprit, assurer sa conservation et empêcher que la communication de la ville et de la citadelle ne soit interrompue ; car, disaient-ils, si ce faubourg est abandonné, l'ennemi s'en emparera, et pourra, dès le moment de son arrivée sur les bords de l'Adour, détruire tous les ponts, tous les vaisseaux, l'intérieur de la ville, et même la brûler. On verra plus loin que c'est en effet ce qui faillit arriver pendant le Blocus de 1814.

Deux années plus tard, en 1793, et après avoir éprouvé une chaude alarme, causée par la retraite subite de l'armée des Pyrénées-Occidentales jusqu'à Ustaritz, il semble que les travaux du camp retranché reçurent un commencement d'exécution. La ville fut complètement palissadée et la fortification remise en bon état. On avait jugé à propos d'occuper les hauteurs de Mousserolles par des ouvrages détachés et par des redoutes. En effet, on avait déjà proposé, en 1792, la construction de trois lunettes en terre sur ces

(1) Le Fort actuel,

GARNISON DE BAYONNE - GENDARMERIE A PIED

mêmes hauteurs. Vers la fin de l'année 1793, deux de ces lunettes étaient achevées et en état de recevoir du monde en cas de besoin. La troisième lunette avait été commencée par quelques habitants de la ville et devait porter le nom de *Redoute Bayonnaise*. Mais ces habitants ayant été forcés d'interrompre ce travail à cause du service de la place auquel ils furent assujettis depuis le départ des troupes réglées, on devait y transporter les ouvriers occupés à la lunette de droite aussitôt que celle-ci serait achevée. Afin de tenir l'ennemi aussi éloigné que possible du corps de place, on ordonna l'exécution de quatre batteries sur les dehors de la porte d'Espagne.

Sous le règne de Napoléon, il en fut de Bayonne comme de toutes les villes qui défendaient les anciennes frontières de la France, la sollicitude de l'Empereur se portait sur les places fortes les plus éloignées de son immense Empire. Quant à Bayonne, couverte par les trois cent mille vétérans des armées d'Espagne, on pensait que sa fortification démodée devait lui suffire ; on verra combien le démenti en fut sanglant et cruel.

CHAPITRE II

LES FORTIFICATIONS ET LE CAMP RETRANCHÉ

Aspect de la ville de Bayonne. — Sa force militaire. — Saint-Esprit. — Description des défenses de Bayonne. — Ses murailles. — Le port. — La citadelle. — Topographie bayonnaise. — Un témoin oculaire. — Bayonne en 1813. — Les environs de Bayonne. — Le camp retranché. — Ouvrages projetés. — Les Espagnols *afrancesados* après la retraite de Vittoria. — Les troupes étrangères. — Arrivée du maréchal Soult. — Les dehors de la citadelle. — Projets du conseil de défense. — Commencement des travaux. — Les abattis et les inondations. — Le front d'Espagne, le front de Mousserolles et le front de la citadelle. — Description du camp retranché de Mousserolles. — Lignes de défense. — La redoute du Prissé. — Les bois détruits par les soldats. — Emplacements que doivent occuper les troupes de la défense. — Lenteur des travaux du camp retranché. — Le front de la citadelle. — Souvenirs d'un officier anglais. — La vigie de la citadelle. — Jack dans sa boîte. — Arsenaux, hôpitaux et ambulances.

Nous allons voir maintenant en quel état se trouvaient les fortifications de Bayonne au moment où l'armée française, battue à Vittoria, se retranchait derrière les Pyrénées.

La ville de Bayonne, dit un mémoire du temps, considérée comme poste de guerre, se compose de la place et de la citadelle, entre lesquelles est le faubourg de Saint Esprit, qui n'est entouré d'aucune enceinte, quoiqu'il ne puisse être regardé comme nuisible à la défense de ces deux forteresses ; considéré même individuellement, il n'est pas sans force positive, et l'on oserait dire que, tenant compte de la difficulté de passer le bas de l'Adour ou la Nive et le haut de l'Adour, le poste de Saint-Esprit est plus fort que la ville de Bayonne. En effet, si une armée française, réduite à la défensive sur la rive droite de l'Adour, avait pris la précaution de détruire ou d'attirer à son bord tous les bâtiments flottants de la Nive et de l'Adour, ce ne serait pas une petite entreprise de passer, sous les yeux d'une armée, même faible, ces rivières, surtout l'Adour, depuis son embouchure jusqu'au Bec du Gave, sa profondeur et le volume de ses eaux sujettes au flux et reflux. Si l'on entreprenait de remonter jusqu'au pont de Dax pour la passer, il ne s'agirait plus alors de passer l'Adour seule, mais la Nive, la Bidouze et les Gaves ; leurs passages pourraient être disputés et, mieux que cela, il faudrait que l'armée ennemie ouvrît une marche assez étendue à travers un pays difficile, coupé, de peu de ressources pour la subsistance et les charrois. Sa ligne d'opération deviendrait étendue et susceptible d'être attaquée par l'armée qui passerait la rivière à Bayonne ; l'ennemi aurait plus de facilité, sans doute, de tenter le passage du bas Adour au moyen de bâtiments flottants qu'il tirerait des ports d'Espagne, chose encore bien difficile. Quant à la supposition du débarquement entre l'embouchure de l'Adour et de la Gironde, elle est inadmissible, par le défaut de mouillage. En voilà assez pour prouver que l'ennemi aurait de grandes difficultés pour se porter à la droite de l'Adour et qu'on peut compter ces difficultés comme des causes de force positive.

Pour Saint-Esprit, il était peut-être plus fort que la place de Bayonne ; ce faubourg n'était pas toutefois sans quelque défense contre un ennemi qui aurait occupé la droite de la rivière ; ses accès, du côté de l'Ouest, étaient barrés par l'ouvrage qui couvrait la rampe de la citadelle en s'appuyant à la rivière. Du côté du Nord et du Nord-Est, il était dominé et absolument caché par le coteau de la citadelle ; on ne pouvait donc arriver au faubourg que par des terrains battus par cette forteresse. Les lunettes détachées, faites dans cette partie, procuraient un surcroît de protection au faubourg. Les accès Sud étaient interceptés ou ne pouvaient avoir lieu que par la rivière qui baignait immédiatement ses murs. Restait la partie de l'Est : cette partie répondait à un terrain bas, marécageux, coupé de canaux de dessèchement, susceptible d'être inondé par la marée si l'on coupait les digues qui la retenaient ; de plus, ce terrain était battu en flanc et de revers par la place de Bayonne, et de front par des batteries naturellement établies à cette intention.

On est entré dans ce détail, ajoutait l'auteur de ce remarquable mémoire, pour prouver que si une enceinte pour le faubourg Saint-Esprit devait nécessairement faire partie d'un projet sur Bayonne, cela n'était pas le plus pressé. Il est vrai que le savant ingénieur ne comptait pas sur le facile passage de l'Adour par l'armée alliée, passage qui, ainsi qu'on le verra plus loin, s'opéra presque sans résistance. Un autre document officiel nous donne la description exacte des défenses de Bayonne au moment même où le maréchal Soult, duc de Dalmatie, envoyé par l'Empereur, avec les pouvoirs les plus étendus, arriva de sa personne se mettre à la tête de l'armée d'Espagne.

Les fortifications de la ville, dit ce nouveau mémoire, étaient très médiocres ; l'enceinte était construite d'après un système très irrégulier qui annonçait une grande vétusté et qui était le résultat de constructions de dates très diverses. Il était des parties dépourvues de terrassements ; sur certains points, la largeur du rempart n'avait pas permis d'y mettre des parapets en terre, et, malgré cela, on y eût mis difficilement du canon en batterie ; là, l'enceinte était flanquée par des tours antiques ou par des saillants presque sans saillie ; ailleurs, elle l'était par des ouvrages que l'on appelait *boulevards*, qui étaient trop élevés et trop petits ; les dehors, en terre ou à demi-revêtement, couvraient mal l'enceinte et en étaient mal défendus ; les fossés étaient peu profonds et comblés en partie ; la plupart d'entr'eux étaient marécageux, ils avaient les inconvénients des fossés pleins d'eau sans en avoir les avantages, et ils n'avaient pas non plus les propriétés des fossés secs ; les contrescarpes étaient en terre et peu élevées. Seuls, les chemins couverts étaient d'une bonne proportion et formaient le meilleur avantage de la place. Tous ces défauts appartenaient aux parties les plus exposées à l'ennemi et qu'il pouvait insulter sans passer les rivières. Pour parer à ces inconvénients, Vauban s'était contenté de couvrir le front d'attaque du côté de la Haute-Nive par des fossés secs qui étaient meilleurs que ceux du reste de la place, et par un ouvrage à cornes et sa demi-lune, et entourés de bons chemins couverts. Sans doute, il avait cru faire assez pour une place aussi bien défendue par la nature.

En effet, ajoute un autre mémoire de la même époque, la position de Bayonne en faisait une très bonne forteresse. Son front d'attaque était couvert par une espèce de camp retranché naturel ; deux rivières rendaient sa circonvallation des plus difficiles. Si on attaquait sans la faire, on se livrait à une opération fausse, d'un succès très douteux ; elle était entourée de pays très arides et de peu de ressources pour l'entretien d'une armée ennemie. Sa rade était mauvaise et les côtes correspondantes plus mauvaises encore. Ces propriétés, qui étaient si fâcheuses pour sa navigation, étaient d'un grand avantage relativement à sa défense, puisque l'ennemi ne pouvait s'approvisionner régulièrement par la mer. Bayonne était donc une place forte dans son ensemble, quoique ses fortifications fussent défectueuses, mais on devait bientôt la mettre en mesure de jouer le rôle important auquel elle était appelée.

La citadelle était en très bon état, les ouvrages en étaient du grand maître, et on ne pouvait leur faire d'autre reproche que d'être petits : ce dernier défaut tenait sans doute beaucoup à l'emplacement et peut-être aussi aux progrès de l'art qui avaient agrandi les mesures prescrites par Vauban sans s'écarter de ses principes. Les lunettes, portées en avant du front d'attaque, étaient d'une grande protection pour ce front : « Si la défensive devenait nécessaire pendant les événements qui l'annonceraient et pendant les délais nécessaires que donneraient les préparatifs de l'ennemi, on pourrait ajouter d'autres moyens de défense, tels qu'un chemin couvert aux lunettes et des fourneaux de mine. »

Ecoutons maintenant un témoin oculaire, qui nous offre avec détail l'aspect de Bayonne et de ses fortifications au moment où le Blocus allait commencer. Le commandant d'artillerie La Pène, qui avait fait toutes les campagnes d'Espagne, a laissé plusieurs ouvrages précieux pour l'histoire de ces sanglantes guerres.

« Peu de villes se présentent avec autant d'avantages que Bayonne, soit comme position militaire, soit par la richesse de ses environs et les beautés du paysage qui l'entoure. L'Adour, qui descend des glaciers du Tour Malet, derrière le pic du Midi, arrose et enrichit les trois départements de l'ancienne Gascogne, vient, après un cours demi circulaire de cinquante lieues, former, au pied de ces mêmes montagnes, et presque à son embouchure, le port marchand de Bayonne ; tandis que la Nive, torrent indompté vers Saint-Jean-Pied-de Port, mais bientôt rendue plus calme par le flux de la mer, vient aussi payer à Bayonne le tribut de ses eaux et s'y réunir aux flots tranquilles et majestueux de l'Adour. C'est au confluent de ces deux rivières, sur leurs bords, et dans cette position remarquable, que Bayonne est bâtie. La place présente peu de superficie et sa population est hors de ligne avec le peu d'étendue de l'enceinte. Les rues sont régulières et le luxe des habitants, la richesse de leurs demeures, lui donnent dans sa petitesse l'aspect d'une grande ville. Quant à leur physionomie morale, ses habitants nous parurent différer peu de ceux des autres cités principales du Midi : n'avançant toutefois ici qu'avec défiance le jugement que nous portâmes sur Bayonne, à une époque où, par des motifs qui seront bientôt exposés, la France, et surtout le Midi, éprouvaient un déplacement complet de sentiments, je dirai que la population de cette ville parut aux yeux de l'armée, à l'exception de quelques membres du haut commerce, dont les vues nobles et le zèle désintéressé ont déjà été signalés, exclusivement livrée à ses occupations de négoce et peu faite à ces élans qui, dans le commun danger, doivent porter les citoyens à substituer, pour quelques instants, à leurs intérêts privés, ceux de la chose publique.

» Les fronts qui constituent Bayonne place forte sont établis sur les trois routes respectives d'Espagne qui, par Saint-Jean-de-Luz, Ainhoue, Saint-Jean-Pied-de-Port, se réunissent dans la première ville. Ces fronts entourent donc toute la partie de l'enceinte qui regarde les Pyrénées, en s'appuyant à l'Adour par les deux extrémités. Le tracé de cette enceinte, dont les bastions sont à orillons, est peu antérieur au système moderne. La plupart des ouvrages avancés n'ont point de revêtement en maçonnerie. Un plus grand défaut signale encore le front qui barre la route de Saint-Jean-Pied-de-Port : vu d'une certaine distance sur cette route, le front dont il s'agit est dominé par un rideau presque parallèle au rempart. La construction d'un vaste camp retranché, dont il sera bientôt parlé plus loin, dut corriger ce défaut et enve lopper aussi toutes les éminences qui pouvaient nuire à la défense de Bayonne sur les trois routes d'Espagne. La citadelle, élevée sur la rive droite de l'Adour, domine et bat la ville et ses environs ; elle défend aussi la rade et protège la navigation ; cette pièce est l'ouvrage du célèbre Vauban, aussi bien que la citadelle de Saint-Jean-Pied-de-Port.

» La ville de Saint-Esprit, bâtie sur cette même rive droite, communique avec Bayonne par un beau pont en bois établi sur pilotis, le seul jeté sur l'Adour depuis Dax. Nonobstant ce voisinage de la place, Saint-Esprit appartient au département des Landes qu'il faut traverser en partie pour atteindre le bourg que nous venons de nommer. Mais ces plaines de sable, ces monotones forêts de pins, ces champs incultes, cette terre marâtre que le voyageur affligé rencontre dans les Landes, disparaissent dès qu'il a atteint le bassin de l'Adour inférieur et de la Nive ; leurs rives

et les coteaux qui les environnent sont peuplés d'habitations où
le luxe des embellissements se marie à ce que la nature offre de
plus brillant, de Bayonne à Ustaritz et aux environs de Saint-
Pierre d'Irube et de Saint-Etienne.

» L'émotion jetée parmi nous à l'aspect encore éloigné de ces
lieux, le jour où l'armée mit le pied sur le sol français, après six
ans d'absence dans la Péninsule, ne sortira jamais de notre mémoire. Déjà, en quittant Pampelune, le 24 juin, l'idée de revoir
sous peu de jours la France remplissait notre esprit d'une douce
préoccupation. A mesure que la colonne approchait des dernières
limites, soit prévention, soit réalité, on commençait à éprouver
l'heureuse influence de ce voisinage. Quelque chose de moins sauvage dans la nature, des mœurs plus douces chez les habitants des
vallées rapprochées des Pyrénées, une physionomie, un costume,
un langage particulier, tout semblait annoncer le terme de notre
voyage et l'accomplissement de nos vœux. Tout à coup, un
horizon immense s'offre à nos regards étonnés ; notre cœur bat
avec plus de force, quelques larmes involontaires s'échappent de
nos yeux, et un cri général part de la colonne et retentit au loin :
C'est la France ! c'est la France ! Oui, nous foulons le sol tant
désiré ! Eloigné de nous depuis six ans, et presque perdu sans
retour, nous le revoyons enfin ! Ce paysage appartient aux fertiles
bords de l'Adour et de la Nive ; chacun y plonge d'avides regards
et en mesure l'étendue. Jetant alors un dernier coup d'œil en
arrière sur les sommets arides que nous abandonnions, pour
reporter ensuite la vue sur le magnifique spectacle qui se montre
devant nous, jamais les environs de Bayonne ne brillèrent d'un
plus vif éclat ; jamais notre chère patrie, que nous n'espérions
plus revoir, ne nous parut plus digne de porter le nom de belle
France.

» Ces riches habitations d'Ustaritz, de Saint-Pierre d'Irube, de
Saint-Etienne, ces retraites paisibles où le cri de la guerre n'avait
été depuis longtemps poussé, devaient bientôt, arrachées en
quelque sorte au domaine de la nature, être envahies par les travaux militaires et éprouver les dégâts et les pertes que les armées
traînent à leur suite.

» Quand nos troupes, forcées d'abandonner les Pyrénées, se
replièrent, en novembre, sur Bayonne, la cognée dut être impi-
toyablement portée dans de belles allées, objet d'un demi-siècle

de culture, d'attente et de soins (1). Des vergers, des parterres se virent bientôt transformés en bivouacs d'hommes et de chevaux, et les habitations dont ils faisaient l'ornement furent crénelées et servaient de réduit. Un seul motif peut faire excuser ces singulières métamorphoses et répondre victorieusement aux reproches dont l'armée française et son chef ont été l'objet de la part des Bayonnais aigris par le malheur : il fallait défendre le terrain pied à pied et créer à l'ennemi des obstacles à chaque pas ; les considérations locales, les intérêts particuliers devaient céder, à nos yeux, et s'éteindre devant d'aussi puissants motifs.

» Cette lésion des propriétés, impérieusement commandée par les circonstances, réclamée aussi par le système de défense opiniâtre adopté par le général en chef, fut surtout ruineuse quand celui-ci, immédiatement après son retour de l'expédition de Pampelune, donna l'ordre d'entourer Bayonne d'un camp retranché. Ce camp, jeté parallèlement aux fronts de la place, à trois cents toises environ de la crète des glacis, s'appuyait par sa gauche à l'Adour, au-dessus de la ville ; adjacent ensuite aux deux bords de la Nive, il allait enfin aboutir à l'Adour, au-dessous de Bayonne. Il comprenait trois parties bien distinctes : le front de *Mousserolles*, à l'extrême gauche, barrait la route de Saint-Pierre d'Irube et battait les environs du faubourg de ce nom, entre l'Adour supérieur et la Nive ; ces dangereux accidents de terrain, signalés plus haut, étaient aussi contenus dans son enceinte. Plus à droite, le front dit de *Marrac*, jeté en avant du château, alors impérial, de ce nom, coupait le chemin d'Ainhoue et s'appuyait à la rive gauche de la Nive ; il allait se raccorder par sa droite au front de la *Porte d'Espagne*, qui interceptait la grande route de Saint-Jean-de-Luz et se terminait à un marais adjacent à l'Adour inférieur.

» La première idée de ces ouvrages appartenait, dit-on, à Vauban, et l'on assure que les projets et les plans du grand ingénieur se trouvaient déposés dans les cartons des fortifications de Bayonne, d'où furent retirés ces précieux documents. On leur donna, il est vrai, au moment de l'exécution, un développement beaucoup plus considérable, calculé sur les localités, sur les ressources, sur l'effet qu'on espérait en obtenir. Ces immenses

(1) Le seul domaine de Largenté perdit plus de cinq cents arbres dont le bois fut employé aux travaux du camp retranché *(Archives de Bayonne)*.

travaux avaient pour but de présenter une deuxième enceinte d'ouvrages dont l'ennemi serait obligé de faire un siège en règle et de s'emparer avant de cheminer vers le corps de place ; ils purent servir, en outre, à mettre à l'abri de toute insulte les divisions de l'armée destinée à agir en avant de Bayonne et sur les deux rives de la Nive. Leur construction avait été fortement active : commencés dans les premiers jours d'août, ils pouvaient, à la fin de novembre, être armés et palissadés. La confection de ces travaux regardait d'abord spécialement la garnison de Bayonne ; on ne tarda pas à lui adjoindre, comme auxiliaires, une partie de la réserve et plusieurs bataillons de gardes nationales réunies dans les départements voisins. Un pont de bateaux s'établit aussi sur la Nive, au-dessus de Bayonne, entre la place et les camps retranchés ; son objet est de faciliter les moyens de jeter à volonté des troupes et de l'artillerie de campagne sur l'une et l'autre rive, sans être assujetti à traverser la ville.

» D'autres ouvrages sont projetés aussi par le génie sur la rive droite, pour achever de rendre Bayonne l'un des boulevards du Midi. La citadelle, quoique fort élevée au-dessus de la campagne, était dominée à peu de distance des glacis par des hauteurs qui lisaient même dans l'intérieur des terre-pleins ; ces hauteurs sont couronnées de redoutes ou de lunettes rattachées par des caponnières aux fronts principaux. Quelques retranchements en terre aussi construits à Saint-Etienne, au-dessus de Saint-Esprit, complètent le système de défense sur la rive droite de l'Adour. Quant à la partie basse de Saint-Esprit, elle ne fut point fortifiée, sur la remarque que, placée sous le feu de Bayonne et séparée des remparts par la rivière qui n'a pas plus de cent toises de large sur ce point et battue par la citadelle, cette ville n'offrait par sa possession aucun avantage à l'ennemi » (1).

Ces travaux, que le commandant La Pène put voir en partie exécuter sous ses yeux, ne furent pas terminés sur-le-champ, et il fallut au contraire de longs jours jusqu'à leur complète édification.

L'évacuation de l'Espagne donna à Bayonne un avant-goût de ce que l'avenir lui réservait. Les débris des quatre armées du Portugal, du Nord, du Centre et d'Andalousie, autrefois si puis-

---

(1) *Campagnes de 1813 et de 1814 sur l'Ebre, les Pyrénées et la Garonne*, par E. La Pène, Toulouse, 1823, in-8°.

santes et maintenant fort réduites, étaient arrivés dans le pays. Ils avaient été précédés et accompagnés d'une multitude d'Espagnols *afrancesados* ayant été attachés à la cour du roi Joseph ou de son administration, et qui fuyaient la colère de leurs compatriotes. Un grand nombre de femmes suivaient l'armée, et des souvenirs du temps font même monter leur nombre à plus de douze mille. Quelques-unes d'entr'elles portaient le costume masculin ou étaient vêtues en militaire ; il est vrai qu'un ordre de l'état-major général les obligea à se retirer sur les derrières et à ne point avoir à traverser l'Adour. Le roi Joseph et sa maison militaire, ayant perdu tous les bagages dans la retraite de Vittoria, étaient à Saint-Jean-de-Luz, attendant la volonté de Napoléon, et la ville de Bayonne était encombrée de troupes de toutes les nations.

On y remarquait, en effet, en outre des corps français, les troupes étrangères au service de l'Empereur, qui avaient fait toutes les campagnes d'Espagne. On y voyait des bataillons de Nassau, des troupes badoises et de Francfort, la garde royale du roi Joseph, grenadiers, voltigeurs et fusiliers, chevau-légers, hussards et gendarmerie, puis tout ce qui restait encore de l'armée de ligne espagnole, le régiment d'infanterie de Castille, le fameux royal étranger qui, commandé par le colonel Hugo, s'était si fort distingué contre l'Empecinado, les chasseurs à cheval, les hussards de Guadalajara et tant d'autres que nous passons (1).

Quelle que fût l'activité du roi Joseph et de son état-major, il fallut l'arrivée du maréchal Soult pour donner à tous ces éléments épars une organisation supérieure et leur fournir le matériel qu'on avait été obligé d'abandonner de l'autre côté des Pyrénées. D'ailleurs, la ville de Bayonne contenait de grandes ressources, qui furent d'un puissant effet non seulement pour l'armement de la place, mais encore pour la reconstitution de l'artillerie. Il ne faut pas oublier qu'elle avait été pendant de longues années le dépôt général de plusieurs armées en Espagne, et le duc de Dalmatie s'occupa bientôt de créer les approvisionnements de siège.

Aussitôt après son arrivée dans le pays, au mois de juillet 1813,

(1) Nous passons rapidement sur ce point intéressant de l'histoire bayonnaise, qu'on trouvera plus amplement détaillé dans l'ouvrage déjà annoncé : *Bayonne sous le Consulat et l'Empire.*

le maréchal Soult avait conçu le projet de faire construire un camp retranché, car, disait-il, la place seule n'aurait pas arrêté l'ennemi quatre jours s'il avait la pensée de s'y présenter (1). Aussi, dès le 10 du même mois, et après la reconnaissance de la place, il donna ses ordres en conséquence. Il devait être fait un projet de camp retranché en avant de la ville haute, s'appuyant à la Nive et à l'Adour, composé de dix à douze redoutes ou lunettes « ayant pour condition de se voir entr'elles et de se flanquer réciproquement, de protéger les barrages à faire sur le ruisseau de l'Arritza-gue pour obtenir une inondation ou au moins un blanc d'eau dans toute l'étendue du marais » (2).

Les redoutes qui existaient déjà entre l'Adour et la Nive, sur le front de Mousserolles, avaient été relevées promptement et palissadées (3) ; celles qu'on devait y ajouter devaient être complètement tracées.

Les dehors de la citadelle devaient être examinés avec attention et le projet des ouvrages à construire pour protéger le faubourg Saint-Esprit, présenté le plus tôt possible. Cependant, il ne devait point être fait de démolition à moins d'un cas urgent ou d'un péril imminent. D'ailleurs, le ministre de la guerre, par une lettre en date du 12 du même mois de juillet, exceptait de tout projet de démolition postérieure la ville de Saint-Esprit, l'arsenal de la marine, le palais impérial de Marrac et le séminaire (4). Du reste, d'après le mémoire du général Garbé sur les ouvrages à établir pour accroître les défenses de la place, la dépense à faire pour leur exécution, tant à la citadelle que dans les camps de Marrac et

(1) **Soult au Ministre, 26 octobre.** — La plupart de ces détails sont extraits de pièces officielles publiées par le commandant Clerc, et empruntées par lui aux archives de la guerre.

(2) Selon le commandant Clerc, ce plan aurait été emprunté aux archives du génie. Cependant, on verra plus loin que le projet de défense du camp retranché de Mousserolles fut fait entièrement par le général Garbé.

(3) Les redoutes qui existaient déjà étaient celles d'Etcheverry et du Limpou.

(4) **Commandant Clerc.** — Quelque temps après, au contraire, Napoléon, dans une lettre adressée au général Caulaincourt, donna des ordres très précis afin que si les Anglais arrivaient à prendre Bayonne, le château de Marrac fût incendié, ne voulant pas, disait-il, qu'ils couchassent dans son lit *(Correspondance de Napoléon).* — On se contenta d'évacuer le mobilier du château qui fut placé dans une maison de Bayonne et transporté de nouveau à Marrac après le Blocus *(Archives de Bayonne).*

de Mousserolles, devait s'élever à 1,060,500 francs, distribués de la manière suivante : Indemnités aux propriétaires, citadelle, 3,000 francs ; Mousserolles, 45,000 francs ; Marrac, 90,000 francs. La construction des ouvrages exigeait 26,000 francs pour la citadelle ; Mousserolles, 146,000 francs ; Marrac, 750,000 francs.

Avant l'arrivée du duc de Dalmatie, le Conseil de défense, présidé par le maréchal Jourdan, avait ordonné l'emploi de deux à trois mille ouvriers civils qui furent aussitôt occupés à réparer le corps de place ; aussi, les travaux des ouvrages avancés ne furent-ils entrepris qu'au mois d'août. Soult et le ministre étant tombés d'accord sur la nécessité d'établir autour de Bayonne un camp retranché, on commença les travaux et le général Garbé, qui fit le projet de cette défense, assura que le total des sommes à dépenser s'élèverait à 1,060,500 francs. « Dès lors, dit le maréchal Soult au ministre de la guerre, Bayonne pourra être considérée comme de première classe, sans qu'il soit nécessaire d'augmenter de beaucoup la garnison. Cette ville, par l'importance politique, militaire et commerciale qu'elle a acquise, doit nécessairement être mise dans l'état de défense le plus formidable, pour ôter aux ennemis jusqu'à l'idée de l'attaquer, quels que puissent être les événements de la guerre » (1).

Mais malgré les ordres réitérés du maréchal, les travaux marchèrent avec une lenteur extrême, car le commandant Clerc dit qu' « il s'agissait là d'ouvrages à grand profil et capables de supporter les efforts d'un siège régulier. » Les fautes commises par les généraux Thouvenot et Garbé condamnèrent le maréchal Soult à demeurer, jusqu'au mois de février 1814, dans l'obligation de couvrir les travaux de la défense qui n'étaient pas achevés.

Au mois de septembre, le général Thouvenot fit presser les travaux défensifs de la place et de la citadelle et mit la plus grande activité à ceux du camp retranché du front d'Espagne. En même temps, on commençait à prévoir la possibilité d'une attaque du bas de la rivière, et l'on craignait une diversion par mer avec les bâtiments de guerre et de transport qui se trouvaient à Pasages (2).

(1) Commandant Clerc. — Soult au Ministre, 8 août.

(2)   Id.   — Thouvenot à Garbé, 28 septembre.

Aussitôt après le combat de la Rhune, le maréchal, qui envisageait l'éventualité d'une retraite, écrivit le 7 octobre au général gouverneur de Bayonne, en lui ordonnant de pousser de toutes ses forces les travaux du grand camp retranché sur la route d'Espagne. Tout le monde devait y prêter la main, les conscrits comme les bourgeois, si cela était nécessaire (1).

Le général Thouvenot ordonna alors la réunion de 2,400 ouvriers civils de Bayonne et des environs, le démeublement des campagnes, l'évacuation sur les derrières des habitants de la frontière, l'abattage des arbres et des clôtures, et l'évacuation du camp des blessés, qui se trouvait sur les glacis. Mais le lendemain, 8, le maréchal Soult était déjà rassuré et une partie de ses derniers ordres fut rapportée : il recommandait seulement de faire travailler constamment au fort de Beyris ; quant aux habitants de la frontière, il n'était pas encore nécessaire de les faire filer à l'intérieur, car « il sera donné plusieurs batailles avant que le canon de Bayonne soit dans le cas de tirer » (2).

Devant des ordres aussi précis, il n'y avait pas à hésiter, et le général Thouvenot les transmit aussitôt au général Garbé. Il fallait désormais travailler jour et nuit : les communes environnantes devaient fournir les travailleurs nécessaires, en outre de ceux qui se trouvaient déjà employés, et le maire de Saint-Esprit était chargé de procurer six cents ouvriers terrassiers. Cependant, il paraîtrait que les ordres du maréchal furent mal interprétés, et que le général Thouvenot, faisant travailler à tous les ouvrages à la fois, laissa de côté les fronts d'Espagne et le fort de Beyris dont il était cependant le plus urgent de s'occuper. L'irritation du maréchal Soult fut extrême, et il fit des reproches au général Thouvenot de n'avoir point encore fait travailler au front d'Espagne et aux redoutes du grand camp retranché : il ordonnait de faire tendre les inondations et de couvrir le plateau de Beyris de lignes d'abattis, sous la protection desquels on pourrait continuer les travaux du fort projeté. Le 23 novembre, un pont de bateaux jeté sur la Nive au-dessus de Bayonne, entre la place et les ouvrages du camp retranché des fronts de Marrac et de Mousserolles,

(1) Les habitants de Bayonne furent divisés en trois sections qui durent prendre part simultanément aux travaux *(Archives de Bayonne)*.

(2) Commandant Clerc. — Soult à Thouvenot, 8 octobre *(Arch. de Bayonne)*.

était destiné à faciliter les mouvements des troupes sans avoir à traverser la ville.

« En résumé, la ligne de Mousserolles fut entreprise vers le milieu du mois d'août ; on ne travailla au camp retranché du front d'Espagne qu'au commencement d'octobre, et, lorsque l'armée battue sur la Nivelle rallia Bayonne, on ébaucha le fort de Beyris. A la fin de décembre, outre les ouvrages de la citadelle, on travaillait encore à l'ouvrage à corne de la citadelle, au Camp-de-Prats, au bastion des Mineurs, au front de Marrac, aux redoutes des Sapeurs et du Séminaire, à la digue de la route d'Espagne, au fort de Beyris, aux redoutes des Grenadiers et de la Pointe ; autrement dit, partout, et rien n'était achevé » (1).

« Les travaux furent poussés avec autant d'activité qu'il était possible d'en mettre, et quoiqu'il ait fallu lutter constamment contre les rigueurs d'une saison pluvieuse, dans un pays où il ne cesse de pleuvoir, le zèle et la patience des officiers qui dirigeaient les constructions des ouvrages ne se sont jamais ralentis ; avec la bonne volonté des soldats, dont le courage était sans cesse stimulé par la présence et les encouragements des généraux et des officiers, on est venu à bout de surmonter tous les obstacles » (2).

Malgré tout, au moment du départ du maréchal Soult et de l'armée, les travaux ne cessèrent pas un seul instant, et, à la fin du Blocus, on travaillait encore à l'achèvement de ce formidable camp retranché.

Cet ensemble d'ouvrages se divisait donc en trois secteurs ou parties bien distinctes : le front d'Espagne, le front de Mousserolles et le front de la citadelle. Pour le premier, il appuyait sa droite à l'Adour, défendu par une grande batterie à redans de six bouches à feu, qui fut établie pendant le Blocus ; son centre était à Beyris où l'on avait construit un fort, et sa gauche à Marrac, protégée par un ouvrage à couronne. A droite de la route d'Espagne étaient les trois redoutes des Grenadiers, des Fusiliers et de la Pointe ; à gauche de la même route, celles des Sapeurs et du Séminaire. Ces ouvrages avaient été couverts sur leur front, mais seulement en partie, par des inondations qui n'avaient pas

(1) Commandant Clerc.

(2) *Mémoire du général Garbé sur la situation de la place de Bayonne au 1er février 1814.*

trop bien réussi. Pour le front de Mousserolles, il avait été pris des précautions extraordinaires pour rendre en cet endroit la ville inabordable. Dans l'état actuel des travaux exécutés ou prêts à l'être, la position de Mousserolles se composait de trois lignes.

Le territoire de la première ligne ou ligne avancée se composait de tout ce qui était au delà du ravin de Basté, de l'enceinte de Saint-Pierre d'Irube et du ravin de la métairie de Monet jusqu'aux ruisseaux de Mouguerre et de Villefranque.

Elle était ainsi divisée en deux parties bien distinctes : la gauche, qui se projetait bien avant, formait saillie sur les postes de l'ennemi, le long de la grande route de Borde-Hayet, sur l'Adour, et avait de grands avantages, parce que le marais de l'île de Garinde, dit Cobotte, baigne le pied de l'escarpement auquel elle s'appuie, et la rendait presque inattaquable autrement que de front.

Cependant, son développement étant très considérable, il aurait fallu, pour pouvoir s'y établir de manière à n'avoir point d'inquiétudes, un développement de forces peut-être au-dessus de ce que l'on pouvait y employer. D'ailleurs, le terrain en arrière était assez uni et les débouchés étaient flanqués par la droite de la même ligne ; on pouvait, sinon empêcher l'ennemi d'y faire des établissements, tout au moins le faire repentir de s'y être présenté, et lui faire payer cher la faculté de s'y établir.

Quelques épaulements qui dominaient les principaux débouchés, un parapet à l'extrême saillant qui découvre tout le ravin de Mouguerre ou Portouya, les maisons crénelées sur le chemin, suffisent pour forcer l'ennemi à développer des moyens importants pour s'emparer de ces hauteurs et pour assurer la retraite des défenseurs.

La droite de la même ligne s'étend de la maison du Limpou jusqu'à celle de Lissague, renfermant celles de Poheyt, Hureaux et Basté ; elle tient, par sa gauche, à l'orangerie de Poheyt, et à la seconde ligne par sa droite. Elle a les pentes rapides qui bordent le ravin de Villefranque et elle est flanquée par la redoute de Fortune. Entre ces deux points il y a une suite de bons épaulements ou de murs crénelés susceptibles d'une bonne défense D'autant plus que plusieurs parties sont inaccessibles et que d'autres sont flanquées à bout portant.

Une grande route offre le moyen d'y mener, s'il le fallait, des

Garnison de Bayonne. - Chasseur a cheval (15ᵉ régiment) - Génie

pièces de campagne, pour lesquelles les embrasures sont toutes prêtes. Cette partie devait avoir une garnison fixe, logée dans les maisons désignées ci-dessus, ainsi que ses officiers. Le commandant devait avoir l'ordre de prolonger sa défense, ce qui lui serait d'autant plus facile qu'il ne pouvait être attaqué que de front.

L'une des extrémités de cette ligne est appuyée au ravin du Basté, où il serait téméraire à l'ennemi de s'engager sous le feu de la flèche d'Illam, de la redoute de Fortune, de l'église de Saint-Pierre d'Irube, dès l'entrée du ravin, et sous celui de toute la seconde ligne à son débouché.

L'auteur de ces sages mesures ajoute que la porte du Moulin, qui appartient à cette ligne, garantit de toute surprise, et que le vallon, où les colonnes assaillantes devraient se réunir, est battu par Marrac et par la redoute des Auxiliaires.

L'autre extrémité de la même ligne se termine au jardin de Poheyt. L'ennemi ne peut guère y pénétrer qu'après avoir forcé la partie gauche, et, en s'y présentant, il est sous le feu de toute la seconde ligne. Il ne faut qu'une surveillance médiocre pour l'empêcher de déboucher par ce point où, d'ailleurs, il ne peut parvenir que par des chemins difficiles.

Si cependant cette partie donnait lieu à quelques inquiétudes, il n'y a qu'environ cent vingt mètres de muraille à faire pour lier la maison Cabarrus à l'épaulement du pic de Monclar.

La seconde ligne, dite de Saint-Pierre d'Irube, s'étendait de l'embouchure du ruisseau de Mouguerre à la Nive à l'embouchure de celui de Villefranque. Elle est immédiatement sous le feu du camp retranché. Sous le rapport de la défense, elle se compose de plusieurs parties bien distinctes.

En premier lieu, les postes au bord de l'Adour forment trois coupures nécessaires pour empêcher l'ennemi de filer le long de la rivière et d'attaquer le camp retranché par sa gorge. La première coupure est formée d'une maison crénelée, d'un côté à l'escarpement, de l'autre à la rivière, par deux épaulements. Au delà, la route est coupée au pied du rocher sur lequel on a aussi pratiqué un épaulement qui bat la première coupure. En arrière est un parapet également inaccessible de front, et qu'on ne peut tourner qu'en s'approchant à vingt pas de la maison crénelée. Toute cette ligne est vue par la batterie du quai de Mousserolles ; l'ennemi ne peut y aborder qu'en défilant par le fleuve, sous le feu ; elle ne doit par conséquent être abandonnée dans aucun cas, hors que les défenses ne fussent ruinées par le canon ou que le plateau supérieur fût enlevé. Toute surprise y est également impossible, parce que l'escarpement y est impraticable et que l'on ne peut venir par la plaine qu'en suivant les lignes où il y a des factionnaires.

Sur le plateau au-dessus commence, au bord de l'escarpement, une ligne qui, tenue aux murs crénelés ou écrétés et conduite, sans autre interruption que celle des barrières nécessaires, jusqu'à la maison de Lahirigoyen, enveloppant le village de Saint-Pierre d'Irube.

La redoute du Prissé en occupe la gauche ; en arrière on construit un mur crénelé, cette partie et la première moitié des murs crénelés de Saint-Pierre enveloppant le ravin par où on peut monter et se flanquant réciproquement. Le reste de ces murs, ou a des flanquements, ou est inabordable par sa hauteur. L'épaulement qui traverse la grande route est parfaitement flanqué et abrité de tous les côtés. Les maisons et les murs du cimetière, qui bordent la maison du Basté dans sa partie supérieure, sont parfaitement vus par la métairie de Lahirigoyen ; en sorte que si cette ligne n'est pas absolument inattaquable de front, du moins doit-elle faire éprouver plus d'une fois à l'ennemi des pertes telles qu'il prenne le parti de faire brèche avec le canon, moyen long, qui peut même prolonger la défense, parce que les murs intérieurs des jardins peuvent aisément fournir l'occasion de lui faire recommencer les attaques.

Outre qu'il y a une ligne de postes en avant de celle dont nous parlons, le terrain est tellement découvert qu'il n'y a point de surprise possible, que l'ennemi ne peut aborder en masse, tant à cause de la difficulté du chemin que parce que, de l'un ou de l'autre côté, il s'offre en prise aux batteries de la redoute du Prissé ou du retranchement de Saint-Pierre d'Irube, et que, s'il éparpille des tirailleurs, cela n'aboutira à rien qu'à les faire tuer s'ils se découvrent trop.

Dans aucun cas, cette position ne peut être tournée par la rivière : il suffira donc d'une surveillance exacte sur le ravin du Basté pour y être à l'abri de tout danger. Cette dernière attaque, la seule possible, présente cependant de telles difficultés, qu'une réussite n'est pas très probable si la défense est bien conduite.

D'abord, pour traverser le vallon du ruisseau de Villefranque, l'ennemi est sous le feu direct et, à la vérité, un peu trop plongeant, de la redoute de Fortune. Il y est vu d'écharpe par la redoute des Auxiliaires, de revers par la batterie à établir devant la maison Laborde-Gayac, près Marrac.

Il ne peut passer le ruisseau de Villefranque qu'entre deux postes occupés, celui du Moulin et celui de la Flèche d'Illam ; ce ruisseau n'est guéable qu'à une basse marée, c'est-à-dire pendant un intervalle assez court et qui peut encore mettre le retour en péril. Entré dans le ravin, on ne peut y défiler que trois de front, la redoute de Fortune et les murs crénelés de Lahirigoyen empêchant de s'élever. Un peu plus loin, on se trouve sous le feu d'une batterie qui enfile le ravin sur 150 toises de long, et si, malgré tous ces obstacles, on parvient à déboucher dans le champ, entre la métairie et le jardin de Lahirigoyen, on se trouve sous le feu de cette métairie crénelée, du chemin qui y conduit, des murs crénelés du Pérou et d'environ vingt pas des pièces de canon du camp retranché. Si l'ennemi ne devait pas faire d'autre attaque que celle-là, il serait à désirer qu'il la payât.

Il serait possible qu'une tentative par le ravin de Basté fût jointe à une entreprise sur le point de la ligne avancée. Le danger n'en serait pas moindre pour chacune des colonnes attaquantes, mais la réunion de leurs efforts rendrait plus difficile la position des défenseurs. Dans cette position d'une attaque simultanée, les troupes de la première ligne devraient resserrer leurs ailes et appuyer peu à peu sur le centre, en se concentrant sur le chemin, et ce ne serait que dans le cas où leurs efforts réunis à ceux des autres troupes ne pourraient ni faire culbuter ni arrêter les colonnes, qu'elles devraient effectuer leur retraite par les chemineaux, devant le jardin de Poheyt, pour aller prendre poste dans les ouvrages en arrière.

Si la manie destructive des soldats n'avait pas anéanti les beaux bois de cette partie, il eût été facile d'écarter jusqu'au risque d'une attaque par le ravin en le barrant par des abattis. Sans inonder la plaine, on pouvait aussi rendre le ruisseau de Villefranque impossible à franchir par ce barrage. Pour s'occuper de ces objets, il faudrait être sûr que le système de défense est fixé, car il reste assez de travaux à faire pour ne pas en commencer d'inutiles.

Dans le cas où, malgré les pertes qu'aurait éprouvées la troupe qui aurait remonté le ravin du Basté, elle serait parvenue à s'établir sur le plateau, le réduit de la droite de la première ligne n'est pas pour cela compromis, les soldats qui le gardent peuvent se retirer, par la maison du Prissé, dans le ravin de Camp-de-Prats. Dans ce nombre ne seront point compris ceux qui défendront le réduit lorsqu'il sera terminé. Ceux-là ne doivent point abandonner leur poste sans ordre ; tout le plateau en arrière de cette partie est tellement sous le feu du camp retranché, que l'ennemi ne pourra pas y prendre pied facilement, et l'on doit toujours être prêt à fondre sur lui.

La droite de la seconde ligne s'appuie au ruisseau de Villefranque par une petite flèche détachée auprès de la maison d'Illam. Cet ouvrage doit être perfectionné de la redoute de Fortune et, comme réduit, du jardin crénelé de Lahirigoyen et de la communication couverte et défensive de ces deux ouvrages jusqu'à la lunette de Monet ou Vispalis, nouvellement commencée.

Le front de ces ouvrages se flanque ; tous ces épaulements sont sur des murs ou de bons escarpements, et on n'y arrive que par le ravin du Basté, dont les pentes sont très rapides. Cette ligne ne peut donc être attaquée de front.

Elle ne pourrait être tournée que dans le cas où l'ennemi enlèverait la flèche d'Illam ; mais alors même, obligé de déboucher par l'étroit ravin qui est entre Fortune et Bellevue, il serait sous le feu de la redoute des Canonniers et du second mur du Pérou, qui sert de seconde ligne de communication.

Dans le cas où les forces qui déboucheraient de ce point seraient assez considérables pour obliger ceux qui défendraient la communication et la maison de Lahirigoyen à se retirer, le réduit ne doit pas être compris dans ce mouvement. Il ne peut être pris que de vive force s'il est défendu par un nombre d'hommes suffisant ; il est sous la protection du feu des ouvrages et peut être dégagé parfaitement à couvert. La défense doit donc être assez opiniâtre pour laisser aux troupes qui se seraient retirées le temps de se rallier et de le reprendre.

Le danger que l'on peut courir d'être tourné par le passage du ruisseau n'existerait pas s'il était possible de le barrer à son embouchure.

On doit observer combien la disposition du terrain et des ouvrages se prête à une défense forte et active. La lunette de Monet, dit Vispalis, est trop liée au camp retranché, dont elle déborde très peu le côté extérieur, pour pouvoir être enlevée de vive force. Cependant, tant que nous aurons cette lunette, nous pourrons revenir sur la redoute de Fortune ; il est facile, en s'aidant de l'artillerie de l'ouvrage à cornes, de se rétablir sur le plateau du Prissé et de Saint-Pierre ; en étant maître de cette position, on a de grands avantages pour reprendre celle de Lissague, et cette dernière rend impossible tout établissement de l'ennemi sur le plateau de Jupiter. On voit quel parti on peut tirer de ces localités pour le forcer à prendre ces lignes ou à perdre l'élite de son armée, en l'exposant à découvert contre nos camps retranchés.

L'auteur de ce curieux mémoire, dont nous n'avons reproduit que les parties principales, termine en désignant l'emplacement que devaient occuper les troupes destinées à la défense de cette partie du camp retranché.

Quatre compagnies devaient être de service tous les jours aux avant-postes, et elles seraient fournies par tous les régiments. Un bataillon, à la position de Lissague, devait occuper le moulin ; un autre bataillon à Saint-Pierre d'Irube et à la redoute du Prissé. Un bataillon à Fortune, Lahirigoyen et sur la communication. Comme armement : 2 pièces de canon à Fortune, 2 à Saint-Pierre, 2 au Prissé. Un bataillon dans le camp retranché fournissant une compagnie sur le bord de l'Adour. Enfin, c'était dans ce camp retranché que devaient prendre position les troupes de la première ligne, si elles étaient obligées d'abandonner ces lieux.

En résumé, cette partie de la défense consistait en une ligne d'avant-postes, de la maison Lucia au plateau de Jupiter, d'une ligne de recueil et d'une ligne de résistance définitive en avant de l'ouvrage à couronne.

A la citadelle, on était encore plus éloigné que sur les autres points d'être en état de défense. Trois redoutes sur le plateau et la lunette de Saint-Esprit formaient l'ensemble de cette défense, sans aucun accessoire. La lunette de Saint-Esprit, seule, était complètement armée, quoique encore sans palissades, et ouverte à sa gorge. Pendant le Blocus, la garnison exécuta dans cette partie des travaux immenses, tels que les communications des ouvrages entr'eux et avec la citadelle, les retranchements qui couvraient, d'un côté, le parc de la marine et le front de la porte

Saint-Bernard, et de l'autre, toute l'enceinte de la ville de Saint-Esprit vers la campagne ; l'inondation sur toute la partie basse du terrain en avant ; les retranchements intérieurs pour renforcer le Réduit en tête du grand port sur l'Adour, et pour conserver ainsi jusqu'à la dernière extrémité la communication de la place avec la citadelle ; enfin, les blindages des puits, des magasins à poudre et du dépôt des malades et des blessés.

On conçoit que pour l'armement d'un camp retranché d'un développement aussi vaste, ainsi que pour la citadelle et pour le corps de place, un grand nombre de bouches avait été nécessaire. L'arsenal de Bayonne pourvut à tout. Lorsque l'armée d'Espagne traversa les Pyrénées, ayant perdu toute son artillerie à Vittoria, on ne trouva dans la ville que quelques pièces de campagne, la plupart de provenance étrangère et de divers calibres, qui furent aussitôt montées sur des affûts retirés de l'arsenal et qu'on envoya à l'armée. Mais il s'agissait d'armer non seulement Bayonne, mais encore Saint-Jean-Pied-de-Port, Navarrenx, Lourdes et Socoa. Des bouches à feu, expédiées de Toulouse et même de La Rochelle, arrivèrent dans le courant de juillet, et plusieurs compagnies d'ouvriers d'artillerie s'occupèrent à compléter et réparer le matériel nécessaire pour l'armement des places. De vastes emplacements furent réservés à l'arsenal de Bayonne et servirent à établir des salles de confection de munitions à canon, de cartouches d'infanterie et de matières d'artifice. Aussi, en 1814, l'armement en artillerie était achevé et avait été réparti de la manière suivante : Front d'Espagne, avancée et fort de Beyris, 19 canons ; batteries intermédiaires de l'Adour et de la pointe supérieure, 10 pièces ; batteries des Fusiliers, des Grenadiers, du Séminaire et des Sapeurs, 16 canons ; ouvrages de Marrac et avancées, 27 canons. Le front de Mousserolles, pour les batteries des Auxiliaires, des Canonniers et de Vispalis, 15 canons, et pour l'ouvrage à couronne, dit de Camp-de-Prats et l'avancée de Mousserolles, 35 canons.

Le front de la citadelle, c'est-à-dire les redoutes des cohortes n°s 1 et 2, ainsi que la grande redoute de Saint-Esprit, étaient armées de 40 canons et la citadelle avait 37 pièces en batterie. En outre, le corps de place de Bayonne comptait 67 canons et une réserve de 14 pièces, tant de siège que de campagne, pour se porter rapidement sur les points les plus menacés, formant un total de 278 bouches à feu, parmi lesquelles nous ne comprenons point celles composant l'armement de la flottille, et dont nous aurons à parler plus tard (1).

L'ensemble de ces travaux remarquables fit l'étonnement des officiers anglais qui furent admis à les visiter, et le capitaine Batty, des gardes à pied, ajoute qu'ils étaient extrêmement puissants et que presque tous étaient armés d'une artillerie formidable. Un grand nombre de villas et de maisons de campagne, dit-il, étaient situées en dedans des lignes françaises et avaient été fortifiées et crénelées de manière à rendre chacune d'elles comme de petites forteresses. Tous les fronts étaient susceptibles d'être protégés par une inondation qui avait été tendue sur la rive gauche de l'Adour. Le marais n'était accessible que sur deux points : le premier, par la route de Saint-Jean-de-Luz ; le second, par celle de Cambo. Chacun de ces points était protégé de la manière la plus redoutable, et la route de Saint-Jean-de-Luz était, en outre, défendue par une hauteur puissamment fortifiée qui se détachait en avançant sur la route, et qui était elle-même couverte par un marais. L'officier anglais veut parler ici du fort de Beyris.

La force de la citadelle fut l'objet de l'admiration de l'armée alliée, et, après le Blocus, ils en vinrent à penser qu'ils ne s'en seraient pas emparés aussi facilement qu'ils l'avaient cru tout d'abord. Le capitaine Batty, qui nous a laissé de précieux souvenirs, dit que c'était un ouvrage formidable, construit sur une colline élevée sur la rive droite de l'Adour et commandant les autres défenses de la ville ainsi que l'embouchure de la Nive. Elle formait un carré presque parfait, avec de puissants bastions à orillons à chacun de ses angles. Une double rangée de baraques et de casernes était construite en son centre qui s'appelait la Place d'Armes, dont les côtés étaient parallèles avec les courtines de la citadelle. Au Nord-Est, Nord-Ouest et Sud-Ouest, les bastions étaient surmontés par des cavaliers qui étaient armés de canons montés en barbette. La descente de la citadelle vers l'Adour était excessivement rapide, et il y avait seulement une route étroite sur le bord du fleuve. Plusieurs vaisseaux étaient sur les chantiers dans un état de construction assez avancé, mais on n'y toucha plus depuis le commencement du Blocus. Deux des

(1) Voir l'Appendice.

côtés de la citadelle donnaient dans des ravins très profonds, mais vers le Nord, le sommet de la hauteur, sur lequel était construite la citadelle, se continuait, et c'était le plus attaquable, défendu cependant par des galeries de mine qui s'étendaient assez loin.

Les Français avaient élevé un mât de navire sur le cavalier du bastion du Sud-Ouest, avec une sorte de barrique sur le côté, dans le but d'y placer une vigie qui aurait pu découvrir ainsi toutes les positions à l'entour. Ce fait devint l'objet d'une grande colère de la part des soldats anglais qui attendaient avec anxiété que le premier canon fût dirigé sur un si dangereux voisinage. Ils l'avaient déjà désigné sous le nom de Jacques dans la Boîte *(Jack in the Box)*. A l'aide du charbon des feux du bivouac, plusieurs d'entr'eux s'amusèrent à dessiner de grossières esquisses sur les murs des jardins et des maisons qu'ils occupaient. Ils essayaient de se venger ainsi de la terreur que leur inspirait *Jacques dans la boîte,* en le représentant les bras levés au ciel, au moment même où il était frappé par un boulet de canon (1).

Nous devons ajouter à tout cet armement quinze cent mille cartouches, des boulets, des bombes et des obus en proportion. Malheureusement, l'artillerie n'avait pas un seul cheval de trait pour son service. Tous avaient été emmenés par l'armée en se retirant. Ce qu'elle trouva de secours de ce genre dans la ville fut à peu près insignifiant (2).

Les hôpitaux ordinaires de Bayonne avaient été trouvés trop petits, et le général Garbé fit construire dans les cours de ces établissements des baraques pour 600 malades ou blessés. En outre, il traça des baraques et tentes sur les hauteurs de Mousserolles, pouvant recevoir 6,000 blessés, sans parler d'un dépôt de convalescents qui, d'ailleurs, ne tarda pas à être évacué sur Dax.

« Néanmoins, dit le commandant Clerc, ces mesures furent insuffisantes ; il fallut organiser en ambulances l'hôpital des Cordeliers, l'église Saint-Esprit et diverses succursales. La charité publique déploya toutes les ressources, et l'on vit, à la bataille de Mouguerre, le 13 décembre, hommes, femmes et enfants relever les blessés sur le champ de bataille, les charger sur leurs épaules

(1) *Souvenirs du capitaine Batly.*

(2) *Archives de Bayonne.*

et les transporter dans leurs maisons : conduite si noble, que l'Empereur invita le maréchal à remercier la ville de son dévouement » (1).

Ainsi, grâce au zèle déployé par tous, la ville de Bayonne présenta bientôt un ensemble formidable. « La ville et la citadelle, dit un autre témoin oculaire, sont régulièrement et solidement fortifiées ; un grand nombre d'ouvrages de campagne, de batteries ouvertes et de redoutes avaient été ajoutés, en vue du siège, à la maçonnerie permanente du rempart, et, grâce à la rivière, plusieurs écluses pouvaient, principalement en face de notre position, inonder toute la campagne sur une étendue de plusieurs milles ; des fossés profonds et larges, creusés çà et là, devaient retarder l'assiégeant et le retenir exposé plus longtemps, pendant qu'il les franchissait, sous le feu des remparts. La défense commençait en avant de toutes les directions, à un mille au delà des glacis ; les routes étaient coupées et couvertes par des abattis et toutes sortes d'obstacles. Bref, rien n'avait été négligé pour augmenter la force d'une place regardée, avec juste raison, comme la clef de la frontière du Sud-Ouest de la France » (2).

---

(1) Commandant Clerc.

(2) Gleig. — *Journal d'un Subalterne.* — Traduction de M. Ch. Guiard.

CHAPITRE III

LES GÉNÉRAUX ET LA GARNISON

La population quitte Bayonne. — La garnison. — Etat-major. — Troupes. —
Le général en chef baron Thouvenot. — Thouvenot en Espagne. — Le général de brigade Sol-Beauclair. — Le général de division baron Abbé. — Le
général Berge, commandant l'artillerie. — Le général Garbé, commandant
le génie. — Le général Blondeau. — Un vieux soldat de la République. —
Les troupes. — Officiers et soldats. — Le lieutenant Fossé. — Ses actions
d'éclat. — Le lieutenant Marcel. — Combat à l'île de Broc. — Les régiments
de la garnison. — Leur passé militaire. — Le soldat français en campagne.
— Adresse au tir. — Les conscrits. — Les tambours. — Les désertions. —
Le bivouac. — La vie du camp autour de Bayonne. — Exécution d'un officier. — Valeur morale des troupes. — La défense maritime. — Corvette et
chaloupes canonnières. — La garde nationale. — Aspect de Bayonne au
commencement du Blocus.

Lorsque l'armée française fut partie de Bayonne, reprenant son
mouvement de retraite vers le gave de Pau, beaucoup de familles
quittèrent Bayonne pour échapper aux privations et aux exigences
d'un Blocus inévitable. Après le départ de la division Maransin,
qui eut lieu le 27 février, la place fut réduite aux seules forces de
sa garnison et de la partie armée de sa population. Cette garnison
s'élevait environ à 15,000 hommes, dont on trouvera plus loin un
détail exact. Nous croyons devoir mentionner les généraux et les
principaux officiers qui la commandaient, de même que nous
pensons qu'il est important de savoir quels étaient les soldats qui
avaient été laissés pour la défense de Bayonne et qui s'en acquit-
tèrent si bien.

L'état-major était composé du général de division baron Thouvenot, commandant supérieur ; du général de brigade Sol-Beauclair, état-major de la place ; du général de division baron Abbé,
état-major de la garnison ; du général de brigade Berge, état-major
de l'artillerie ; du général de brigade Garbé, état-major du génie ;
Morel, sous-inspecteur aux revues. Le chef de bataillon Chantel
commandait l'artillerie du camp de la porte d'Espagne ; le chef
de bataillon Lespagnol, l'artillerie du camp de Mousserolles ; le

chef de bataillon Weingartner était directeur de l'artillerie, et le colonel Bordenave, directeur du génie.

Les troupes du génie étaient composées de deux compagnies du 2e bataillon de sapeurs et une compagnie de pionniers de Bayonne. L'artillerie, de sept compagnies, provenant des 3e, 6e et 8e régiments d'artillerie, quatre compagnies d'ouvriers d'artillerie et une compagnie du train d'artillerie. L'infanterie comptait 21 bataillons, appartenant aux 9e et 31e légers, aux 1er, 26e, 70e, 82e, 118e, 119e et 120e de ligne, les cohortes des Basses-Pyrénées et des Landes, plus un détachement de chasseurs à cheval pour le service des correspondances. Ces 21 bataillons avaient été formés en quatre brigades. La première, commandée par le général Beuret ; la deuxième, par le colonel Gougeon ; la troisième, par le général Delorme ; la quatrième, par le général Maucomble. Nous dirons plus loin quels emplacements spéciaux elles furent chargées de défendre.

Le commandant en chef était le général de division baron Thouvenot, dont le passé militaire était assez remarquable pour qu'il pût prétendre à un grand commandement.

Né en 1757, il avait été colonel et aide de camp de Dumouriez, et, après la bataille de Valmy, il avait été envoyé par son général au château de Ham pour négocier avec le duc de Brunswick l'évacuation de l'armée prussienne. Il seconda Dumouriez dans les invasions de la Belgique et de la Hollande, et assista aux batailles de Jemmapes et de Neervinde. Il s'enfuit avec lui lorsque les commissaires de la Convention vinrent pour l'arrêter. Au commencement de l'Empire, Thouvenot revint en France et, en 1806, il fut promu au grade de général de brigade et devint gouverneur d'Erfurt et de Stettin ; puis il passa en Espagne où il reçut, en 1813, le grade de général de division.

Pendant son séjour dans la Péninsule, dit le général Thiébault, et dans son gouvernement de la Vieille-Castille, il se fit si bien apprécier par les Espagnols, par sa sagesse et sa modération, que les guérillas le respectaient au point de laisser passer ses bagages lorsqu'il leur arrivait de mettre la main dessus (1). Toutefois, il

(1) Le général Thouvenot, gouverneur de la Biscaye, et que son mérite ne recommandait pas moins que ses honorables qualités, était l'un des trois hommes qui, en Espagne, furent signalés aux chefs des guérillas comme devant être traités par eux avec les plus grands égards s'ils tombaient en leur pouvoir ; les deux autres étaient les généraux Thiébault et comte de Tilly *(Mém. de Thiébault)*.

est probable que, dans ces longs gouvernements, il eut peu d'occasions de se faire aux décisions promptes et énergiques d'un chef de guerre destiné à repousser les vives attaques d'un audacieux ennemi, car le maréchal Soult, qui se connaissait en hommes, éprouva une répugnance extrême à laisser ce général commandant supérieur de l'importante place de Bayonne. Dans ses lettres au ministre de la guerre, il lui annonce qu'il a l'intention d'y placer le général comte Reille auquel, en effet, il donna des ordres en conséquence. Mais celui-ci représenta au maréchal que le général Thouvenot ayant reçu de l'Empereur des lettres patentes qui le nommaient commandant supérieur à Bayonne, ce général, se considérant comme seul responsable, pouvait, en cas de siège, méconnaître son autorité et n'avoir égard aux ordres qu'il donnerait qu'autant qu'ils auraient rapport à la police des troupes qui seraient directement sous son commandement.

Malgré toutes ces raisons, le maréchal tint bon, et, comme il lui paraissait utile au service de laisser à Bayonne, indépendamment des généraux de division Thouvenot et Abbé, un des lieutenants généraux de l'armée, il donna l'ordre au comte Reille, malgré sa répugnance, de prendre le commandement et d'attendre le résultat de la demande qu'il venait de faire à ce sujet au ministre de la guerre (1). Mais le général Reille, aussitôt après le départ de l'armée, quitta Bayonne et fut rejoindre le maréchal Soult du côté d'Orthez.

Le général Thouvenot demeura donc chargé du gouvernement de Bayonne, et on verra, par la suite des opérations qui se succédèrent, qu'il n'avait peut-être pas tout ce qu'il fallait pour exercer un commandement aussi important.

Le général de brigade Sol-Beauclair était né à Saverdun (Ariège), le 14 février 1754. Lieutenant le 1er septembre 1774, dans le génie, capitaine le 19 octobre 1788 et aide de camp du général Roslères, inspecteur général le 30 juin 1791, il fit les campagnes de l'armée des Pyrénées-Orientales, où il fut promu au grade d'adjudant général chef de bataillon, le 8 mars 1793, et adjudant général chef de brigade le 18 juillet de la même année. Il fut nommé général de brigade le 3 nivôse an II et fit les campagnes de l'armée des Alpes et d'Italie jusqu'à l'an III. Le 27 vendémiaire an XIII, il

(1). — Commandant Clerc. — Soult au Ministre.

prit le commandement de la place de Bayonne, fut préfet du château impérial de Marrac et mourut le 1er avril 1814, pendant le Blocus.

Le général de division baron Abbé fut laissé avec sa division pour la défense de Bayonne. Il avait été fait général de brigade après la bataille d'Eylau, où il s'était distingué, et fit avec succès la campagne de 1809 pendant laquelle un brillant combat qu'il soutint à Tarvis, le 27 mai, lui avait valu des éloges flatteurs dans le *Bulletin Officiel*. Employé à l'armée d'Espagne, il se distingua au siège de Tortose, et, le 22 août 1812, il repoussa Mina dans le Carrascal. Nommé général de division, il avait pris une grande part aux sanglantes affaires des Pyrénées, et particulièrement à la bataille de Saint-Pierre. C'était un officier énergique, et on verra qu'il ne tint pas à lui que le Blocus de Bayonne ne fût beaucoup plus troublé pour les armées alliées (1).

Le général de brigade Berge, commandant l'artillerie, avait fait les campagnes d'Egypte, de Prusse, de Pologne et d'Espagne ; il s'était principalement fait remarquer, le 15 juin 1811, au combat de Santa Maria de Villalba, où il fut cité dans le rapport officiel. Ce fut surtout grâce à ses efforts et à ses talents que l'artillerie de la place put être mise sur un pied convenable pour la défense de la ville et du camp retranché (2).

(1) Louis-Jean-Nicolas, baron Abbé, né le 28 août 1764, à Trépail (Marne), entre, le 14 avril 1784, dans le régiment de Barrois, 91e d'infanterie : caporal, le 15 juillet 1786 ; sergent, le 1er février 1789 ; sergent-major, le 29 avril 1792. Fait la campagne de 1792 à l'armée des Alpes, adjudant sous-officier le 19 septembre de cette année. Envoyé à l'armée d'Italie, de 1793 à l'an VII, sous-lieutenant le 18 septembre 1793, adjoint à l'adjudant général le 1er prairial an II, lieutenant le 14 germinal an IV. Le 23 frimaire, il fut nommé capitaine au 8e régiment de dragons. Chef d'escadron le 3 pluviôse an VII, il reçut un sabre et des pistolets d'honneur de la manufacture de Versailles. Aide de camp du général Leclerc, il fit, avec ce général, la campagne de l'armée du Rhin, en l'an VIII, celle de l'armée d'observation du Midi, en l'an IX, et l'expédition de Saint-Domingue. Il revint en Europe après la mort de son général et fut confirmé dans son grade de chef de brigade le 7 germinal an XI. Chevalier de la Légion d'honneur le 19 frimaire an XII, officier le 25 prairial suivant, fait la campagne d'Italie à l'armée de Naples. Général de brigade le 1er mars 1807 et commandeur de la Légion d'honneur le 23 octobre 1808, il passa à l'armée d'Espagne le 3 janvier 1810, où il combattit et vainquit plusieurs fois le célèbre Mina. Général de division le 31 juillet 1814, il fit partie de la garnison de Bayonne pendant le Blocus de cette ville. Il mourut à Châlons-sur-Marne, le 9 avril 1834.

(2) François Beaudin, baron Berge, né à Collioure (Pyrénées-Orientales), le 11 mars 1779, entre à l'Ecole Polytechnique le 17 brumaire an III ; sous-lieute-

Le général de brigade Garbé commandait le génie, et les immenses travaux qui entouraient la ville furent exécutés sous sa direction. Il s'était fort distingué en Espagne, au combat d'Oropesa, et le 22 février 1810 il prit le commandement des travaux du siège de Cadix, dont l'histoire, encore à faire, est remplie d'intérêt. La plupart des travaux de défense de Bayonne et de l'armée du maréchalt Soult, de ce côté des Pyrénées, furent tracés par lui, et l'on sait quels obstacles ils opposèrent parfois à l'ennemi (1).

Malgré nos recherches, nous n'avons pu trouver aucun renseignement sur les autres généraux qui faisaient partie de la garnison de Bayonne. Nous devons toutefois en excepter un singulier original qui commandait la citadelle de Saint-Jean-Pied-de-Port, assiégée par Mina, pendant que Bayonne était étroitement bloquée. « Le général Jacques Blondeau de la Côte-d'Or, dit un mémoire du temps, était toujours vêtu de l'uniforme des généraux de 1793, mais il était bon, juste, brave et fort aimé de ses soldats.

» Le maréchal Soult fut visiter sa forteresse et se mit à table avec son état-major. M. le maréchal ne desserrait les dents que pour manger et ne parlait pas ; les convenances commandaient un

---

nant, le 30 brumaire an V, à l'école d'application de Metz ; le 13 floréal an V, lieutenant en second au 1er régiment d'artillerie. Fit la campagne d'Egypte et de Syrie ; capitaine de 3e classe le quatrième jour complémentaire an VII ; de 2e classe le 27 floréal an VIII ; aide de camp du général Pongis jusqu'au mois de brumaire an X. Passe dans l'artillerie de la garde consulaire le 15 nivôse de la même année. Chef de bataillon, le 6 brumaire an XII, il fut fait officier de la Légion d'honneur le 21 prairial an XII. Fait les campagnes de Prusse et de Pologne. Major le 21 mars 1806 et colonel le 30 août 1808, il passa à l'armée d'Espagne le 24 novembre et fut fait chevalier de l'Empire le 15 août 1810. Le 15 juin 1811, commandeur de la Légion d'honneur ; le 26 mai 1813, il fut fait général de brigade, puis peu après baron de l'Empire. Il commanda l'artillerie pendant le Blocus de Bayonne et mourut à Paris, le 18 avril 1832.

(1) Marie Théodore Urbain, baron puis vicomte Garbé, naquit le 25 mai 1765, à Hesdin (Pas-de-Calais). Entré comme élève sous-lieutenant à l'Ecole du génie de Metz, le 23 germinal an II, il en sortit le 1er floréal an III, avec le grade de lieutenant en second. Il fait la campagne de l'an III à l'armée d'Italie et fut nommé capitaine en second le 1er floréal an IV. Il fit la campagne d'Egypte et fut fait chef de bataillon le troisième jour complémentaire an VII. Chevalier de la Légion d'honneur le 25 prairial an XII, il fut fait colonel le 6 nivôse an XIV. Il fit la campagne de Prusse et fut fait officier de la Légion d'honneur le 25 mai 1807. Il entra en Espagne au mois de décembre 1808, et devint général de brigade le 24 novembre 1809. En 1814, il fut chargé de la défense de la place de Bayonne. Il fut nommé général de division le 30 octobre 1823, et mourut à Hesdin, le 10 juillet 1831.

mutisme complet. Tout à coup, Jacques Blondeau de la Côte-d'Or, soit ennui de ce peu d'animation de ses convives, soit par l'aplomb que lui donnait nécessairement le commandement du lieu, crut devoir prendre la parole, et, sans s'adresser positivement à personne, s'écria, comme se réveillant ou suivant une conversation commencée : *Mais quel âge a-t-il donc ce Vilainjeton ?* » Le maréchal Soult partit d'un éclat de rire et expliqua à Jacques Blondeau de la Côte-d'Or que le général anglais s'appelait Wellington et non Vilainjeton. « Bah ! bah ! j'en suis désolé, mais ma pauvre langue l'a baptisé et le nom lui en restera. » Il n'en fallut pas davantage pour que *Vilainjeton* devint populaire parmi les soldats français.

Si la plupart des soldats étaient jeunes, on ne pouvait pas en dire autant des cadres, qui comptaient tous plusieurs campagnes. Presque tous les sergents étaient entrés en Espagne en 1808, et avaient fait toutes les guerres de la Péninsule. Aussi, on conçoit quelle rapide instruction militaire recevaient les conscrits arrivant dans leurs régiments et rendus aussitôt aptes à combattre. Les nombreux états de propositions et les états de service que nous avons sous les yeux nous donnent un aperçu de la valeur des officiers, et nous n'en prendrons que quelques exemples parmi ceux qui se distinguèrent plus particulièrement dans les opérations du Blocus de Bayonne. On nous pardonnera ces biographies un peu longues, car elles nous permettent de voir sous un jour tout particulier à quelle race d'hommes on avait confié la défense de la ville.

Le capitaine Alexis Fossé sortait de l'Ecole de Saint-Cyr et fut nommé sous-lieutenant, en 1810, après une revue de l'Empereur. Il fut rejoindre le 119ᵉ régiment de ligne, qui se trouvait alors en Espagne, et où il ne tarda pas à se distinguer. A la tête de plusieurs détachements, dont on lui confia le commandement, il eut bientôt l'occasion de se faire connaître. Bilbao, Villa-Viciosa, Gijon, Avilès, Oviedo, Benavente furent successivement témoins de son courage, et, dans toutes ces rencontres périlleuses, il fit preuve du plus rare sang-froid.

Des services d'un autre genre recommandèrent Fossé à la bienveillance et à l'estime de ses chefs. Ils n'ignoraient pas que, par ses talents, cet officier s'était placé hors de la ligne où son grade et son âge semblaient le retenir. Aussi, les généraux Bonnet et Gauthier, désirant mettre leurs troupes à l'abri des attaques sans

GARNISON DE BAYONNE - INFANTERIE LÉGÈRE

cesse réitérées des insurgés et se fortifier dans leurs positions afin de résister avec plus d'avantage aux effets d'un ennemi nombreux, chargèrent-ils Fossé de l'exécution des ouvrages qu'ils jugeaient nécessaires. Oviedo, Grado, La Banesa, Benavente et Ledesma furent les principaux points où il dirigea seul les travaux. Son intelligence, son activité et son désintéressement lui méritèrent les plus grands éloges.

Le 23 juin 1811, sous les murs d'Astorga, le général Velletaux se trouve en présence de la presque totalité de l'armée espagnole de Galice, composée de quinze mille hommes. Des reconnaissances sont poussées de part et d'autre, et l'ennemi apprend que les Français n'ont que trois bataillons à lui opposer. Déjà vainqueur en idée, il s'avance avec de grands cris ; mais Velletaux, comptant sur la valeur de ses soldats, se précipite au devant des Espagnols. La lutte s'engage : les insurgés, étonnés d'une résistance à laquelle ils ne s'attendaient pas, commencent à s'ébranler ; ils reculent, ils perdent du terrain, et bientôt ils sont en pleine déroute. Cette affaire mémorable, connue sous le nom de combat de Quintanilla, coûta la vie à l'intrépide Velletaux. Fossé s'y couvrit de gloire : on le vit, au milieu de la mêlée, animant les soldats par son exemple, faire des prodiges de bravoure.

Fossé assista à la bataille de Salamanque. Témoin des mouvements des deux armées qui, pendant plusieurs jours, manœuvrèrent à une portée de canon l'une de l'autre, il observa, et fit observer à plusieurs de ses chefs, les fautes des deux généraux ; il vit Wellington, exposant ses troupes à être anéanties, se livrer pour ainsi dire à la merci des Français, et le maréchal Marmont, négligeant des avantages évidents, poursuivre sa marche et ne se décider enfin à l'attaquer qu'au moment où il aurait dû éviter le combat.

Mais la bataille commence : soldats, officiers, tous rivalisent de courage et d'ardeur, « ils ne s'informent point si leur général a été blessé en déjeunant sous sa tente couleur de rose » (1), ils ne voient que les Anglais et ne songent qu'à les vaincre. Si la victoire eût été possible, jamais Wellington n'eût paré ses trophées des

---

(1) Les Mémoires du temps sont pleins de détails sur le luxe inouï du maréchal Marmont en campagne. Nous aurons occasion d'en parler dans *Bayonne sous le Consulat et l'Empire*, car son luxueux train de maison, qui l'accompagnait partout, laissa des traces profondes dans l'esprit des Bayonnais.

faciles lauriers qu'il cueillit à Salamanque. En vain les Français, écrasés par le feu de l'ennemi, remontent vingt fois à la charge ; en vain les braves tués sont remplacés par de nouveaux braves : tant de constance et tant d'efforts ne font qu'ajouter à nos pertes. L'intrépide commandant Paty conduit le 119ᵉ ; atteint d'un coup terrible, il brave la douleur et la mort : la mort lui paraît préférable à la honte d'une défaite ; il appelle les siens, et la voix du héros électrise tous les cœurs. Fossé est près de lui : ses habits sont criblés de balles, un biscaïen a frappé sa poitrine ; mais il ne quitte pas son chef ; comme lui, il veut mourir sur le champ de bataille. L'armée entière étant en retraite, le 119ᵉ seul résiste encore ; cependant, il est aussi obligé de céder. Au milieu d'une défaite générale, il ne lui reste que la triste consolation d'avoir le dernier lancé sur l'ennemi un regard menaçant.

Fossé n'était que lieutenant lorsque, à Vittoria, il guida une compagnie de voltigeurs. Cette bataille eut des résultats plus funestes pour nous que celle de Salamanque. Fossé se montra l'un des plus vaillants, et le corps dont il faisait partie ramena vers Pampelune deux pièces d'artillerie, derniers débris d'un parc de plus de deux cents canons.

Après plusieurs tentatives infructueuses pour ressaisir l'offensive, notre armée fut obligée de se reployer. Quelques bataillóns anglais, postés sur une hauteur défendue par la Bidassoa, foudroyaient nos troupes dont ils coupaient la marche. Fossé conçoit le hardi projet de les débusquer : il part à la tête de sa compagnie, gravit les flancs de la montagne, s'élance au pas de charge contre les ennemis et parvient à les culbuter après leur avoir fait un grand nombre de prisonniers. Maître de leurs retranchements, qu'il avait conquis avec tant d'intrépidité, il protégea la retraite pendant plus de trois heures et ne quitta sa position qu'après avoir vu filer tous les corps.

Un mois plus tard, il se signala au passage de la Bidassoa : atteint d'un coup de feu qui lui avait traversé l'épaule, il ne cessa de prendre part au combat et poursuivit les Anglo-Espagnols jusqu'à ce qu'enfin, harassé de fatigue et affaibli par la perte de son sang, il tomba sur le champ de bataille. Ce fut après ce fait d'armes que le maréchalt Soult lui conféra le grade de capitaine.

Avant d'être guéri de ses blessures, il quitta le dépôt de son régiment pour aller former, sous les murs de Bayonne, une compagnie de voltigeurs. Quand les Anglais passèrent l'Adour au Boucau, il était placé aux avant-postes de la citadelle et, quoique ses voltigeurs assistassent au feu pour la première fois, ils ne s'y distinguèrent pas moins par leur bonne contenance et leur intrépidité. Il reçut à cette occasion les félicitations de ses camarades et de ses chefs.

C'est encore d'un autre capitaine de voltigeurs du 69ᵉ de ligne que nous allons entretenir le lecteur. Nicolas Marcel, né Aux-Riceys, département de l'Aube, soldat en 1806, s'éleva promptement au grade de capitaine. Il fit ses premières armes en 1807, et à tous les combats de cette mémorable époque, en Allemagne, en Prusse et en Pologne. Envoyé dans la Péninsule, au moment de l'ouverture de la campagne, il y fit la guerre, en Espagne et en Portugal, jusqu'en 1813, et fut compté parmi les Français qui déployèrent le plus de courage pour défendre les Pyrénées et pour repousser l'ennemi qui s'avançait sur notre territoire.

Voici quelques-unes des actions de cet officier :

Pendant une expédition dans la Galice, Marcel, ayant franchi le premier, sous le feu d'une épouvantable mousqueterie, le pont de Bibaye, dont le passage était chaudement disputé, fonça sur les Espagnols et fit plusieurs prisonniers.

Le 23 juillet 1812, à Alba de Tormès, il combattit vaillamment, et, quoique grièvement blessé de la veille à la bataille des Arapiles où, se trouvant en tirailleur, il avait été sabré par la cavalerie anglaise, il ne voulut pas quitter les rangs de son bataillon qui, animé par sa présence et par son exemple, se maintint, sans être entamé, contre le choc réitéré de plusieurs escadrons.

Le 10 décembre 1813, un bataillon anglo-portugais s'était retranché dans une maison située sur la route de Saint-Jean-de-Luz, en avant de Bayonne. Marcel, avec sa compagnie, reçoit l'ordre de le débusquer et de s'emparer de la position. Il part, arrive à bout portant, malgré une vive fusillade, et voit que l'ennemi commence à s'ébranler. *En avant la cavalerie !* s'écrie-t-il aussitôt. Ce commandement n'était qu'une ruse, car il n'ignorait pas qu'aucun cavalier n'appuyait son mouvement ; cependant, le lieutenant Massibaut, passant non loin avec douze chasseurs de l'escorte du maréchal Soult, a entendu la voix de Marcel ; il accourt au galop et se précipite sur les Anglo-Portugais qui, bientôt culbutés de toutes parts, sont dans la déroute la plus complète.

Le capitaine Marcel fit des prodiges de valeur dans ce combat. Au milieu de la mêlée, le sabre à la main, il portait les coups les plus terribles ; il faillit alors être tué par un soldat portugais qui, l'ayant ajusté de fort près, fit feu sur lui et perça d'une balle le collet de son habit. Marcel s'effrayait à peine du danger qu'il avait couru, mais le Portugais paya cher sa témérité : tandis qu'il rechargeait son arme, un lieutenant, l'intrépide Gouhy, qui, dans toutes les attaques, était toujours en avant, lui plongea son épée dans le cœur. Cet officier, ainsi que le capitaine Marcel, firent à eux seuls vingt prisonniers, parmi lesquels cinq officiers anglais.

Le brave Massibaut, avec ses chasseurs, en prit plus de soixante, mais ayant été atteint d'une balle, il ne survécut que deux jours à sa blessure.

Le 1er janvier 1814, deux compagnies françaises, placées dans l'île de Broc, sur l'Adour, pour y protéger des travaux de fortifications, furent attaquées par les Anglais. Après une vigoureuse résistance, elles manquaient de munitions et allaient se trouver dans la situation la plus critique, lorsque, averti de leur péril, le capitaine Marcel, qui était sur la rive droite, réussit à se procurer des cartouches et se disposa à les leur envoyer. Pour les transporter, il fallait traverser l'un des bras de la rivière. Personne ne voulait tenter le passage : Marcel s'élance dans une barque, aborde dans l'île, remet les cartouches à la troupe, transmet au commandant de nouveaux ordres qu'il a la mission de lui communiquer, dirige, sous une grêle de balles et de boulets, l'embarquement de cent cinquante travailleurs, les fait passer en trois fois sur le rivage et ne revient qu'avec le dernier détachement. Le bateau qu'il montait fut criblé de coups de feu ; un des travailleurs eut la cuisse coupée par un boulet, cinq autres furent grièvement blessés et lui-même, en descendant à terre, reçut une balle dans l'épaule gauche.

Les bataillons qui composaient la garnison de Bayonne avaient été pris dans les régiments qui avaient fait les campagnes d'Espagne et de Portugal, et nous croyons devoir dire quelques mots sur certains d'entr'eux.

Le 1er de ligne avait fourni un bataillon : c'était le fameux régiment de Picardie, de l'ancienne monarchie ; il était en Espagne de 1812 à 1813. Le 26e, fort de deux bataillons, commandés par le lieutenant-colonel Sandricourt, fit les campagnes d'Espagne et de

Portugal. Un bataillon du 63e, autrefois régiment suisse d'Erlach, se distingua, en 1811, à la bataille de Chiclana, dont le nom est inscrit sur son drapeau. Le 64e de ligne, dont les deux bataillons étaient sous les ordres des commandants Aulard et Macé, était présent au siège de Saragosse, au combat de l'Arzobizpo, à la bataille d'Ocaña, en 1809, où il accomplit des prodiges de valeur, à Fuente de Cantos, aux sièges d'Olivença et de Badajoz, à la bataille d'Albuera. A la fin de la campagne, le 64e de ligne, disait le maréchal Suchet, avait donné l'exemple de la tenue et de la discipline.

Le 66e de ligne comptait un bataillon : il avait fait la première campagne de Portugal avec Junot, et, dans une revue passée par Napoléon à Valladolid, en 1809, il lui accorda seize croix d'honneur pour sa belle conduite. Il fit de nouveau les campagnes de Portugal avec Soult et Masséna et fut cité à l'ordre du jour de l'armée à la bataille de Fuente de Oñoro. Il porte encore aujourd'hui sur son drapeau les noms d'Oporto, 1809, et Fuente de Oñoro, 1811. Le 70e de ligne avait aussi un bataillon : il fit les campagnes de Portugal et assista à la prise d'Oporto, dont le nom est inscrit sur son étendard. Un bataillon du 82e était à Vimeiro, où il éprouva de grandes pertes, et se distingua aussi à la prise de Ciudad-Rodrigo. Le 95e était commandé par le lieutenant-colonel Delasalle, qui devait être tué dans la sortie du 14 avril. Le 94e avait deux bataillons sous les ordres des commandants Beynet et Couderc. Avec le 118e, le 119e et le 120e se termine la série des corps formant l'effectif de l'infanterie de ligne composant la garnison de Bayonne. Ces régiments, de formation récente, avaient été formés d'abord à l'aide de régiments provisoires. Le 118e se distingua à la bataille des Arapiles, en 1812, où il parvint un moment à arrêter l'armée alliée victorieuse, et, pour ce fait glorieux, porte le nom de cette bataille sur son drapeau. Le 119e resta dans la Péninsule à combattre les Anglo-Portugais ; quant au 120e, qui avait un 3e bataillon faisant partie des défenseurs de Bayonne, il fit toutes les campagnes d'Espagne. Aussi voit-on sur son étendard ces quatre noms, qui rappellent ces hauts faits : Rio Seco, 1808 ; Santander, 1810 ; Arapiles, 1812 ; Toulouse, 1814.

Parmi les 21 bataillons qui composaient la garnison de Bayonne, un petit nombre seulement contenaient encore des vieux soldats. La plupart avaient eu leurs vides comblés par des conscrits, les cadres seuls étaient anciens, mais on verra que dans les sanglantes affaires du 27 février et du 14 avril, les enfants se conduisirent aussi bravement que les vétérans bronzés par cent combats. Du reste, ces derniers avaient apporté avec eux toutes les traditions et les coutumes de cette héroïque armée d'Espagne pour laquelle les six années qui venaient de s'écouler avaient été une campagne permanente. Leur force de résistance bien connue, leur sobriété, la rapidité de leur marche, en avaient fait des troupes accomplies, et on ne pouvait reprocher à la garnison de Bayonne que d'avoir dans ses rangs une trop grande quantité de jeunes éléments. La plus curieuse peinture de l'infanterie française à cette époque nous est donnée par un officier ayant fait les campagnes d'Espagne, et dont le livre, devenu rare, nous signale les différences des mœurs et des habitudes qui existaient dans les divers corps :

« Les soldats de l'infanterie, dit-il, n'ayant à s'occuper que d'eux-mêmes et de leur fusil, étaient égoïstes, grands parleurs et grands dormeurs. Condamnés en campagne, par la crainte du déshonneur, à marcher jusqu'à la mort, ils se montraient impitoyables à la guerre, et faisaient souffrir aux autres, quand ils le pouvaient, ce qu'ils avaient eux mêmes souffert. Ils étaient raisonneurs et quelquefois même insolents envers leurs officiers ; mais, au milieu des fatigues à outrance qu'ils supportaient, un bon mot les ramenait toujours à la raison et les mettait du parti des rieurs. Ils oubliaient tous leurs maux dès que le premier coup de fusil de l'ennemi s'était fait entendre » (1).

Mais la confiance et l'abandon envers leurs ennemis, qui leur avaient été si souvent funestes en Espagne, avaient disparu depuis leur arrivée en France. Ils étaient animés contre les troupes alliées d'une rage qui rendait meurtrières toutes les affaires d'avant-postes. La garnison de Bayonne, surtout, se montrait avide de massacre, et les souvenirs militaires des officiers anglais qui firent partie du corps de Blocus en sont un témoignage incontestable. Les soldats ennemis ne pouvaient exposer une partie quelconque de leur corps qu'une balle ou un biscaïen ne leur fût aussitôt adressé, et le plus souvent avec une fatale adresse. Avoir si longtemps porté ses armes à l'étranger et en être réduit à défendre le territoire de la patrie contre l'invasion étrangère était

(1) *Mémoires de M. de Rocca.*

une source de combats incessants. L'officier anglais Gleig, auteur
du *Subalterne*, dit qu'au moment où l'on travaillait à l'établissement des batteries de siège autour du château Basterrèche, une
pluie de bombes, de boulets, de mitraille et parfois de balles,
s'abattait incessamment sur le château. « Les Français avaient
établi sur leurs murailles un certain nombre de fusils de rempart
sur pivot qu'ils pouvaient élever, abaisser et tourner dans toutes
les directions, et avec lesquels ils ajustaient aussi facilement
qu'avec un fusil ordinaire. Ces armes lançaient avec grande force
des balles d'un quart de livre, et l'ennemi, constamment aux
aguets, surveillait tous nos mouvements de si près, qu'il était
impossible de montrer la tête à une fenêtre ou sur un mur sans
être salué par une balle » (1).

Les précautions les plus grandes étaient nécessaires pour relever
les sentinelles et les postes avancés. « Les Français, en effet, dit le
même auteur, n'étaient plus l'ennemi magnanime que nous avions
connu en rase campagne ; ils tiraient sur tout homme qu'ils
apercevaient, sentinelle ou promeneur, et les postes n'étaient
plus relevés sans danger, comme nous avions été habitués à le
faire jusqu'alors. Une patrouille ne pouvait plus marcher ouvertement, et les hommes filaient un à un aux différents postes qui
leur étaient assignés ; ceux qu'ils relevaient se retiraient de la
même façon Même en agissant ainsi, nous retournions rarement
au camp sans ramener avec nous un ou deux blessés et sans
laisser un camarade mort derrière nous.

« A la nuit, la plus grande vigilance était nécessaire. L'ennemi
était si près de nous, que la plus légère négligence lui aurait permis de s'introduire dans nos lignes. Personne ne dormait, du
moins étendu ; les simples soldats se promenaient dans l'église
autour du remblai ; les officiers se glissaient de poste en poste ou
écoutaient chaque bruit avec une anxiété profonde. Dans ces
promenades, on pouvait entendre distinctement les conversations
des soldats français, tant les troupes des deux nations étaient
rapprochées et tant était périlleux ou plutôt solennel le devoir
que nous avions à remplir » (2).

La plupart des conscrits qui avaient été appelés à renforcer

(1) Gleig. — *Journal d'un Subalterne*. — Traduction de M. Ch. Guiard.

(2) Gleig. — *Journal d'un Subalterne*. — Traduction de M. Ch. Guiard.

l'armée dans cet effort suprême, rejoignirent leurs régiments avant que ceux-ci ne fussent venus s'enfermer dans Bayonne, et avaient reçu le baptême de feu dans les sanglants combats des Pyrénées. « La vue des vieux et impassibles débris de nos grandes armées, dit un témoin oculaire, et dont les jeunes conscrits étaient appelés à partager les fatigues et les dangers, devait tremper promptement le moral de ces derniers et leur imprimer sans retard l'esprit militaire » (1). Les tambours, principalement dans la division Abbé, étaient presque tous des enfants, et ne devaient pas montrer moins d'acharnement que ceux qu'ils étaient appelés à conduire, ainsi qu'on le verra dans le récit de la sortie du 14 avril (2).

On peut cependant signaler un certain nombre de désertions qui, d'ailleurs, avaient pris germe pendant la guerre d'Espagne. Des officiers même passèrent à l'ennemi, sans doute pour des fautes de discipline plutôt que par lassitude. Un capitaine adjudant-major de cavalerie commandait la fameuse guerilla de la marquise de la Romana (3), et, en 1813 et 1814, les officiers anglais qui ont écrit sur cette guerre signalaient des désertions qui s'accentuèrent surtout après la bataille de Vittoria. Le lieutenant Gleig cite un officier dont il tait le nom ; l'avocat-général Larpent signale un lieutenant-colonel, et on verra plus tard que ce fut un déserteur français qui prévint les troupes anglaises sous Bayonne de la sortie du 14 avril, dont elles allaient être l'objet.

Ce qui fut un grand sujet de distraction pour les habitants de Bayonne, d'après les souvenirs du temps, fut l'installation des troupes des brigades chargées de la défense des camps retranchés. Sur ces points assez éloignés de la ville, les maisons n'étaient pas assez nombreuses pour abriter la totalité des soldats ; aussi, afin de les tenir plus facilement sous la main, fut-on obligé de les faire bivouaquer. Mais, grâce à l'instruction et à l'industrie des militaires français, ils ne tardèrent pas à se créer des abris confortables qui furent, non seulement à Bayonne, mais pendant la campagne des Pyrénées, l'objet de l'admiration des officiers anglais. « Je cherchai en vain, dit le *Subalterne*, les tentes blanches des Anglais ;

(1) La Pène.

(2) *Souvenirs bayonnais.*

(3) *Souvenirs d'un adjudant de chasseurs à cheval. — Revue rétrospective.*

elles étaient généralement dressées dans des plis de terrain boisé, de façon à se dérober à la vue de l'ennemi et à abriter autant que possible les hommes contre le mauvais temps ; mais, en revanche, les baraques bien bâties des Français étaient visibles sur beaucoup de points. Les Français sont certainement les soldats les plus experts dans l'art de se construire des abris. Ceux que j'apercevais n'étaient pas, comme les huttes que nous avions dernièrement occupées, composés simplement de branches d'arbres, couvertes avec des rameaux et des feuilles sèches, et dépourvues de cheminées ; c'étaient, au contraire, de bons et confortables cottages avec des murs de terre et des toits de chaume, arrangés en longues rues étroites, et ressemblant plutôt à un village définitif qu'à l'abri momentané de troupes en campagne » (1). A l'extrémité de ces camps, dit un autre auteur, se trouvaient des marchés où régnait une grande abondance. « D'ailleurs, cette partie bruyante du camp, semblable à une cité populeuse et animée, comparée à la vue austère des armes rangées non loin de là en faisceaux, et à celle des retranchements, des palissades, des canons établis sur leurs plates-formes et se montrant au dehors de leurs embrasures, offrait un contraste bizarre que sa nouveauté rendait curieux à observer. Parmi les vendeurs se trouvaient bon nombre de Basquaises : toutes présentaient à l'œil une taille svelte et bien prise, des traits fins et spirituels, un sourire gracieux. Timides, les premiers jours, à l'aspect des figures sévères de nos grenadiers, ces jeunes filles furent promptement rassurées et devinèrent sans peine que la confiance et l'intérêt, bien plus que la crainte, étaient les sentiments que le militaire français désirait leur inspirer. Un prompt débit et d'abondantes recettes étaient d'ordinaire le prix de l'activité : aussi voyait-on plusieurs rivales d'intérêt gravir à l'envi les rampes ou suivre avec légèreté les sentiers qui conduisaient au camp » (2).

Aussitôt après son arrivée, le maréchal Soult s'était hâté de remettre de l'ordre dans la discipline relâchée de l'armée. La cour martiale fonctionna avec activité, et le séjour des Français dans les Pyrénées ne donna lieu, chez les habitants, qu'à un petit nombre de réclamations insignifiantes.

(1) *Le Subalterne.* — Traduction de M. Ch. Guiard.

(2) La Pène.

Cependant, avec les affaires de la Bidassoa et de Sainte-Barbe, quelques militaires s'étaient livrés à de coupables excès, le 7 octobre, dans Urrugne, au moment où les troupes françaises s'y repliaient, poursuivies par l'ennemi ; Sare aussi avait souffert, le 6 du même mois. « Un capitaine de voltigeurs, du 45° de ligne, le sieur Conroux, fut la principale victime expiatoire de ces désordres. Exempt de reproches jusqu'alors, cet officier, jeune encore, mais ancien et brave militaire, couvert d'honorables cicatrices et souffrant même de blessures graves reçues trois mois auparavant dans l'expédition de Pampelune, est prévenu et ensuite convaincu devant la cour martiale d'être resté spectateur des excès de sa compagnie dans une habitation de Sare ; d'en avoir expulsé avec violence et voies de fait un gendarme qui s'y était porté d'office pour ramener l'ordre ; enfin, dans un mouvement frénétique, provoqué, dit-on, par l'ivresse, d'avoir fait menace de mettre le feu à l'habitation. Condamné à mort, ce capitaine marcha au supplice avec courage. « Voltigeurs, dit-il à ses propres soldats, » chargés de cette cruelle exécution, vous savez que je ne crains » pas la mort ; faites votre devoir et visez juste. » L'armée prit la part la plus vive à cette fin malheureuse, qui porta aussitôt ses fruits. La Pène ajoute : « Les parents de l'infortuné militaire furent instruits de sa mort ; mais on leur a constamment laissé ignorer les raisons qui l'avaient provoquée : le lecteur nous saura gré, pour ce motif, d'avoir tu le nom de l'officier » (1).

Quant à la valeur morale de ces troupes qui, depuis longtemps, avaient perdu une partie de leurs vieux et excellents éléments, nous ne prendrons d'autre témoignage que celui de leurs ennemis : « Rien n'est admirable comme l'impétuosité de la première attaque des Français : ils s'avancent d'abord lentement et en silence et, arrivés à un ou deux cents yards du point qu'ils veulent enlever, ils poussent un cri discordant et s'élancent en avant. Ils sont enveloppés par un vrai nuage de tirailleurs qui marchent dans une apparente confusion, mais avec une grande bravoure, et savent mieux que n'importe quelle troupe légère profiter de toute espèce de couvert pour s'abriter. » Il est vrai que l'auteur se hâte d'ajouter : « Le courage froid des Anglais est tout à fait propre à recevoir ce premier choc du Français » (2).

(1) La Pène.
(2) *Le Subalterne.* — Traduction de M. Ch. Guiard.

La défense maritime de Bayonne se composait de la corvette *La Sapho*, capitaine Ripaud de Montaudevert, armée de 24 canons, du stationnaire *La Mouche*, armé de 4 canons, et de 24 chaloupes canonnières ; en tout, 52 bouches à feu et 600 marins. Parmi ces derniers se trouvaient deux compagnies de matelots qui arrivèrent de Rochefort, le 20 janvier 1814, en grand désordre, et montèrent à raison de dix hommes à bord de chaque chaloupe. Le tout était sous le commandement du capitaine de frégate Depoge. Les chaloupes canonnières, qui ne furent complètement armées que vers la fin de janvier, portaient une pièce de 16 ou de 24 et étaient distribuées en quatre divisions. La première était commandée par le lieutenant de vaisseau Bourgeois, brave et aventureux marin, dont nous aurons à parler plus tard ; la seconde division était placée sous les ordres de l'enseigne de vaisseau Debeaunet ; les troisième et quatrième, par les enseignes Poncet et Durassié. La première division était au Boucau, avec le stationnaire *La Mouche*, armé de quatre pièces de 4, de six pierriers et d'autant d'espingoles (1). Les trois autres divisions et la corvette *La Sapho* étaient réunies sous le canon de la place, afin de pouvoir se porter rapidement sur le point où le besoin se ferait sentir. Cette flottille était montée par des équipages éprouvés.

En outre de ces forces, la garde nationale avait fourni 300 hommes d'élite, sous le commandement du colonel Millet.

Il y avait un approvisionnement de vingt-sept jours de viande fraîche et de cinquante-sept jours en farine et biscuit, avec une quantité suffisante de riz et de viande salée. La population, réduite à peu près à un tiers, était loin d'être pourvue pour de longs besoins.

Le bois ayant manqué absolument dans les premiers jours du Blocus, on fut réduit à prendre pour le chauffage des bois de bon service, entr'autres ceux du parc de la marine. Alors achevèrent de disparaître les hautes futaies qui ombrageaient les environs de la ville.

Les deux hôpitaux, placés aux anciens Jacobins, Capucins et Cordeliers, pouvaient contenir environ 1,000 malades. On éleva

(1) Dans ses *Souvenirs*, le lieutenant de vaisseau Bourgeois dit que la première division des canonnières était sous ses ordres ; la deuxième était commandée par le lieutenant de vaisseau Nebourel ; la troisième et la quatrième, par les enseignes Poncet et Durassié.

dans leurs cours de grandes et belles baraques pour 600 nouvelles
places. Un dépôt de 300 convalescents fut établi dans les baraques
des glacis qui avaient servi autrefois pour le passage des troupes
en Espagne ; au reste, avant et pendant le Blocus, ce furent souvent les habitants, et surtout les femmes, qui donnèrent aux
blessés, amis et ennemis, les premiers secours avec une effusion
de zèle et de charité qu'on ne peut combler de trop d'éloges.

La ville de Bayonne offrit alors un aspect inaccoutumé : les rues
avaient été en partie dépavées pour rendre un bombardement
moins dangereux ; devant toutes les portes, des tonneaux défoncés
et remplis d'eau avaient été préparés pour éteindre les incendies ;
c'était un spectacle de mouvement et de travail. De lourds canons
passaient en ébranlant les murailles, des colonnes de troupes traversaient la ville, une multitude de soldats et d'habitants sortaient
chaque jour pour mettre la dernière main aux ouvrages extérieurs, et chaque soir le convoi des hommes blessés dans la
fusillade des avant-postes défilait dans les rues (1). Des bateaux,
toujours escortés avec audace et bonheur, approvisionnaient
Bayonne jusqu'à ce que le Blocus se fût étroitement resserré ; les
chefs militaires reconnaissaient avec le plus grand soin les positions de l'ennemi ; des ordonnances à cheval parcouraient la ville
au galop afin de lier les différentes branches du service : enfin, la
population, calme, paisible et unie par le danger commun, semblait se résigner d'avance à toutes les éventualités d'un long
Blocus. Tous les corps de la garnison étaient pleins d'ardeur, et
l'importance de cette clef des Pyrénées Occidentales encourageait
également les habitants et les soldats : on voulait conserver à tout
prix une place dont la résistance pouvait rendre stériles tous les
succès ultérieurs des alliés.

(1) *Souvenirs bayonnais.*

CHAPITRE IV

L'ARMÉE ALLIÉE

Lord Wellington avait laissé devant Bayonne, pour en faire le siège, une force de 28,000 hommes, sous le commandement en chef du général Hope, un de ses meilleurs lieutenants. Ces troupes se composaient des deux divisions anglaises Colville et Howard, de la brigade anglaise Aylmer, des brigades portugaises Bradfort et Wilson, des divisions espagnoles don Carlos et Freyre. Il faut y joindre la brigade de cavalerie Vandeleur et les troupes d'artillerie et du génie nécessaires pour faire le siège de la place.

Avant de parler de ces troupes, de leur solidité et de leur valeur, nous croyons devoir dire quelques mots des généraux qui les commandaient.

La vie de l'illustre généralissime anglais est assez connue pour que nous n'ayons pas à nous étendre beaucoup sur son compte. Cependant, son long séjour dans le pays et sous les murs de cette place, qu'il considérait de loin avec un secret dépit, nous autorise à reproduire ici un portrait plein de vie dû à la plume d'un de ses officiers qui devait être plus tard son biographe. Le régiment, dont ce dernier faisait partie, arrivait d'Angleterre et, après avoir débarqué à Pasages, était en marche pour passer la frontière, lorsqu'il fut rejoint par quatre officiers à cheval, dont l'un tenait la tête du groupe, les autres le suivant sur une même ligne. « Celui qui était en avant, maigre, bien fait, de moyenne stature, avait à peine passé le printemps de la vie. Il était vêtu d'un habit gris uni, boutonné jusqu'au menton ; il portait son chapeau à claque recouvert de toile cirée, des pantalons gris avec des bottes bouclées sur le côté et un léger sabre de cavalerie. Quoique je ne le connusse pas, il y avait une clarté dans son œil qui indiquait quelque chose de plus qu'un aide de camp ou un général de brigade. Je ne restai pas longtemps dans le doute : nous avions dans nos rangs beaucoup de vétérans qui avaient servi dans la Péninsule pendant la première campagne ; ils reconnurent aussitôt leur ancien général et se mirent à crier : *« Duro ! Duro ! »* titre familier donné par les soldats au duc de Wellington. Ce cri fut suivi d'acclamations répétées auxquelles il répondit en ôtant son chapeau et en s'inclinant. Après avoir loué l'aspect et la tenue de la colonne et causé un moment avec le commandant, il donna l'ordre de nous faire arrêter là et continua sa route.

» Je voyais alors le grand capitaine pour la première fois, et je le regardai avec cette admiration et ce respect qu'un soldat de dix-sept ans, passionné pour sa profession, devait ressentir pour l'homme qui en était à ses yeux la plus belle gloire. Rien en lui ne semblait indiquer une vie dépensée dans les fatigues et les travaux pénibles, et ses traits ne portaient l'empreinte ni du souci ni de l'anxiété. Ses joues, au contraire, quoique brunies par le soleil, brillaient des teintes rosées de la santé, et le sourire de satisfaction qui s'épanouissait autour de sa bouche disait, plus clairement que des paroles, combien il se sentait parfaitement à l'aise. En le regardant, je fus naturellement convaincu qu'une armée commandée par lui ne pouvait être battue, et j'eus dans la suite de fréquentes occasions de voir combien de pareils sentiments sont propres à empêcher une défaite. Laissez les troupes prendre une entière confiance dans celui qui les conduit, et sa simple vue au moment décisif vaudra une brigade fraîche » (1).

Cette confiance paisible que le jeune officier anglais remarquait en ce moment sur le visage du général en chef, remplaçait, depuis peu, des instants de la plus pénible anxiété. Pendant quelque temps, et à l'époque des conférences de Prague, il crut que si la paix se faisait avec les puissances du Nord, il ne tarderait pas à avoir Napoléon en personne sur les bras. Dans ce cas, sa résolu-

(1) *Le Subalterne.* — Traduction de M. Ch. Guiard.

tion était déjà prise, et il ressort des nombreuses conversations qu'il eut avec l'avocat général Larpent, qu'il se proposait de se retirer aussitôt en Portugal, la présence de l'Empereur étant estimée par lui à une force de plus de cinquante mille hommes (1).

Quoique lord Wellington ne fît pas le Blocus de Bayonne et se contentât d'y laisser un de ses lieutenants, nous n'avons pas cru devoir laisser dans l'ombre ce personnage illustre (2). C'est à lui, en effet, à ses talents militaires et à son extrême ténacité, que l'armée alliée dut la construction du pont sur l'Adour, pour l'étude duquel il se rendait tous les jours sur la dune de Blancpignon, où il jetait un vif regard sur le large fleuve qui coulait devant lui. Sur la droite, la citadelle et la place de Bayonne, hérissées de canons et formidablement armées, lui faisaient éprouver des mouvements d'impatience, car il se souvenait des sanglants échecs du château de Burgos et de la forteresse de Saint-Sébastien.

Le général en chef de l'armée de Blocus, sir John Hope, plus tard comte de Hopetoun, avait relevé sir Thomas Graham du commandement de l'aile gauche de l'armée et commandait en second sous lord Wellington. Au combat qui eut lieu au château de Baroillet, appartenant au maire de Biarritz, sir John Hope, à cheval, à la tête de quelques cavaliers, chargea les Français avec la plus grande intrépidité. « Il reçut trois balles dans son chapeau et son cheval, grièvement blessé, eut juste la force de le porter hors du lieu du danger ; mais la charge avait été décisive » (3).

Wellington avait une grande estime pour son lieutenant, et voici ce qu'il écrivit quelques jours après au colonel Torens : « J'ai depuis longtemps conçu la plus haute opinion de sir John Hope, et je crois que tout le monde la partage, mais l'expérience de chaque jour me convainc de plus en plus de son mérite. Nous le perdrons cependant, s'il continue à s'exposer au feu comme il l'a fait les trois derniers jours. C'est un miracle vraiment qu'il ait échappé. Son habit et son chapeau étaient tout criblés de balles, outre la blessure qu'il a reçue à l'épaule. Il se met au milieu des tirailleurs sans s'abriter, comme ils le font, contre le feu de

(1) *Journal de Larpent*.

(2) Il eut, pendant quelques jours, son quartier général au château Moiry, à Anglet, appartenant aujourd'hui à M. G. Silva.

(3) *Le Subalterne*. — Traduction de M. Ch. Guiard,

l'ennemi. Cela ne sert à rien, et j'espère que ses amis lui feront des représentations à ce sujet. J'en ai parlé à Macdonald, et je veux en parler moi-même à sir John Hope, quand j'en trouverai l'occasion, mais c'est un sujet délicat » (1).

Signalons encore, parmi les généraux, le général de division Colville, commandant en second l'armée de Blocus, et le général de division Howard ; les généraux de brigade Stopford, Aylmer, Bradfort, Wilson, et Hay, qui fut tué dans la sortie du 14 avril ; Robinson, le général portugais Regoa et le général Vandeleur, commandant la brigade de cavalerie. Les deux généraux de division espagnols étaient Freyre et don Carlos.

Don Manuel Freyre commandait en chef le 4e corps d'armée espagnole, en 1813 et 1814. Il s'était fort distingué pendant les longues guerres de la Péninsule. Il ne fut employé qu'un instant au Blocus de Bayonne et prit part à la bataille de Toulouse (2). Don Carlos d'España avait été nommé commandant du Blocus de Pampelune, dans les premiers jours du mois d'août 1813, et montra dans ce poste important autant de talent que de valeur. Il repoussa la garnison française dans plusieurs sorties, lui fit souvent des prisonniers, et la força enfin à capituler, le 31 octobre. Quoique blessé très grièvement, le 10 septembre, il continua de diriger le Blocus et refusa, le 26 octobre, la proposition qui lui fut faite par la garnison de remettre la ville en son pouvoir, pourvu qu'il lui fût permis de retourner en France avec six pièces de canon. Il est vrai que les Français étaient à bout de provisions. Lord Wellington, en donnant connaissance de cet événement, par une dépêche du 1er novembre 1813, s'exprima ainsi sur le compte du général don Carlos d'España : « Je ne puis assez louer la conduite du général don Carlos d'España et des troupes qu'il a commandées pendant la durée du Blocus ; l'ennemi, dans toutes les sorties qu'il a faites, a été repoussé avec pertes ; le général, les officiers et les soldats se sont bien comportés. Don Carlos d'España a été blessé dangereusement le 10 septembre ; mais ayant déclaré qu'il était en état de continuer son service, j'ai cru qu'il était juste

(1) *Correspondance de Wellington.*

(2) Le général Freyre, nommé par Ferdinand VII ministre de la guerre, obtint du roi une médaille commémorative pour les troupes qui s'étaient distinguées au passage de la Bidassoa, le 7 octobre 1813.

Garnison de Bayonne. - Artillerie - Train d'Artillerie

de lui laisser un commandement dont il avait rempli les fonctions d'une manière si satisfaisante ; et je suis charmé qu'il lui soit échu en partage d'être l'instrument de la restitution d'une forteresse aussi importante que l'est Pampelune pour la monarchie espagnole » (1).

Les troupes étaient composées de la manière suivante : Division Howard, brigade Stapfort, les deux régiments des gardes et deux compagnies de rifles. Seconde brigade, la légion germanique. La division Colville, composée de trois brigades. Première brigade, général Hay, 1er, 9e, 38e, 47e régiments, 11e compagnie de Brunswick. La seconde brigade, général Robinson, était composée des 4e, 59e et 84e régiments, avec une compagnie de rifles. La troisième brigade, général Regoa, comptait les 3e et 15e régiments portugais et le 8e caçadores. Puis, venaient la brigade anglaise Aylmer, la brigade portugaise Bradfort, avec les 13e et 24e régiments et le 5e caçadores ; la brigade Wilson ; la division espagnole de don Carlos, 1er et 5e de la quatrième armée, et la brigade de cavalerie anglaise du général Vandeleur, formée des 12e et 16e dragons légers (2).

Il nous reste à donner quelques détails sur la composition de ces troupes, leur valeur morale et militaire, leur discipline et leur armement.

Les régiments des gardes à pied, qui recevaient une solde plus forte et portaient un costume plus riche, n'étaient pas aimés dans l'armée, qui les appelait soldats de lits de plumes. Chaque bataillon avait un lieutenant-colonel, deux majors, un adjudant, un payeur, un quartier-maître, un chirurgien-major et un aide-chirurgien. Il était composé de dix compagnies, dont une de grenadiers et une légère ; les compagnies étaient commandées par un capitaine, un lieutenant et un sous-lieutenant. L'effectif moyen de la compagnie était de 65 hommes présents sous les armes.

L'infanterie était divisée en brigades, mais cette formation n'était pas régulière, car, ainsi que nous l'avons montré plus haut, la brigade Hay, de la division Colville, avait quatre régiments, et la brigade Robinson, trois. Chaque brigade avait des compagnies

(1) *Correspondance de Wellington.*

(2) M. Gabriel Cottreau, dont la compétence en matière de costume militaire est indiscutable, a bien voulu nous donner quelques renseignements qui nous ont permis de restituer un certain nombre d'uniformes de l'armée alliée. Nous lui en exprimons ici toute notre reconnaissance.

de carabiniers, auxquelles on donnait le nom de *riflemen*, à cause des carabines dont elles étaient armées. Une lettre du maréchal Soult au ministre de la guerre donne des détails précieux sur les compagnies de rifles qui firent pendant ces campagnes un mal affreux aux officiers français. « Il existe à l'armée anglaise un bataillon du 60ᵉ composé de 10 compagnies (ce régiment a 6 bataillons ; les cinq autres sont en Amérique ou aux Indes). Ce bataillon n'est jamais réuni ; il fournit une compagnie à chaque division d'infanterie de l'armée ; il est armé de carabines et les hommes sont choisis parmi les meilleurs tireurs ; ils font le service d'éclaireurs et, dans les affaires, il leur est expressément recommandé de tirer de préférence sur les officiers et particulièrement sur les chefs et les généraux » (1). Aussi, ceux-ci étaient-ils presque tous atteints.

Le 5ᵉ bataillon du 60ᵉ avait été formé en 1797 ; les hommes étaient équipés et habillés en chasseurs. Ils portaient la moustache et étaient vêtus de drap vert à retroussis cramoisi. Dans l'ordre du jour de ce régiment, daté du port de Cork, à bord du *Malabar*, le 27 juin 1808, au moment où le bataillon s'embarquait pour la Péninsule, il y est recommandé que le véritable rifleman ne doit jamais faire feu sans être sûr de son homme. Il fera autant que possible usage de balles forcées ; il doit particulièrement être pénétré que quelques coups bien ajustés occasionnent parfois une confusion bien plus grande que des milliers de coups de fusils. Et plus loin : les hommes doivent s'abriter derrière tous les obstacles que leur présente le terrain. Ce bataillon était armé de carabines Baker, du calibre de 20 balles à la livre, qui devaient être chargées à coups de maillet. Sir John Hope avait pour maxime qu'un rifleman valait trois sentinelles lorsqu'il était bien posté (2).

Il y avait dans l'armée de Blocus un régiment d'Écossais de la Montagne (Highlanders), qui avait conservé la jupe nationale. L'Angleterre n'avait pas à son service de plus fermes soldats ; il n'y en eut pas aussi qui excitèrent plus de curiosité auprès des Bayonnaises, qui ne manquèrent pas de se scandaliser à la vue de leurs jambes nues. L'infanterie était habillée de rouge, et l'usage de la poudre pour la coiffure avait été aboli en 1808. Les sergents

(1) Commandant Clerc.

(2) Major Général Gibbes. — *Celer et Audax.*

portaient des hallebardes ; les fusils étaient plus lourds que les fusils français, mais d'un calibre plus fort. En général, les autres parties de l'armement étaient préférables.

Nous n'avons que peu de choses à dire sur la cavalerie, dont deux régiments seulement avaient été attachés à l'armée de Blocus. C'étaient des dragons légers. Pendant les guerres de la Péninsule, les soldats français, frappés de l'élégance de l'habillement de ces dragons, de leurs casques brillants, de la tournure svelte des hommes et des chevaux, leur avaient donné le nom de *Lindors*. Chaque régiment avait cinq escadrons, composés chacun de deux compagnies, de 60 à 80 chevaux. Cette brigade Vandeleur, 12ᵉ et 16ᵉ dragons légers, avait bon aspect ; mais, dit le lieutenant Gleig, qui la vit passer un jour, en même temps que deux régiments allemands de grosse cavalerie, les chevaux de ces derniers étaient mieux soignés que ceux des Anglais. « Je crois, ajoute-t-il, que les Anglais, qui se piquent d'être d'habiles cavaliers, n'ont pas pour leurs montures l'attachement des Allemands. Ceux-ci, dans n'importe quelle occasion, ne pensaient jamais à eux avant d'avoir pourvu au bien-être de leurs bêtes. Ils dorment fréquemment à côté de leur cheval de choix, et le noble animal manque rarement de rendre son affection à son maître, dont il connaît la voix et qu'il suit généralement comme un chien. » Enfin, malgré les nombreuses rodomontades de l'officier de hussards Woodberry (1), qui paraît faire si peu de cas des cavaliers français, Wellington se plaignait fréquemment à ses fidèles que sa cavalerie ne lui avait jamais gagné une bataille (2).

L'artillerie devait se montrer aussi peu experte que dans les sièges précédents pour l'attaque des places. Les batteries de campagne étaient composées de 5 pièces de six et un obusier. Tout le matériel était remarquable par son exécution, et les canonniers employèrent avec succès des projectiles creux, appelés *Schrappnells*, du nom du colonel qui en était l'inventeur. Cette artillerie était d'une mobilité extrême et surprit beaucoup nos généraux par la rapidité de ses manœuvres.

Quant au génie anglais, il était très inférieur en théorie et en pratique à ceux qui exerçaient ailleurs la même profession.

(1) *Journal de Woodberry.*

(2) *Journal de Larpent.*

Pendant les premiers temps de la guerre de la Péninsule, les Espagnols, habitués à la plus grande sobriété, reprochèrent à leurs alliés leur voracité, et la junte de Séville répondait aux multiples demandes de Wellington après la bataille de Talavera :

« Les Anglais ont bien au delà du nécessaire : ils volent les paysans et pillent les villages, interceptent les convois espagnols et vendent ouvertement les objets qu'ils ont si honteusement acquis » (1). De son côté, le général Hill se plaignait que les mulets anglais étaient dépouillés par les Espagnols et que ceux-ci tiraient des coups de feu à ceux qui les conduisaient.

On avait autorisé autrefois les troupes anglaises en campagne à mener avec elles un certain nombre de femmes, et depuis quelque temps chaque bataillon avait la permission d'avoir avec lui soixante femmes. Un officier anglais dit qu'il fut toujours frappé de leur indifférence au moment du combat, et il ajoute : « Elles sont sûres d'avoir autant de maris qu'elles en veulent choisir, et peu d'entr'elles restent longtemps veuves, tant cette classe de femmes est favorisée » (2).

Cette nécessité du confortable parmi les troupes anglaises se retrouve dans tous les rangs et dans tous les grades. Les officiers qui ont laissé de si curieux souvenirs sur cette campagne, sont unanimes à nous donner dans leurs pages la nomenclature des objets qu'ils déclaraient leur être indispensables. Nous ne citerons que le seul témoignage de l'officier appartenant au corps de Blocus de Bayonne, et à l'ouvrage duquel nous avons déjà fait de nombreux emprunts :

« Peut-être, dit le lieutenant Gleig, le lecteur sera-t-il heureux de savoir quels sont les objets de toute nécessité dont la plupart des officiers sont obligés de se contenter en temps de guerre. Je lui dirai ce que j'emportai dans deux petits porte-manteaux qui devaient être d'un poids égal, afin d'être placés de chaque côté du bât d'une mule, et comme mes bagages n'étaient ni des plus considérables, ni des moindres, il ne se trompera pas beaucoup en les acceptant comme critérium de ceux de mes camarades.

» Dans un de ces porte-manteaux je plaçai une jaquette d'ordonnance avec tous ses accessoires, cordons, etc. ; deux paires de

(1) Napier. — *Histoire des Guerres de la Péninsule.*

(2) Gleig. — *Journal d'un Subalterne.* — Traduction de M. Ch. Guiard,

pantalons gris ; plusieurs gilets, blancs, de couleur et de flanelle ; quelques caleçons de flanelle de rechange ; une demi-douzaine de bas de laine, et beaucoup d'autres de coton. Dans l'autre étaient six chemises ; deux ou trois cravates ; un nécessaire de toilette suffisamment rempli ; une pelisse d'intérieur ; trois paires de bottes ; deux paires de souliers, avec des mouchoirs de poche, etc., etc., en proportion. Ainsi, sans m'encombrer d'effets inutiles, j'en empruntai assez pour charger une mule et être assuré de n'en pas manquer de deux ans au moins » (1).

Et tout cela, pour un officier du dernier grade, tandis que les officiers français, pendant cette longue guerre d'Espagne, n'eurent d'autres ressources que le petit sac de cuir qu'ils portaient, fixé sur leurs épaules, comme le dernier de leurs soldats (2). Et, lorsque ces derniers n'avaient pour vivre que ce qu'ils dévaient à l'affection de leurs troupes, les officiers anglais se divisaient en petits groupes de deux, trois ou quatre, suivant les amitiés qu'ils avaient formées, et vivaient dans la plus grande abondance, grâce à leurs interminables convois de mulets.

Il était d'habitude, parmi les officiers anglais, de faire leurs dernières dispositions avant le combat : « Après avoir distribué mon épée à l'un, ma pelisse à l'autre, et mon fidèle chien à mon fidèle ami, je fus, ne vous en déplaise, assez enthousiaste pour recommander mon âme au Créateur » (3).

Les troupes anglaises avaient montré si peu d'initiative pour la construction de leurs bivouacs, que Wellington finit par leur obtenir des tentes de toile de leur gouvernement, mais dont le transport nécessitait l'emploi d'un grand nombre de mulets de bât. Cependant, ils dressèrent assez bien leur camp, dit *Lous Teys,* sur le front de la citadelle, ainsi que celui du quartier général du Boucau, sur lequel nous aurons à revenir.

Aussitôt après la bataille de Vittoria, les soldats anglais désertèrent en si grand nombre, que les alliés perdirent 4,186 hommes en peu de jours. Wellington écrivait à lord Bathurst, en date du 3 juillet : « Nous avons comme soldats l'écume de la terre : les officiers non commissionnés sont aussi mauvais qu'eux » (4).

(1) Gleig. — *Journal d'un Subalterne.* — Traduction de M. Ch. Guiard.
(2) *Souvenirs bayonnais.*
(3) Gleig. — *Journal d'un Subalterne.* — Traduction de M. Ch. Guiard.
(4) *Correspondance de Wellington.*

Quoique la discipline fût très rude dans l'armée anglaise, elle le devint encore davantage après le passage des Pyrénées. Le général en chef voulut à tout prix empêcher les paysans de se soulever et de lui faire une guerre de partisans. Il eut d'abord à lutter contre les habitudes prises et fut obligé de maintenir des divisions entières sous les armes pendant toute une journée, pour arriver au but qu'il désirait atteindre. Selon un de ses historiens, il poussa même ses précautions plus loin, et laissa aux autorités locales le soin de fixer le prix des denrées et de lever les impôts. Il ouvrit les ports et entretint un commerce considérable, ce qui lui servait en même temps et à pourvoir aux besoins de son armée et à se rendre favorable les intérêts mercantiles.

« D'un autre côté, prévoyant que l'argent qu'il recevait, s'il était frappé à un coin étranger, lui créerait des embarras, Wellington eut recours, pour remédier à cet inconvénient, à un expédient qu'il avait autrefois employé dans l'Inde. Sachant qu'il se trouve dans une armée anglaise des gens de toutes professions et de vocations bonnes et mauvaises, il fit rechercher secrètement, parmi les soldats, tous les ouvriers monnayeurs, qui ne tardèrent pas à se faire connaître quand ils eurent l'assurance de pouvoir utiliser leur industrie. Au moyen de ces hommes, il établit une fabrique secrète où l'on frappa des Napoléons d'or, en les marquant d'un poinçon particulier ; il fit apporter tout le soin possible à en assurer le poids et le titre, afin que le gouvernement français pût facilement les reprendre à la paix. De cette manière, il évita toutes les difficultés d'échange entre les troupes, les paysans et les marchands ; car ceux-ci sont toujours disposés à rabaisser la valeur courante des monnaies étrangères, et les premiers ne manquent pas d'attribuer à la fraude toute diminution de valeur dans l'argent qu'ils reçoivent. Cette émission inattendue d'argent monnayé contribua ainsi à diminuer le malaise qui se fait toujours sentir dans les temps de trouble » (1).

Les troupes anglaises, quelque peu portées à la mutinerie, étaient rudement châtiées dans leurs tentatives de rébellion, et de vieux Bayonnais assistèrent avec horreur à l'exécution des châtiments corporels qui n'avaient pas cessé d'être en usage. Pour la moindre faute, on faisait mettre debout, à plat ventre contre une

(1) Napier. — *Histoire des Guerres de la Péninsule.*

échelle, le soldat nu jusqu'à la ceinture et, dans cette position, les tambours du régiment lui déchiraient les épaules avec un fouet garni de neuf lanières.

L'impitoyable sévérité de la discipline dans les armées alliées a laissé dans le pays de nombreux souvenirs. A Arcangues, trois maraudeurs, surpris pillant une ferme, furent pendus sans pitié aux arbres du bois. Au moment d'évacuer le château, un soldat, trouvé porteur d'un méchant violon, ne dut la vie qu'aux instantes prières du propriétaire de l'instrument ; il én fut quitte pour trente coups de chat à neuf queues (1).

La bravoure des troupes anglaises était proverbiale. Leur promptitude à se former et la parfaite exécution des feux de deux rangs furent en grande partie la cause de leurs succès, car c'était une innovation dangereuse pour leur adversaire que ces feux d'infanterie. Il est vrai que si, dans une partie des guerres de la Péninsule, ils eurent souvent affaire aux vieilles bandes d'Austerlitz, il n'en était plus de même sous les murs de Bayonne. On verra qu'une partie importante des troupes françaises, qui exécutèrent la fameuse sortie du 14 avril 1814, étaient des conscrits qui voyaient le feu pour la première fois (2).

Nous avons vu, dans l'énumération des troupes de Blocus, signaler plusieurs brigades portugaises qui, au dire des témoins oculaires, avaient très bonne grâce et formaient une excellente infanterie. Les fusils venaient d'Angleterre et les troupes de toutes armes étaient habillées de bleu. Quoique les Portugais fussent de plus petite taille et moins musclés que les Espagnols, ils étaient infiniment supérieurs à ceux-ci. Larpent, qui assista à une revue de troupes, parmi lesquelles se trouvaient deux régiments de chasseurs et un régiment de ligne, dit qu'ils marchaient et évoluaient presque aussi bien que les troupes anglaises. Pendant les marches, ils se montraient supérieurs aux soldats anglais. « J'espère, ajoute-t-il, qu'ils soutiendront bien leur nom ; et, en vérité, ils paraissent disposés à le faire, car nous avons mis tant de mangeurs de bœuf parmi les hommes et les officiers, qu'ils semblent être des animaux tout différents » (3). Wellington lui-même par-

---

(1) Gleig. — *Journal d'un Subalterne.* — Traduction de M. Ch. Guiard.

(2) *Ordre du jour du général Thouvenot.*

(3) *Journal de Larpent.*

tageait cette opinion, car, dit-il, les Portugais sont aujourd'hui *les coqs de bataille de l'armée*. Je crois que leurs mérites sont plutôt dus aux soins que nous avons pris de leurs poches et de leurs ventres, qu'à l'instruction militaire que nous leur avons donnée (1).

Quelque discipline qu'ils eussent reçue au contact des Anglais, la soif de la vengeance poussait la plupart d'entr'eux, et ils n'eurent pas plus tôt passé la frontière, qu'ils se livrèrent à des crimes et à des excès qui furent aussitôt réprimés avec l'ardente énergie de lord Wellington. Ecoutons le récit d'un témoin oculaire :

« Dès que la pluie se mit à tomber, nous remarquâmes que les Espagnols, et quelquefois aussi les Portugais, se répandaient dans la campagne sans tenir compte des ordres de leurs officiers. J'avais de bonnes raisons de croire qu'ils commettaient des crimes horribles, car ils étaient animés d'une terrible soif de vengeance. Beaucoup de paysans français étaient restés tranquillement chez eux sur la foi de nos proclamations ; ils furent trop souvent pillés et cruellement traités par les maraudeurs, qui étaient poussés à leurs nombreuses atrocités par une passion plus forte que celle du pillage. Le drame suivant se passa presque sous mes yeux :

» Vers trois heures de l'après-midi, mon corps se trouvant à deux milles de Bidart, la colonne fit une halte. Nous étions précédés par une brigade de cavalerie, et, derrière nous, venait une brigade portugaise dans laquelle se trouvait un régiment de chasseurs. Pendant ce repos, les chasseurs, rompant leurs rangs, se dirigèrent tumultueusement vers deux ou trois chaumières situées à gauche de la route ; ce fut avec la plus grande difficulté que les officiers les ramenèrent, et l'événement prouva que quelques hommes avaient réussi dans leurs efforts d'insubordination.

» A peut-être deux cents yards de nous se trouvait une chaumière isolée, entourée d'un jardin. L'ordre était rétabli depuis cinq minutes, quand un cri de femme partit de cette chaumière, suivi d'un coup de fusil, et avant que nous fussions arrivés sur les lieux un deuxième coup de fusil retentissait. Nous nous mîmes à courir, et nous trouvâmes un pauvre vieux paysan étendu sans vie au fond du jardin ; une balle l'avait frappé à la tête et ses

(2) Wellington au comte de Liverpool, 25 juillet 1813.

cheveux égouttaient de sang. Comme nous approchions de la maison, nous en vîmes sortir un chasseur qui chercha à nous échapper. Il fut vivement poursuivi et atteint, et nous le ramenâmes avec nous dans la chaumière où nous aperçûmes avec horreur une vieille femme, probablement celle du paysan, également assassinée dans la cuisine.

» Le Portugais avoua qu'il était l'auteur de ces deux meurtres. Il semblait arrivé au comble de la frénésie : « Ils ont tué mon » père, disait-il, coupé la gorge à ma mère, et enlevé ma sœur, et » j'avais juré de me venger sur la première famille française qui » tomberait entre mes mains ; vous pouvez me tuer si vous voulez, » j'ai tenu mon serment et peu m'importe de mourir. » Inutile d'ajouter qu'il fut pendu. Plus de dix-huit Espagnols et Portugais furent accrochés aux arbres ce jour-là et les suivants » (1).

Une division de l'armée de Freyre, commandée par don Carlos d'España, fit partie de l'armée de Blocus, mais ne prêta pas un concours bien puissant aux forces alliées. Cependant, dit Larpent, les hommes supportaient mieux la campagne que les autres, et il établit une comparaison avec un régiment de caçadores qui, pendant l'année 1813, fut un sujet continuel d'étonnement pour les Anglais. Mal payés, n'ayant pas eu d'habillement depuis deux ans, la plupart en guenilles pendant tout cet hiver, ils eurent très peu de malades, tandis que sur 200 soldats de renfort, destinés au 43ᵉ régiment léger de Walcheren, 90 étaient déjà morts.

Une autre fois, et dans le cours de la même campagne, Larpent vit défiler devant lui le corps entier du général Morillo. « Je suis sorti pour le voir, dit-il ; il y avait environ dix régiments, mais beaucoup d'entr'eux étaient peu nombreux. Les hommes étaient bien, quoique un certain nombre ne fussent que des enfants : ils chantaient, jouaient des instruments et paraissaient de très bonne humeur. Leur artillerie était bien montée, la plus grande partie traînée par des mules. L'équipement et l'armement étaient en bon état. Les hommes étaient habillés d'une sorte de jaquette de flanelle et de pantalons, quelques-uns déchiquetés ; çà et là, un homme nu-pieds, mais très peu. Tous avaient de bonnes capotes dans le genre français, et les officiers, généralement montés, avaient un aspect plus respectable que d'habitude. Ils avaient de

____

(1) Gleig. — *Journal d'un Subalterne.* — Traduction de M. Ch. Guiard.

beaux sapeurs, de beaux grenadiers, et étaient armés de bons fusils anglais, plus brillants que les nôtres, car ils étaient probablement plus neufs. Le régiment de Doyle était un des plus remarquables, mais le meilleur, à coup sûr, était le *Regimente del Unione* (1).

En échange, le lieutenant Woodberry assure avoir vu un chef de guérilla ainsi équipé : une pelisse et un colback de hussard (appartenant au 7e), une paire de culottes françaises en peluche écarlate, et des bottes de Life-Guards.

Mais ce qui paraît avoir manqué le plus aux soldats espagnols, c'est la discipline, car, avant même d'avoir passé les Pyrénées, ils se livrèrent aux plus horribles excès. « Ils sont dans un état si misérable, écrit lord Wellington, qu'en vérité on ne saurait attendre d'eux qu'ils s'abstiennent de piller un beau pays où ils entrent en conquérants, surtout si on se reporte aux misères que le leur a souffert de ses envahisseurs » (2). Le 14 novembre 1813, lord Wellington écrivait au général espagnol Freyre, en date de Saint-Pée, pour l'informer que de graves désordres avaient eu lieu dans les divisions espagnoles. « Je ne viens pas en France pour la piller, dit il ; je n'ai pas fait tuer et blesser des milliers d'officiers et de soldats pour que les restes des derniers puissent piller les Français. Au contraire, il est de mon devoir, et c'est le devoir de nous tous, d'empêcher le pillage, surtout si nous voulons faire vivre nos armées aux dépens du pays (3).

» J'ai vécu assez longtemps parmi les soldats et j'ai commandé assez longtemps les armées pour savoir que le seul moyen efficace d'empêcher le pillage, surtout dans les armées composées de

---

(1) *Journal de Larpent.*

(2) Wellington à Bathurst.

(3) Le lieutenant Woodberry, se trouvant à Hasparren, dit qu'on trouve près de cette ville un magnifique château appartenant au général français Harispe. Quand Mina arriva ici avec son armée, ses hommes vinrent en corps lui demander la permission de piller le château. Il le fit d'abord fouiller pour son compte, puis l'abandonna aux officiers et ensuite aux soldats qui couronnèrent l'œuvre en y mettant le feu.

« J'ai porté secours à plusieurs pauvres paysans contre les ruffians espagnols. Je ne sais pourquoi je hais toute la nation espagnole du plus profond de mon cœur : c'est peut-être à cause de son abjecte lâcheté. »

Pour aller faire une promenade, il prend son pistolet à deux coups, dans la crainte de rencontrer quelque soldat espagnol.

(*Journal de Woodberry.* — Paris, Plon).

différentes nations, est de faire mettre la troupe sous les armes. La punition ne fait rien, et d'ailleurs les soldats savent bien que pour cent qui pillent un seul est puni ; au lieu qu'en tenant la troupe rassemblée, le pillage est empêché, et tout le monde est intéressé à l'empêcher.

» Si vous voulez avoir la bonté de demander à vos voisins les Portugais et les Anglais, vous trouverez que je les ai tenus sous les armes des journées entières ; que je l'ai fait cinq cents fois, non seulement pour empêcher le pillage, mais pour faire découvrir par leurs camarades ceux qui ont commis des fautes graves, qui sont toujours connus, du reste, de l'armée. Même dans la journée du 12, plusieurs divisions étaient sous les armes, et, dans toutes, l'appel était fait à toute heure de la journée, pour la même raison et avec les mêmes vues. Jamais je n'ai cru que cette disposition était d'aucune manière offensante aux généraux et aux officiers de l'armée.

« Après cette explication, que je vous prie de faire connaître aux généraux de l'armée espagnole, j'espère qu'on ne croira pas désormais que j'ai l'intention d'offenser qui que ce soit ; mais il faut que je vous dise que, si vous voulez que votre armée fasse de grandes choses, il faut bien se soumettre à la discipline sans laquelle rien ne peut se faire, et il ne faut pas croire que chaque disposition est une offense » (1).

Le général Morillo, à qui il écrivit à peu près dans les mêmes termes, eut la naïveté d'avouer « qu'il est impossible d'empêcher les troupes de faire du mal, car il n'y a pas un soldat, pas un officier qui ne reçoive des lettres de sa famille pour le féliciter de sa bonne chance d'être en France et le pousser à profiter de sa situation pour faire sa fortune (2).

Tous les officiers anglais qui ont écrit sur cette campagne sont du même avis sur l'indiscipline des troupes espagnoles. Le comte de Lansdale dit que la seule crainte des habitants est d'avoir à loger des Espagnols, « car une fois entré dans une maison, l'Espagnol y détruit tout ce qui s'y trouve et même en démolit le toit » (3).

(1) *Correspondance de Wellington.*

(2)   id.   id.

(3)   id.   id.

Toutefois, grâce aux sévères prescriptions du général en chef, les Espagnols qui furent chargés d'une partie du Blocus de Bayonne ne firent pas trop parler d'eux, et le pays qu'ils occupèrent pendant quelque temps n'eut pas beaucoup à se plaindre de leur présence (1), quoique la cavalerie de cette division fût composée de guérillas, peut-être les mêmes dont le lieutenant anglais Gleig nous a laissé une description si pittoresque et si vraie.

Allant un jour à Irun, il rencontra, près du pont, une troupe de cavalerie qui attira aussitôt son attention. « C'étaient des guérillas, habillés, armés et montés de la façon la plus disparate : quelques-uns étaient vêtus d'une jaquette verte et coiffés de chapeaux rabattus ornés de longues plumes ; d'autres avaient des casaques bleues comme notre milice à cheval ou nos conducteurs d'artillerie, et un grand nombre portaient des cuirasses et des casques d'airain, dépouille probable d'ennemis égorgés. Malgré cette absence d'uniformité, l'aspect général de ces cavaliers était très imposant. Ils étaient bien montés et marchaient avec une sorte d'indépendance qui, si elle démontrait l'absence absolue de toute discipline dans leurs rangs, n'indiquait aucun manque de confiance individuelle en eux-mêmes. Le tout — ils n'étaient pas plus de soixante ou quatre-vingts — me faisait penser, malgré moi, à une troupe de bandits, ressemblance d'autant plus frappante qu'ils marchaient, non au son de la trompette, mais à celui de leurs propres voix. Ils chantaient un air sauvage à une seule voix, repris par trois autres auxquels de temps en temps se joignait tout l'escadron dans un chœur animé et très musical » (2).

Le 9 février 1814, lord Wellington écrivait au général don Carlos d'España : « Le maire d'Ascain vient de me faire une plainte très sérieuse, quoique très générale, de la conduite des troupes sous vos ordres en brûlant et détruisant les maisons. Je lui ai dit de communiquer avec vous là-dessus et de m'en donner un état détaillé ; et, en attendant, je vous prie de ne pas laisser effectuer la solde pour laquelle je vous ai donné le warrant avant-hier » (3).

Telles étaient les troupes qui allaient faire le Blocus de Bayonne, et si nous nous sommes un peu trop étendu sur ce sujet, c'est

(1) *Souvenirs bayonnais.*

(2) Gleig. — *Journal d'un Subalterne.* — Traduction de M. Ch. Guiard.

(3) *Correspondance de Wellington.*

qu'il nous a paru utile de donner une peinture exacte et fidèle de ces généraux et de ces soldats, assiégeants et assiégés, qui devaient être les acteurs de ce drame sanglant dont la ville de Bayonne allait être le théâtre.

CHAPITRE V

PREMIÈRES OPÉRATIONS

Ainsi que nous l'avons dit plus haut, ayant résolu de ne faire
que l'historique du Blocus de Bayonne proprement dit, nous nous
trouvons dans l'obligation de laisser de côté la terrible bataille de
Saint-Pierre, et de prendre le récit des premières opérations au
lendemain même de cette sanglante action, c'est-à-dire le 16
décembre 1813. Mais il est un fait historique raconté par le commandant Clerc dans son bel ouvrage sur cette campagne, fait que
nous croyons devoir reproduire ici, car il fait honneur aux habitants de Bayonne, et que nous sommes heureux de pouvoir
recueillir de semblables titres de noblesse partout où nous pouvons arriver à les rencontrer.

Il faut, dit cet auteur, se tenir en garde contre les exagérations
des historiens et des chroniqueurs. Suivant La Pène, les alliés, du
9 au 13 décembre, auraient perdu de leur propre aveu 16,000
hommes et nous 10,000. Le total fut de 10,996 tués, blessés, prisonniers ou disparus ; ce bilan est bien suffisant. Mais La Pène touche
juste lorsqu'il nous montre « nos blessés recueillis sur des ba-
» teaux, au-dessous de St-Pierre d'Irube, et rentrant à Bayonne :
» les habitants abandonnant les toits et les clochers d'où ils obser-
» vaient avec inquiétude les circonstances du combat, se précipi-
» tant sur les quais pour remplir les devoirs de l'humanité. » Les
hôpitaux et les églises ne pouvant plus recevoir de blessés, ils les
recueillirent chez eux. Noble conduite, dont Thouvenot rendit
compte au ministre en ces termes :

« Les habitants de Bayonne et de Saint-Esprit se sont parfaitement conduits envers nos blessés. Dans l'affaire du 13, leur grand
nombre a forcé d'en placer dans les églises, dans les synagogues
et dans les maisons particulières. La plupart ont été portés, sou-
lagés et soignés par les habitants des deux villes. Les femmes
surtout se sont distinguées par les soins particuliers et recherchés
qu'elles ont donné à la plupart des blessés, avec l'adresse et les
ménagements dont ce sexe est capable » (1).

« Les lignes ennemies et les nôtres sont dans les mêmes positions qu'hier. Les évacuations de nos blessés continuent par eau
sur des bateaux que je fais escorter par des chaloupes canonnières,
et bientôt tous les blessés qui étaient logés hors des hôpitaux
seront évacués.

» L'armée est maintenant aux portes de Bayonne, la ville se
trouve extrêmement encombrée : cependant, la tranquillité y
règne et ce grand concours de monde ne donne lieu à aucun
désordre.

» Par ordre de Sa Majesté, le ministre de la guerre écrivait en
réponse à ce général : « Je vous invite à faire connaître aux autorités et aux habitants de Bayonne et de Saint-Esprit la satisfaction de l'Empereur » (2).

Malgré ce retour offensif auquel Wellington était loin de s'attendre, et quoique la consternation fût grande dans l'armée alliée,
le maréchal Soult, commençant, peut-être à partir de ce jour, à
douter du succès de nouvelles opérations, se décida à faire tendre
l'inondation au-dessus de la ville en faisant détruire les clapets et
les barrages qui retenaient l'Adour dans son lit.

Avant de raconter en détail cette périlleuse expédition, il con-
vient de dire quelques mots sur la manière dont avait été orga-
nisée la défense de la navigation de l'Adour. Nous avons déjà vu
qu'elle se composait de la corvette *La Sapho*, armée de 24 pièces
de canon, du stationnaire *La Mouche* et de vingt-quatre chaloupes
canonnières.

(1) Les maisons particulières furent même insuffisantes, et, jusqu'au moment
de l'évacuation de la plus grande partie des blessés, les anciens arceaux du
Charbon, du Pont-Traversant et ceux de la Galuperie, furent convertis en
hôpitaux provisoires. De grandes toiles fermèrent les entre-deux des piliers et
formèrent de longues galeries couvertes. *(Souvenirs bayonnais).*

(2) Commandant Clerc. — Ministre de la guerre à Thouvenot, 21 décembre,

GARNISON DE BAYONNE - INFANTERIE DE LIGNE

Déjà, le 13 novembre, le commissaire de la marine, ayant reçu du maréchal Soult l'ordre de préparer aussitôt l'armement et l'équipement de 24 chaloupes canonnières, écrivait au général Thouvenot pour le prévenir « qu'il n'avait pas le premier sou pour faire face à cette dépense » (1). Cependant, le 9 décembre, il y en avait huit de prêtes, mais le nombre de vingt-quatre ne fut pour ainsi dire atteint que vers la fin de janvier 1814. Ces chaloupes, armées d'un gros canon à pivot, commencèrent par former trois divisions qui furent placées chacune sous les ordres d'un officier de marine, et stationnant à trois points principaux, c'est-à-dire Bayonne, l'île de Berens et Port-de-Lanne. « Le maréchal interdit aux bâtiments de marcher isolément et voulut que chaque convoi fût escorté par quatre chaloupes canonnières. Des inspecteurs de navigation furent dirigés sur les dépôts de Mont-de-Marsan, Tartas et Peyrehorade. Le service de la flottille était excessivement actif et pénible ; entre Port-de-Lanne et Bayonne, les convois ne comportaient que des bateaux couverts, c'est-à-dire bastingués ; plus haut, des gabares ou barques du haut Adour. »

Le 10 décembre, le commissaire de la marine prévenait le général Thouvenot que l'officier qui avait escorté des bateaux chargés de bouches à feu de campagne, qu'on évacuait sur Mont-de-Marsan, s'était aperçu à son retour que l'ennemi s'était présenté à Urt. Il lui avait prescrit de rallier les chaloupes canonnières de sa section et de forcer ce passage afin que la navigation de l'Adour continuât à être libre (2).

Le 11 décembre, le capitaine L'Ordou, commandant une chaloupe canonnière, escortant douze gros bateaux chargés de subsistances, entra à Bayonne, annonçant que l'ennemi avait déjà évacué Urt, mais le 20 du même mois les équipages de plusieurs bateaux de l'Adour, épouvantés par la proximité de l'ennemi, avaient abandonné à Port-de-Lanne leurs bateaux chargés de vivres. Aussitôt, le commissaire de la marine ordonna aux syndics de les obliger à gagner leur bord « et à l'officier qui commande la station des chaloupes canonnières en avant d'Urt, de prendre à la remorque les dits bateaux pour les conduire à Bayonne. Cet ordre

____

(1) Command^t Clerc. — Le Commissaire de la Marine au général Thouvenot.

(2) Command^t Clerc. — Le Commissaire de la Marine au général Thouvenot, 10 décembre.

eût été exécuté sans le temps affreux qui a régné la nuit dernière.

« Les ordres les plus précis ont été donnés pour faire naviguer en convoi les bateaux qui montent et qui descendent de Mont-de-Marsan et de Dax. Je prescris au commissaire de la marine de Dax de placer à l'avenir, dans chaque bateau, quatre soldats pour contenir les équipages (1). »

Urt occupé par l'ennemi, l'île de Rol enlevée peu de jours après, le maréchal crut un moment à une tentative de passage sur ce point, et il ordonna au général de couper les digues à cet endroit. « Pour ôter à l'ennemi l'idée de jeter des ponts sur l'Adour, il est convenable de détruire les digues pour la retenue des eaux qui sont sur la rive gauche de cette rivière, soit en faisant des coupures, soit en brisant les clapets. Il est même nécessaire que les points où l'ennemi aurait le plus de facilité pour l'établissement d'un pont soient bien reconnus afin d'étendre, vis-à-vis, l'inondation à la rive droite et rendre l'entreprise impraticable. Vous donnerez des ordres en conséquence, de concert avec le général Garbé ; mais, comme le général Foy est établi sur l'Adour, vous le préviendrez des dispositions qui seront faites » (2).

La destruction des clapets, proposée au mois de septembre par le lieutenant de vaisseau Bourgeois, directeur du pilotage de la Barre, ne fut donc résolue qu'au 16 décembre, après le sanglant effort de la bataille de Saint-Pierre et lorsque 30,000 hommes occupaient déjà la rive gauche de l'Adour. Le matin du 16 décembre, M. Bourgeois reçut l'ordre de détruire les clapets et d'ouvrir des coupures dans les digues qui maintiennent les eaux de l'Adour, depuis le confluent de la Bidouze jusqu'à Bayonne. Il partit à cinq heures du soir avec quatre chaloupes canonnières armées chacune d'une pièce de 18, deux trincadoures armées d'une caronade de 12, une biscayenne, soixante-quinze mineurs et cinquante hommes du 1er régiment de ligne. Les feux de bivouac ennemis se prolongeaient à perte de vue, et ils n'étaient éloignés les uns des autres que de 150 toises. Malgré ce premier obstacle, et par une nuit profonde, M. Bourgeois, le lieutenant de mineurs et le capitaine du 1er de ligne tentèrent une périlleuse reconnaissance sur la rive gauche, à dix pas d'une sentinelle dont l'atten-

(1) Command' Clerc. — Le Commissaire de la Marine au général Thouvenot.

(2) Soult à Thouvenot, 16 décembre.

tion était heureusement absorbée par des groupes de soldats assis autour des feux. Toute opération de ce côté-là fut reconnue impossible ; on se rembarqua et on résolut d'agir au confluent de la Bidouze. A peine revenue au milieu de la rivière, la petite flottille, qui avait été aperçue, fut accueillie par une fusillade mal dirigée à cause de l'obscurité. A minuit, on aborda au château de Rol-Montpellier, un peu au-dessous d'Urt, mais, sur le refus du chef de ce poste de faire une fausse attaque sans l'ordre du général Foy qui commandait les troupes françaises sur l'Adour, on résolut de forcer le passage pendant que la marée le favoriserait encore ; la petite flottille se forma en ligne de bataille, répondit vigoureusement au feu de l'ennemi et força le passage avec tant de bonheur, qu'un seul homme fut atteint d'une balle à la main. Les cris et les plaintes qu'on entendit sur la rive gauche prouvèrent que la mitraille des chaloupes canonnières avait été mieux dirigée. A quatre heures et demie du matin, la flottille arriva au confluent de la Bidouze ; quatre chaloupes canonnières furent embossées devant le château Délissalde, où 400 Anglais étaient enfermés, pendant que les deux trincadoures et la biscayenne débarquaient les travailleurs.

Les clapets et les digues de Ladun furent complètement détruits à trois heures du soir, le 17 ; à quatre heures, la flottille se trouva prête à rentrer à Bayonne avec une quarantaine de chaloupes chargées de munitions et de vivres ; le 18, à trois heures du matin, le passage d'Urt fut forcé pour la seconde fois avec le même bonheur, et à six heures du matin le convoi était à Bayonne. Les habitants de Guiche avaient voulu s'opposer à la démolition des écluses et des digues ; mais l'invitation de M. Lom, sous-préfet de Bayonne, et la contenance énergique de M. Bourgeois en imposèrent, et le Maire de Guiche ordonna lui-même aux habitants armés de se retirer. Cette petite expédition, conduite avec tant de bonheur devant un ennemi nombreux et vigilant, compléta le système de défense de toute nature qui couvrait les abords de sa place par ses deux rivières (1).

Le maréchal Soult ne trouva pas cependant que l'opération eût parfaitement réussi, et il n'était pas bien rassuré sur les projets de l'ennemi. En effet, pendant qu'il prenait toutes ses précautions

____

(1) *Souvenirs du lieutenant de vaisseau Bourgeois.*

pour concentrer son armée et s'éloigner en laissant Bayonne livrée à elle-même, Wellington étudiait, avec sa circonspection habituelle. le grand projet qui devait le rendre maître des deux rives de l'Adour.

Ici se place le récit d'un épisode qui aurait pu avoir la plus haute influence sur les événements de la campagne qui allait s'ouvrir, si une volonté plus forte et plus franche avait su les diriger. Nous nous bornerons à reproduire simplement les faits dont le souvenir nous a été conservé par l'auteur même de ce hardi coup de main ; nous nous dispenserons de tout commentaire, en laissant au lecteur le soin d'y suppléer, chose à laquelle il n'arrivera que trop facilement.

Vers la fin du mois de janvier, la gauche de l'armée des alliés s'étendait depuis les bords de l'Adour jusqu'à Bidart, en passant par Anglet et Biarritz : lord Wellington avait établi son quartier général sur la hauteur de Salha. Tout faisait prévoir que l'ennemi ne tarderait pas à se rapprocher de la place, et ses forces considérables lui permettaient de se partager et de faire face à la fois aux exigences d'un siège ou d'un blocus et à l'armée d'opération du maréchal Soult.

Celui à qui l'on doit ces souvenirs exacts d'une action considérée pendant longtemps à Bayonne comme une tradition, était le lieutenant de vaisseau Bourgeois, pilote-major de la Barre, qui, après une carrière maritime parcourue avec une grande distinction, devait s'illustrer pendant le Blocus de Bayonne par sa contenance énergique et de nombreuses actions d'éclat. Mais nous le laisserons parler lui-même, en conservant ainsi à son récit toute sa saveur :

« Dès que les armées combinées se furent établies à Biarritz, Bidart et Anglet, j'avais à ma solde un espion qui, tous les jours, communiquait avec le quartier général, et, au moyen d'un point convenu, déposait sur la rive opposée, lorsque les moyens de passer sur la rive droite lui manquaient, les renseignements qu'il jugeait à propos de nous donner sur les mouvements de l'ennemi.

» Le 22 janvier 1814, au matin, ses notes m'apprirent que le général en chef des armées ennemies devait venir au premier jour reconnaître le bas de la rivière Adour. Je me décidai sur le champ à écrire la lettre ci-dessous à M. le Commissaire de Marine, chef du service en ce port, et sous les ordres immédiats duquel je me trouvais :

« Boucau, 22 janvier 1814.

» *A Monsieur Badeigts-Laborde, Commissaire, chef maritime à Bayonne*

» Monsieur,

« J'ai l'honneur de vous informer que je tiens d'une personne de confiance, qui a des rapports avec le quartier général anglais, que le général en chef, Wellington, doit, au premier jour, venir reconnaître le bas de la rivière Adour. Je me permettrai à cet égard, Monsieur le chef, de vous observer que la dune de Blancpignon est en partie recouverte de jeunes pins très épais et très propres à cacher une expédition. C'est aussi l'unique point pour la reconnaissance de la rivière.

» J'aurais donc l'intention d'aller, avec l'équipage de *La Mouche* n° 8, que je commande, m'embusquer dans les petits pins, de tenir une chaloupe au pied de la dune et d'enlever le général et sa suite.

Veuillez, je vous en prie, en conférer avec le général gouverneur et me transmettre vos ordres.

« J'ai l'honneur, etc.

« J. Bourgeois. »

« Les 22 et 23 s'écoulèrent sans qu'il me parvint de réponse. Durant ces deux journées, le général ennemi, accompagné de six autres personnages, se rendit sur la dune de Blancpignon, et ils examinèrent la position de la rivière. J'aurais pu le faire mitrailler, mais j'avais ordre de ne pas tirer le canon afin, sans doute, d'éviter un engagement.

» Le 18 janvier 1814, le général gouverneur Thouvenot me demanda de lui désigner deux capitaines du commerce pour lui servir de guetteurs. Je lui donnai les noms de feu Bourrez et Dulaurens, qui furent immédiatement placés sur le clocher de la cathédrale. J'ai cru devoir revenir là-dessus, pour bien fixer ce que j'avais à dire ici.

« Le 24 janvier, même année, à six heures et quart du matin, le gendarme de marine Benoît m'apporta la réponse ci-dessous à ma lettre du 22 :

« Baïonne, le 24 janvier 1814.

« J'ai communiqué, Monsieur, votre lettre d'hier à Monsieur le général gouverneur, et il m'a répondu qu'il n'y avait pas lieu de faire une expédition sur l'autre rive de l'Adour, mais que si l'ennemi se présente sur la rive à portée de votre canon, vous devez tirer dessus.

» J'ai l'honneur, Monsieur, de vous saluer bien sincèrement.

» Le Commissaire, chef maritime,

» Badeigts-Laborde. »

« A cette lecture, je demeurai consterné ; je renvoyai Benoît et je continuai la promenade d'observation que je faisais sur la jetée, me dirigeant vers l'embouchure, rêvant au contenu de cette lettre qui, pour moi, était inexplicable à cette époque. Je fus distrait de cette espèce de rêverie par le pas précipité d'un homme qui était déjà sur moi : c'était mon espion, qui est vieux aujourd'hui, mais plein de vie et de santé (1) ; en m'abordant et prononçant mon nom, il s'écria :

» — Vous avez manqué votre coup, ces jours derniers !

» Encore que j'eusse une entière confiance dans le dévouement de cet homme, je voulus éviter de me laisser deviner et je répondis :

» — Comment avez-vous jugé cela ?

» — Parce que j'avais pensé que vous vouliez prendre le général et sa suite, et, comme il doit revenir aujourd'hui, je venais vous en instruire.

» Je le remerciai, donnai ordre de prendre ce qui lui ferait besoin chez moi, et de repasser sur l'autre rive. Reprenant ma promenade, je réfléchis au contenu de la lettre du chef maritime, ainsi qu'à la nouvelle reconnaissance du général en chef des armées ennemies. Les expressions de la lettre ne me laissaient aucune issue pour me sauver en cas d'une non-réussite. Mais notre position était là : la politique, l'adresse, la confiance et l'argent mis à la disposition du général en chef. Maintenant avec peine l'ordre dans leur armée, le leur faire disparaître pour jamais était sauver notre belle France. J'étais dans l'intention de le tuer. L'amour de mon pays l'emporta et je résolus l'expédition.

» Revenant sur mes pas, je donnai ordre au sieur Bourrier de Chandot, lieutenant de La Mouche n° 8, que je commandais, de

(1) Ces Souvenirs ont été écrits vers 1835.

faire descendre douze hommes de mon équipage, que je désignais, bien armés. Cependant, comme la vérité n'a jamais eu qu'un chemin, je dois dire que, pour me couvrir en cas de non-réussite, j'écrivis une lettre au chef maritime.

» Je partis, et par une contremarche, je m'enfonçai dans le bois de pin de la rive gauche, laissant un homme dans la chaloupe pour la remonter et la placer dans les joncs qui se trouvent au pied de la dune, sur les revers du N.-E. Rendu dans le semis de pins de ladite dune, j'embusquai mon monde à droite et à gauche du chemin. C'était tout bonnement un sentier de dix-huit pouces de large ; je fis déchirer deux cartouches et jeter les balles par dessus la première, avec ordre de tirer dans les épaules des chevaux et de croiser la bayonnette immédiatement. Cette opération terminée, je fus, après avoir laissé mon chapeau, sabre et habit avec mon monde, joindre mes deux guetteurs de la vigie placée sur cette dune, les sieurs Mimiague et Martin Duhau, et m'entretins avec eux. Mimiague me fit remarquer le général en chef des armées ennemies occupé à passer la revue d'un corps sur la hauteur de Salha, appartenant maintenant à M. Moléon ; il me dit :

» — Si le général doit venir ici aujourd'hui, il se dirigera, comme les jours précédents, sur la dune du Pressoir, située du côté de la mer, mais de là, une fois lancé, dans huit minutes il est ici.

» J'avais, ce jour-là, des bottes à l'écuyère, des pantalons queue de serin, un habit bleu et me trouvais nu-tête.

» Pendant que je causais avec les guetteurs, nous étions observés du clocher de la cathédrale où se trouvaient réunis le général commandant, ses aides de camp, le commissaire chef maritime, qui alors avait reçu ma lettre, et le capitaine de frégate Depoge. Feu Bourrez, ayant regardé sur la dune de Blancpignon, dit : — Voilà Monsieur Bourgeois ! Dulaurens soutint le contraire, voyant un individu avec un pantalon et un gilet de fantaisie. C'était au pantalon que m'avait reconnu Bourrez, et ce dernier, qui avait le verbe très haut, attira l'attention de la compagnie qui se trouvait réunie : il était question d'une gageure de cinq francs entre les guetteurs, et on leur demanda le motif de la discussion.

» Le guetteur Mimiague m'ayant fait observer le départ du général en chef ennemi, accompagné de six autres personnes, se dirigeant sur la dune du Pressoir, il me fit la question de savoir si je jugeais à propos qu'il se retirât avec son collègue ; sur l'affirmative, ils s'embarquèrent sur leur couralin, emportant, comme il était ordonné, tous les documents. L'instant d'après, je vis arriver le petit escadron sur la dune du Pressoir, et en partie se dirigeant vers nous. J'attends l'instant peu éloigné où l'ennemi va sortir du bois de pins ; il m'échappa l'exclamation de : « Dieu soit loué, mon pays est sauvé ! » Au moment où il allait gravir la dune, me détournant un peu sur ma gauche, je vois un cavalier se dirigeant vers nous ventre à terre — notre poste le plus éloigné n'était qu'à une petite portée de pistolet de la maison Jorlis. — Il arrive au pied de la dune à l'instant où l'ennemi sortait du bois de pins ; ils s'arrêtent tous, le général regarde beaucoup vers la dune ; ils prennent sur la droite et rentrent à Anglet par Haus-quette, moulin portant ce nom, appartenant à M. Sans, sous-intendant de la marine.

» Maintenant que toutes ces circonstances sont connues, sans altération ni augmentation aucune, que l'on veuille y réfléchir un peu, réunir les faits, et, après un mûr examen, il est probable qu'on verra, tout comme moi, que la mèche fut éventée par de mauvais Français. Je puis mal voir la chose, car errer est de l'homme, et je ne suis pas autre chose, mais mon opinion est que j'ai été vendu en cette affaire. Ce qui m'a toujours confirmé la chose, c'est que, d'après feu M. Bourrez, guetteur à la cathédrale, le général savait que j'étais au Blancpignon à l'heure où il devait me croire à sonder la Barre, d'après ma lettre au chef maritime, et ni l'un ni l'autre ne m'ont jamais demandé pourquoi je m'étais trouvé sur la dune de Blancpignon au lieu d'être à la Barre, comme je l'avais annoncé » (1).

Ainsi, par l'un de ces hasards étranges que nous ne chercherons pas à expliquer, échoua un coup de main qui, s'il eût réussi, eût été capable de modifier du tout au tout la marche des événements militaires dans le Midi de la France. Un écrivain bayonnais, qui eut connaissance de ce fait curieux et du plus extraordinaire péril qu'eût bravé Wellington dans le cours de ses longues campagnes, s'exprima de la manière suivante : « Il est de ces accidents telle-ment inattendus, qu'ils font croire à la fatalité, et contre lesquels viennent se briser le dévouement, le courage et les meilleures et

(1) *Souvenirs du lieutenant de vaisseau Bourgeois.*

les plus rapides dispositions. Le général anglais devait achever son triomphe sans qu'aucune main française pût l'arracher à une armée dont il était l'inspiration, le bras et le ciment. Ce qu'on pouvait trouver étrange, dans les diverses circonstances de cet événement, c'est que jamais, ni le général Thouvenot, ni le chef maritime n'ont demandé compte au commandant du stationnaire de sa présence sur la dune, lorsque sa lettre du matin avait dû faire croire à son départ pour l'embouchure. Bientôt, Wellington, échappé si miraculeusement, il faut le dire, à ce hardi coup de main, suivit le maréchal Soult du côté d'Orthez, et le Blocus de Bayonne commença (1). »

Le lendemain, en effet, il était déjà trop tard, car, le 23, au lever du soleil, deux bataillons légers de la légion royale allemande, commandée par le colonel Bauler, firent une attaque sur le bois d'Anglet, et, ayant délogé du village les piquets français, forcèrent ceux-ci à rentrer dans le camp retranché. La seconde brigade des gardes, sous le commandement du major général Stopford, et la brigade du major général Hinuber, de la légion royale allemande, se mirent en mouvement pour l'embouchure de l'Adour, accompagnées par une partie du train de pontons et une compagnie d'artillerie à cheval (2).

---

(1) Morel. — *Bayonne, Vues historiques.*

(2) *Souvenirs du capitaine Batty.*

CHAPITRE VI

OPÉRATIONS PRÉLIMINAIRES POUR LE PASSAGE DE L'ADOUR

Difficulté du passage de l'Adour. — Impossibilité de jeter le pont au-dessus de Bayonne. — Mauvais état des chemins. — Le projet du pont de bateaux provient de Wellington. — Conversation avec l'amiral Penrose. — Ténacité du général en chef. — Comment le pont de bateaux devra être établi. — Préparatifs. — Eloignement du maréchal Soult. — Il quitte Bayonne. — Le général sir John Hope est chargé du Blocus de Bayonne. — Premier emplacement des troupes de Blocus. — Combat avec la corvette *La Sapho*. — Mort du capitaine Ripaud. — Destruction des chaloupes canonnières. — Action d'éclat du lieutenant de vaisseau Bourgeois.

Ce que le général en chef des armées alliées venait reconnaître si soigneusement tous les jours, non loin de l'embouchure du fleuve, c'était la possibilité de passer l'Adour en cet endroit, et d'y établir un pont de bateaux propre à favoriser ses opérations ultérieures. Il devait savoir que, dans la crainte d'un passage au-dessus de Bayonne, le duc de Dalmatie avait ordonné de construire à Port-de-Lanne ou à Saubusse un grand radeau qui devait servir à entraîner le pont de l'ennemi (1). Il ne voyait point d'autre endroit où cette opération fût plus praticable et plus fertile en bons résultats. Cependant, l'Adour était défendu par une flottille de chaloupes canonnières réunie au-dessus de Bayonne ; au-dessous de la ville, le fleuve était encore plus large et le courant en était rapide. Il s'y trouvait aussi des chaloupes canonnières, une corvette et quelques navires marchands qui pouvaient être armés et employés pour intercepter le passage. Le transport du train de pontons et des bateaux nécessaires pour établir un pont près du Boucau, était une opération considérable qui eût sans doute donné l'éveil à la garnison et fait échouer les projets du général ennemi. Mais Wellington ne recula point

____

(1) Commandant Clerc. — *Correspondance du commissaire de marine avec le capitaine de frégate Depoge et le général Thouvenot.*

devant toutes les difficultés qui paraissaient surgir, et il résolut de forcer le passage en proportionnant ses moyens à la grandeur de l'entreprise.

Il considéra, qu'indépendamment de la difficulté qu'il y avait d'amener des matériaux sur la Nive, à travers un pays aussi coupé que l'étaient les bords de cette rivière, il lui serait impossible de jeter un pont au-dessus de Bayonne sans avoir auparavant éloigné Soult du confluent de l'Adour et de l'Adour même ; qu'après avoir effectué ce passage, ses propres communications entre le pont et ses magasins des ports de mer seraient encore difficiles et peu sûres, parce que ses convois auraient à faire une marche de flanc pour passer la Nive aussi bien que l'Adour, et pouvaient être arrêtés par la crue de leurs eaux ; enfin, que ces moyens de transport seraient insuffisants dans des chemins creux et défoncés par les pluies. Mais qu'en jetant un pont au-dessous de la ville, l'Adour même lui servirait de port, tandis que ses convois lui arriveraient par la route royale, sans qu'il eût à craindre de les voir arrêter par le mauvais temps. Sa ligne de retraite serait aussi plus assurée, si quelque malheur imprévu l'obligeait à abandonner l'investissement.

« Wellington, dit l'un de ses historiens, n'avait pas à craindre que Soult, en se retirant devant les forces qu'il se proposait de faire agir contre lui vers la partie supérieure de la rivière, vînt à prendre la grande route de la rivière pour tomber sur les troupes qui investiraient Bayonne ; car cette route traverse les Landes, où le général français se garderait bien de s'engager, de peur que son adversaire, dirigeant ses opérations le long de ce désert de sable, ne parvînt à l'empêcher d'en sortir. En détournant l'attention de l'armée française par une attaque sur la gauche, au pied des Pyrénées, il était assuré de ne pas trouver le bas Adour gardé par des forces considérables, parce que l'ennemi ne devait avoir aucune méfiance de ce côté. D'ailleurs, la rapidité et la profondeur de la rivière ne permettaient pas l'emploi des pontons ordinaires : son embouchure, qui se trouve à six milles (1) environ au-dessous de Bayonne, était si obstruée par les sables, terriblement battue par les vagues et d'une navigation si difficile, même avec le secours des signaux de terre, dont quelques-uns avaient été

(1) L'auteur veut dire sans doute 6 kilomètres, qui est la distance exacte.

enlevés, que les Français ne se seraient jamais attendu que des bateaux propres à construire un pont puissent tenter le passage en cet endroit (1). » Il fit donc rassembler une quarantaine de forts bateaux de quinze à trente tonneaux, à deux mâts, chargés des matériaux nécessaires à la construction d'un pont. Ces navires devaient remonter l'Adour jusqu'au point convenu, sur lequel il serait dirigé des troupes et de l'artillerie, et, au moyen de câbles et de pontons assemblés en radeaux, il comptait jeter des troupes sur l'autre rive, pour protéger la construction du pont. C'était dans la grandeur même et le danger de l'opération qu'il fondait la réussite de son entreprise, et la fortune en favorisa le succès.

L'idée de la construction du pont appartient tout entière à lord Wellington, car les officiers de marine et les ingénieurs de son armée la condamnaient hautement. Lorsqu'il demanda leur avis à l'amiral Penrose et à ses capitaines, ceux-ci la déclarèrent très hasardeuse. L'auteur du *Subalterne,* dans sa *Vie du duc de Wellington,* rapporte à ce sujet une conversation du général en chef, qui mérite d'être citée :

« — Si vous lancez les vaisseaux sur la Barre, demandait l'amiral Penrose, où vous procurerez-vous la plate-forme ?

» — N'avez-vous pas reçu d'Angleterre quantité de bois de charpente scié, et dont on peut se servir pour étendre des plates-formes ?

» — Certainement, mais nous en aurons besoin pour nos batteries.

» — Allons donc ! prenez ce bois pour le pont ; il nous faut le pont avant de commencer le siège de Bayonne.

» — Et que ferez-vous après ?

» — Il y a abondance de pins près de Bayonne ; vous pourrez les couper et les faire scier en attendant le moment de conduire les pièces sur le sable. »

A la vérité, l'amiral Penrose et ses officiers représentèrent avec raison que la Barre de l'Adour, à elle seule, offrait un obstacle qui ne pouvait être surmonté en tout temps, et qu'en admettant qu'elle fût franchie, un ennemi en possession d'une rive serait bien négligent s'il ne rendait pas le mouillage des bâtiments par trop brûlant à son approche : « Je n'ai aucune crainte, répon-

---

(1) Napier. — *Histoire des Guerres de la Péninsule.*

dit Wellington : que vos camarades transportent les bâtiments sur la Barre, j'aurai soin ensuite qu'il ne leur arrive aucun mal. » Le 7 février 1814, il datait de Saint-Jean-de-Luz des pièces à l'amiral Penrose, dans lesquelles il résumait le résultat de ses conversations antérieures sur ce sujet important.

Il faisait valoir tout d'abord la nécessité de poursuivre les opérations et d'avoir une communication à travers l'Adour. Pour cela, il fallait jeter un pont au-dessous de Bayonne, dont l'établissement aurait comme première conséquence de lui donner un port dans lequel pourraient aborder les navires du convoi de ravitaillement de l'armée. Ce pont devait être formé de navires de 15 à 30 tonneaux, à deux mâts, bien lestés et pourvus d'ancres et de câbles qui seraient amarrés à l'avant et l'arrière. Il ordonna au commissaire général de fournir quarante ancres et câbles, et il disait à l'amiral Penrose qu'il lui serait obligé d'aider M. Wright, du commissariat, à Pasages, pour fournir ces navires. Les propriétaires devaient, pour le moment, être aux gages du commissariat, et envoyés à Bayonne avec une cargaison de vivres. Des câbles de 360 mètres environ (près de 300 yards) seraient établis en travers de ces vaisseaux, d'une rive à l'autre, et sur ces câbles seraient placées des planches dont on possédait une grande provision. Il ordonnait de rassembler à Pasages dix câbles de quatre pouces e t demi (0^m112) et de les envoyer pour la construction du pont. Quelques petits bateaux devaient aider à l'accomplissement d e l'opération.

« La manière dont je propose d'établir cette opération, dit le général en chef, est la suivante : le jour où tous nos préparatifs seront achevés, je mettrai vos vaisseaux en marche sur l'Adour ; j'en ferai des radeaux que j'enverrai avec un corps de troupes suffisant pour prendre possession de l'ouvrage qui se trouve sur la rive droite du fleuve (1). Afin de vous faire l'entrée libre, j'établirai sur la rive gauche une batterie de grosses pièces qui tirera à boulets rouges sur la frégate et la mettra, je l'espère, en feu.

» Vos bateaux armés de pièces et autres navires entreront et mouilleront au-dessus du point fixé pour le pont, afin de couvrir son établissement. Les vaisseaux qui doivent former le pont suivront, chacun chargé de sa proportion de planches.

(1) Batterie du Boucau,

» Dès que les vaisseaux armés de pièces et autres seront ancrés, ils formeront une estacade en travers du fleuve, afin de se couvrir, eux et le pont, contre les tentatives que l'ennemi pourrait faire pour les incendier. Cette estacade serait composée de mâts, longs de 50 à 60 pieds, attachés l'un à l'autre par des chaînes, si l'on en peut trouver ; sinon, par un câble qui laisserait entre chaque mât un intervalle d'environ dix pieds. J'évalue la largeur du fleuve au-dessus du point où nous jetterons le pont à environ 520 yards ; il nous faut, en somme, environ 600 yards (520 mètres) d'estacade amarrée par six ancres, c'est-à-dire 30 longueurs de mâts, chaînes et cordages » (1).

On se mit aussitôt à l'œuvre afin de réunir les matériaux, sous la direction du colonel Elphinstone. Les sapeurs et les mineurs du génie se rassemblèrent au Socoa, avec les artificiers des gardes, ceux de l'état-major général et la marine, qui travaillèrent sous les ordres des ingénieurs. Des cabestans furent construits, des câbles préparés et des chaînes disposées pour l'estacade. Les ancres et autres engins furent fournis par les ports voisins ou par le moyen de la flotte, ainsi que les plates-formes qui avaient été destinées au siège. Quatre navires furent transformés en transports destinés à porter les voitures à pontons qui accompagnaient ordinairement les troupes, et tout fut préparé de manière à ce que les moindres détails fussent prévus (2).

Pendant que Wellington faisait des reconnaissances sur l'Adour, reconnaissances qui avaient failli avoir un dénouement fatal, il aperçut la corvette *La Sapho* et les chaloupes canonnières qui formaient la principale défense du fleuve. Il apprit en même temps qu'un certain nombre de navires marchands étaient mouillés à Bayonne, au dessus du pont Saint-Esprit, où on les avait fait remonter pour les mettre plus parfaitement à l'abri (3). Il désira fort en être débarrassé, car il craignait, pour le pont qu'il voulait faire construire, la descente de l'Adour par de gros navires en feu. Aussi, écrivit-il à l'amiral Penrose : « Comme les vaisseaux de Sa Majesté qui croisent devant le port sont sous

(1) *Correspondance de Wellington.*

(2) John Jones.

(3) Le pont de Saint-Esprit avait une arche tournante pour le passage des gros navires.

votre commandement immédiat, je vous prie de me faire savoir si vous ne voyez aucun empêchement à permettre aux navires marchands qui sont dans l'Adour d'en sortir pour se rendre à Saint-Jean-de-Luz avec leur cargaison (1). » Mais il paraît que les marchands refusèrent, car un ordre du conseil, du 21 janvier, désapprouvait les licences, et il se résolut à courir les chances du pont (2).

Cependant, la première opération à exécuter était l'éloignement du maréchal Soult et de son armée du camp retranché de Bayonne. Ce fut le 27 février que l'armée anglaise se mit en mouvement en s'apprêtant à forcer le gave d'Oloron et à menacer Orthez. En même temps, le général Hope, que Wellington avait chargé de l'investissement de Bayonne et de l'établissement du pont sur l'Adour, prenait ses premières dispositions. Ces mouvements devaient être simultanés, car l'armée alliée avait besoin d'une route directe, et comme cette dernière traversait Bayonne, il lui était plus facile d'aller rejoindre la grande route de Toulouse et de Port-de-Lanne, que de s'avancer péniblement dans les petits chemins défoncés du Labourd. Il fallait amener le maréchal Soult à quitter la place de Bayonne et à porter son attention d'un moment sur la rive droite de l'ennemi. D'ailleurs, les menaces du passage de l'Adour au-dessus de Bayonne n'avaient pas eu d'autre but. Le général anglais avait réussi, car Soult, abandonnant Bayonne peu à peu, s'était replié sur Peyrehorade et Orthez, abandonnant la place à sa garnison.

Aussitôt, Wellington donna ordre aux divisions Alten et Clinton de quitter le Blocus de Bayonne, et au général Freyre de partir de ses cantonnements d'Irun pour rejoindre la gauche de l'armée.

Au départ d'Alten et de Clinton, Hope s'étendit sur les emplacements qu'ils abandonnaient. Les postes les plus importants à garder étaient, à droite, les hauteurs de Villefranque et de Horlopo ; au centre, l'éperon d'Urdainche et la côte d'Arcangues ; à gauche, les hauteurs d'Anglet et les dunes de Blancpignon. Il plaça Colville devant le front de Mousserolles, Howard sur la hauteur d'Anglet et de Blancpignon. Don Carlos, Aylmer, Bradfort et

(1) Wellington à Penrose.

(2) Napier prétend que ce furent les marchands eux-mêmes qui firent faire cette proposition à lord Wellington et qu'il se vit contraint à refuser.

GARNISON DE BAYONNE - MARIN DU 19ᵉ ÉQUIPAGE DE FLOTILLE

Wilson, au centre, du pont d'Urdains à la côte d'Arcangues ; Freyre était encore à Irun avec ses deux divisions ; il ne devait rejoindre Hope que le 24 » (1).

Mais avant de jeter le pont sur l'Adour, il fallait en préparer le passage, et la corvette *La Sapho* et les divisions de chaloupes canonnières pouvaient être un obstacle des plus sérieux. Il y eut sur ce point un rude engagement, dont le récit nous a été conservé par un témoin oculaire, qui fut en même temps l'un des principaux acteurs de cette lutte acharnée. Nous reproduisons le compte rendu du lieutenant de vaisseau Bourgeois, en nous réservant de revenir sur quelques-uns des points qui nécessitent une plus sérieuse attention :

« La corvette *La Sapho* fut, contre tous les avis des marins connaissant la rivière, embossée un peu au-dessous de la jetée des Allées-Marines. Il y avait impossibilité reconnue pour qu'un bateau à quille et d'aussi forte calaison pût jamais rester embossé, excepté à l'instant du changement de la marée en pleine mer.

» Sur six heures de jusant et autant de flot, ce navire pouvait tout au plus présenter le travers, c'est-à-dire toute sa force, pendant une heure, deux heures sur vingt-quatre. Les vingt-deux autres, il était constamment battu dans le sens de sa longueur, situation la plus défavorable pour un bâtiment.

» Il avait été procédé à l'armement de 24 bateaux canonniers, montant chacun une pièce de 18 ou 24 sur pivot ou à coulisse, desquels on avait formé quatre divisions, sous les ordres : la première, du lieutenant de vaisseau Bourgeois ; la deuxième, du lieutenant de vaisseau Nebourel ; la troisième, de l'enseigne de vaisseau Douvert, et la quatrième, de Durassié.

» La première division était à l'avant-garde du Boucau, avec *La Mouche n° 8*, stationnaire montant quatre pièces de 4, six pierriers et autant d'espingoles d'une livre de balles, sous le commandement du lieutenant de vaisseau Bourgeois.

» Il fallait tout d'abord commencer à se débarrasser de la corvette *La Sapho*, et l'on a vu dans quelles mauvaises conditions elle avait été embossée un peu au-dessous du poste de Sabalce. Le 23 février, au point du jour, *La Sapho* ouvrit son feu contre les travailleurs ennemis occupés à élever une batterie au fond de

(1) Commandant Clerc.

l'anse de Blancpignon, sur la rive gauche de l'Adour ; mais, placée dans le sens de sa longueur, à cause de la force du courant, la marée descendait rapidement : elle ne put faire jouer que ses canons de retraite, qui inquiétèrent peu les Anglais. Vers huit heures du matin, ils démasquèrent à leur tour une batterie de sept bouches à feu de gros calibre, et la corvette fut battue de longueur et d'écharpe avec un tel avantage, que ses canons furent démontés, sa mâture et ses manœuvres brisées. Le commandant Ripaud eut le bras droit emporté au moment où, debout sur son banc de quart, il cherchait, à force de courage et de sang-froid, à sauver le navire ; treize hommes de l'équipage furent tués sur le pont et une foule d'autres blessés grièvement. *La Sapho* échappa toutefois à une destruction complète en se faisant remorquer jusqu'au mouillage de l'Arsenal. Les six chaloupes canonnières s'étaient réfugiées sous le canon de la citadelle qui, avec la redoute des Fusiliers et de la Pointe supérieure, réunirent leurs feux contre la batterie anglaise ; mais l'ennemi était à une trop grande portée, et caché d'ailleurs par les dunes. Du reste, les nombreuses fusées à la congrève qu'il lança contre la ville ne l'atteignirent pas davantage (1).

» Pendant ce temps, le canon, qui retentissait au bas de l'Adour, indiquait que le combat était engagé sur toute la ligne. En effet, le général Hope voulait se débarrasser à tout prix des chaloupes canonnières de la station du Boucau. Le lieutenant de vaisseau Bourgeois écrivit, à trois reprises différentes, au capitaine de frégate Depoge, commandant d'armes : 1° à sept heures quarante-cinq minutes, pour l'informer que l'attaque sur tout le front de notre ligne de défense n'était à autres fins que pour cacher les manœuvres d'une forte colonne se dirigeant sur l'embouchure de l'Adour ; 2° à onze heures, pour le prévenir que l'ennemi opérait le passage sous le moyen de deux petites embarcations, l'une à quille et l'autre plate. Qu'ayant eu quatre bateaux de ma division coulés, un cinquième ouvert par la commotion de la pièce, il m'était impossible de rien entreprendre, vu que tous les équipages avaient abandonné leurs postes pour rentrer dans la place ; 3° à deux heures et demie, je fis connaître que l'ennemi couronnait les

---

(1) Le capitaine Ripaud, transporté dans la maison n° 2 de la rue Port-Neuf, mourut le jour même des suites de ses blessures.

hauteurs des dunes de l'embouchure et y avait près de 2,000 hommes.

» A cinq heures, je reçus l'ordre n° 3 pour avoir à rentrer dans la place. Les deux bateaux canonniers qui me restaient passèrent heureusement. Il n'en fut pas de même de *La Mouche n° 8*, sous mon commandement. A cinq heures et demie, étant sous le travers de la dune de Blancpignon, l'ennemi nous envoya dix-sept fusées. L'une d'elles perça *La Mouche* à six pieds en arrière de son étrave, et je coulai par le travers de l'Abbaye de Saint-Bernard, sous le feu des batteries ennemies. La nuit nous sauva ; le bâtiment fut vuidé, la voie d'eau aveuglée, et, à six heures précises du 24 au matin, je mouillai en rade de Bayonne.

» A onze heures de la nuit du 23 au 24, m'arriva un aspirant de marine, envoyé par le général gouverneur, chargé de me dire que j'étais un imprudent qui allait sacrifier ses équipages sans utilité, avec ordre de brûler *La Mouche*. Je réclame l'ordre écrit du général : il n'y en avait pas. Je chargeai l'aspirant de dire au gouverneur que j'avais pris le commandement de *La Mouche* à Bayonne, sur l'ordre de S. E. le Ministre de la marine ; que, sur un ordre écrit du gouverneur j'allais la brûler de suite ; mais que, dans le cas contraire, je cuirais ou je me noierais dedans si je ne pouvais la ramener où je l'avais prise. L'ordre ne vint pas ; *La Mouche* rentra à Bayonne après avoir été engagée, dès les sept heures du matin jusqu'à cinq heures du soir, contre trois batteries de fusées.

» En mettant pied à terre, aux Allées Marines, le 24 au matin, je fus prévenu que l'intention du gouverneur était de me faire passer à un conseil de guerre. Je me rendis sur-le-champ chez ce chef et lui fis savoir ce qu'on m'avait dit ; il éloigna cette idée, s'appuyant sur ma valeur, mon savoir, etc. Dans le fait, le *n° 8* n'était pas brûlé, voilà pourquoi il n'y avait plus de conseil de guerre possible » (1).

En fait, le cours du fleuve était débarrassé de tous ses obstacles, et l'ennemi pouvait tenter le passage sans crainte de se voir couper par les feux de revers de la flottille française.

------

(1) *Souvenirs du lieutenant de vaisseau Bourgeois.*

CHAPITRE VII

LE PASSAGE DE L'ADOUR

Mise en mouvement des troupes. — Occupation d'Anglet. — Etablissement d'une batterie de pièces de 18. — Fausses attaques. — Retard de la flottille. — Commencement de passage. — Les gardes anglaises s'établissent sur la rive droite. — Escarmouches et fausses attaques. — Combat de tirailleurs. — Episodes du champ de bataille. — Un chasseur portugais. — Efforts faits par le lieutenant de vaisseau Bourgeois pour s'opposer au passage de l'Adour. — Résistance tardive. — Position occupée par le général Stopford. — Les fusées à la congrève. — Les Anglais sur la rive droite.

Aussitôt que l'amiral Penrose fut prêt à mettre la flottille en mouvement, le général Hope donna ses derniers ordres pour tenter le passage du fleuve, et tout s'ébranla à la fois, artillerie, pontons et troupes (1). Depuis le 15, les hauteurs d'Anglet se trouvaient occupées par les gardes et par les Allemands ; des détachements avaient été poussés avec précaution vers la rivière, à travers la forêt de pins, et la 5e division, commandée par le général Colville, occupait Bassussarry et le pont d'Urdains. Le 21, le général Colville releva la 6e division employée au Blocus de Mousserolles, sur la rive droite de la Nive. Ces troupes furent elles-mêmes remplacées par la division Freyre qui passa la Bidassoa. En ce moment, sir John Hope n'avait avec lui que deux divisions anglaises, deux divisions espagnoles, trois brigades détachées d'infanterie anglo-portugaise et la brigade de cavalerie Vandeleur, le tout formant un total de 28,000 hommes, officiers compris, avec 20 pièces de canon. Deux régiments, dont la plupart des hommes étaient malades, avaient été renvoyés à l'arrière-garde et on en attendait quelques autres d'Angleterre.

Dans la nuit du 22, la première division, ayant six pièces de 18 et la batterie de fusées à la congrève, quitta avec précaution la position qu'elle occupait près d'Anglet et se mit en marche vers l'Adour ; mais les pluies avaient défoncé la route qui présentait

(1) Hope à Wellington, 25 février.

beaucoup d'obstacles, et un des canons étant tombé dans un fossé, cet accident retarda la marche de la division. Hope dit lui-même les difficultés que l'on éprouva pour transporter sur le sable les pontons et les canons (1). Cependant, au point du jour, toutes les troupes arrivèrent sur les dunes qui s'étendent depuis la forêt de pins jusqu'à la rivière. Les postes français furent alors repoussés et rentrèrent dans le camp retranché de Beyris. Comprenant la difficulté de l'opération qu'il méditait, le général fit exécuter plusieurs attaques simultanées qui devaient avoir pour but de détourner l'attention de l'ennemi du point principal. Il ordonna d'ouvrir le feu sur la corvette *La Sapho*, de menacer d'une attaque divers points du camp retranché et, en même temps, de lancer quelques barques pour passer les hommes qui s'empareraient du point opposé de l'embouchure.

En effet, l'équipage de pont et l'artillerie de campagne furent amenés sur l'Adour, en face du village du Boucau, et l'on mit les pièces de 18 en batterie sur le rivage (2). Pendant ce temps, les troupes légères se rapprochaient des marais qui couvraient la droite du camp français, et la division de don Carlos, prenant position sur la hauteur d'Anglet, exécuta, de concert avec les brigades détachées qui se trouvaient à Arcangues et au pont d'Urdains, de fausses attaques pour attirer l'attention de l'ennemi, tandis que la cinquième division en faisait autant au delà de la Nive.

La flottille qui devait entrer dans l'Adour ne paraissait pas, et un pilote vint même prévenir sir John Hope que, comme il y avait beaucoup de houle sur la Barre, il ne lui était pas possible de la faire entrer. Malgré ce contretemps, il résolut de tenter l'opération avec le seul secours de son armée.

La flottille française avait ouvert le feu sur les colonnes ennemies ; on a déjà vu quel fut le résultat de ce combat sanglant, et comment les canonnières furent coulées ou obligées à se retirer. Le passage fut commencé par soixante soldats des gardes anglaises qui traversèrent d'abord le fleuve sur un ponton conduit à force de rames. On forma alors un radeau avec le reste des pontons et

(1) Napier.

(2) Hope ne disposait que de 18 pontons et de 16 barques. L'Adour, au point où le pont devait être jeté, avait environ 260 mètres de largeur.

un câble fut jeté en travers du courant. Six cents gardes et le 16e régiment, avec une partie de la batterie de fusées à la congrève, passèrent ensuite la rivière, sous les ordres du major-général Stopford, et arrivèrent sur l'autre rive, mais lentement, parce que dans l'intervalle le mouvement de la marée était devenu violent et que les eaux étaient profondes. Pour le passage, les hommes étaient assis sur les pièces de bois des radeaux, leurs fusils entre les jambes et conduisant par la bride les chevaux qui nageaient derrière eux (1).

Pendant cette opération, une fausse attaque était faite sur la droite du camp retranché, et nous en reproduirons le récit épisodique et émouvant que nous en donne un officier anglais qui assista à cette action. La brigade à laquelle il appartenait se mit en mouvement au moment même où le général Stopford se préparait à traverser le fleuve.

« Pour faciliter cette opération, ou plutôt pour empêcher l'ennemi de l'observer, notre brigade, qui jusque-là était restée immobile sur le haut du coteau même où nous avions fait halte après l'action du 9 novembre, dut exécuter plusieurs manœuvres. Nous nous déployâmes d'abord en ligne, puis en tirailleurs ; enfin, une demi-douzaine de compagnies se jetèrent rapidement en avant en poussant de grands cris comme si nous voulions donner sérieusement un assaut. Nos mouvements ne restèrent pas inaperçus ; en moins de cinq minutes, les batteries et les parapets placés sur notre front immédiat, qui étaient à peu près vides de soldats, se garnirent de défenseurs, et trois pièces d'artillerie vinrent, en galopant, de la droite et prirent position dans un champ au travers duquel nous aurions dû passer si nous avions dû continuer notre mouvement. Un corps de tirailleurs s'avança contre les compagnies détachées et une escarmouche assez sérieuse s'ensuivit. Personnellement, je me trouvai placé ce jour-là à l'abri du feu, et je pouvais observer, avec une entière liberté d'esprit, l'affaire qui se déroulait devant moi. Immédiatement, à notre gauche, se trouvait une division d'infanterie espagnole qui occupait le village d'Anglet et nous reliait aux gardes. Notre droite s'appuyait à un corps portugais, et il est assez remarquable que, tandis que les Français se contentaient de nous observer et de

(1) Napier dit qu'ils débarquèrent en face d'un détachement qui se retira sans combattre.

nous donner la preuve qu'ils étaient résolus à repousser toute attaque de notre part, ils attaquèrent plusieurs fois nos alliés avec intrépidité ; les Portugais les reçurent avec beaucoup de courage et de bon ordre (vers la fin de la guerre les Portugais étaient devenus une force sérieuse), mais ils eurent plus facilement raison des Espagnols. Il était évident que, sans la présence de notre brigade sur un de leurs flancs et de celle des gardes sur l'autre, les Français auraient disposé de cette partie de la ligne comme ils l'auraient voulu. Dans l'état des choses, ils se contentaient de chasser de temps en temps les pauvres Espagnols du village ; après quoi, quand ils voyaient les habits rouges se mettre en mouvement, ils battaient tranquillement en retraite sur leurs positions.

» C'était un vrai soulagement que de détourner les yeux des Espagnols pour les reporter sur les Portugais. Leur corps consistait en trois bataillons de chasseurs et deux d'infanterie de ligne, et, à proprement parler, les chasseurs seuls pouvaient être considérés comme engagés. Couvrant leur front de bataille et donnant la main à nos tirailleurs, ils se répandirent dans les champs et ouvrirent un feu fermé, calme et bien dirigé, contre le nuage de tirailleurs français qui s'efforçaient vainement de les rejeter sur leur réserve. Quand on assiste ainsi en spectateur à un combat, on suit généralement des yeux un ou deux combattants au salut desquels on finit par s'intéresser autant que si on les connaissait personnellement. Un Portugais attira particulièrement mon attention ce jour-là. A en juger par sa manière de faire, il semblait animé d'un degré de haine plus qu'ordinaire contre les Français ; il ne regardait ni à droite ni à gauche, ne faisait aucune attention aux mouvements en avant ou aux reculs de ses camarades ; tenant ferme à la même place, il n'en changeait que pour mieux ajuster. Il s'était porté très en avant de la ligne, derrière un grand buisson de genêts, d'où je le vis abattre trois hommes, l'un après l'autre. A la fin, six ou sept Français s'avancèrent de son côté ; nullement intimidé, le Portugais se baissa seulement pour charger et fit feu en se relevant. Un des assaillants tomba, les autres firent une décharge vers l'endroit d'où la fumée était sortie, mais il avait sauté de l'autre côté du buisson et n'avait pas été atteint ; il s'agenouilla et chargea de nouveau. Les ennemis étaient à vingt yards de lui : il tira, et un officier qui les dirigeait se retira du champ du combat en tenant son bras gauche avec sa main droite ; le reste, comme frappé de panique, battit en retraite. Le Portugais resta là jusqu'à la fin de l'attaque, et rejoignit son bataillon, sain et sauf en apparence ; il avait tué ou blessé huit Français dans sa journée » (1).

Pendant ce temps, le passage de l'Adour continuait toujours, sans que les Français fissent rien pour s'y opposer. Le 119º de ligne, qui comptait 36 officiers et 994 hommes, et qui avait occupé le Boucau, avait regagné la citadelle le 22. Il n'avait laissé qu'une compagnie de grenadiers, qui avait pris position dans la matinée du 22, sur la hauteur de Pont-Neuf, Sud-Ouest du Boucau, pendant que dans le même temps une forte colonne anglaise se dirigeait vers l'embouchure.

Vers onze heures, les Anglais, en très petit nombre, avaient pris pied sur la rive droite. Ce fut alors que le lieutenant de vaisseau Bourgeois envoya l'enseigne de vaisseau Longuet auprès du capitaine de la compagnie du 119º pour lui proposer de se joindre aux équipages du stationnaire et des chaloupes canonnières, de marcher ensemble à l'ennemi encore peu nombreux, et de le rejeter dans l'Adour. L'officier du 119º répondit qu'il venait de recevoir l'ordre de rentrer à la citadelle. L'enseigne de vaisseau fut envoyé une seconde fois auprès de lui pour lui dire qu'il y avait de ces moments où il fallait savoir éluder l'exécution d'un ordre. L'officier était ébranlé, mais, à une seconde intimation qu'un chasseur d'ordonnance lui apporta à l'instant même, il n'hésita plus et rentra à la citadelle (2).

Vers quatre heures et demie, les 600 hommes de la brigade des gardes, qui étaient déjà passés, furent enfin attaqués par deux parties de bataillon du 5º léger et du 82º de ligne, envoyées de la citadelle par le général Maucomble, et non, comme le dit le général Hope, par des forces très supérieures (3). Dans sa lettre à Murray (4) il évalue les forces françaises à 1,200 ou 1,400 hommes ; or, le 5º léger et le 82º de ligne n'avaient pas plus de 1,400

---

(1) Gleig. — *Journal d'un Subalterne.* — Traduction de M. Ch. Guiard.

(2) *Souvenirs du lieutenant de vaisseau Bourgeois.*

(3) Hope à Wellington.

(4) Hope à Murray.

hommes, en y comprenant leurs recrues (1). Les fusées, dit le général anglais, furent d'un très bon effet dans cette circonstance contre les chaloupes canonnières.

L'officier anglais, aux souvenirs duquel nous avons déjà fait de fréquents emprunts, est encore moins véridique que son général, car il dit qu'une colonne de cinq mille hommes, appuyée par plusieurs pièces de canon, « se forma et marcha à l'attaque de nos six cents soldats, soutenue par un petit détachement de fuséens.

» La position du général Stopford, heureusement, était extrêmement favorable, et pleine de plis de terrain qui formaient des parapets naturels derrière lesquels nos troupes pouvaient s'abriter. A l'approche des assaillants, le général forma ses soldats derrière une colline de sable et, les faisant coucher de façon à les cacher complètement, il attendit que la tête de la colonne fût arrivée à vingt yards de lui. Il les fit alors lever, et les fuséens, lançant leurs diaboliques engins avec une précision extrême, simultanément avec une décharge bien dirigée de l'infanterie, la confusion qui se forma dans les rangs de l'ennemi dépassa toute description. Un sergent français, pris dans cette affaire, m'assura qu'il avait été personnellement engagé dans vingt batailles et qu'il n'avait jamais connu la sensation de la peur jusqu'à ce jour-là. Une fusée, paraît-il, traversa son havresac sans lui faire de mal ; elle fendait l'air avec une telle violence et un sifflement si terrible, qu'il tomba stupéfié, la face contre terre. Ce qui est encore plus redoutable, ce sont les excentricités de la fusée : on la voit venir, et on ne sait comment l'éviter ; elle saute de place en place, d'une façon si étrange, que l'on risque, en s'écartant pour l'éviter, à droite ou à gauche, de tomber directement sur elle. De là, le désordre que peuvent produire dix ou douze de ces engins. C'est aussi une arme très incertaine, qui peut mettre la déroute dans les rangs ennemis, mais qui se retourne parfois contre ceux qui l'emploient et peut causer, comme les éléphants de l'antiquité, la défaite de la troupe qu'elle est destinée à protéger.

» Cette décharge, suivant l'usage de l'armée anglaise, fut suivie d'une charge à la baïonnette, et nous, qui, un moment auparavant, n'osions respirer de crainte, nous poussâmes des cris de triomphe en voyant cette masse, tout à l'heure si formidable

----

(1) Commandant Clerc.

répandue de tous côtés et mise en fuite par un simple bataillon (1).

» La nuit mit fin au combat ; les Français se retirèrent vers la citadelle avec une perte de 200 hommes, causée en grande partie par l'artillerie anglaise postée sur la rive gauche (2). Les deux partis s'attribuèrent la victoire ; le général Maucomble, qui conduisait ses troupes, dit : « Les tirailleurs ennemis et tous les postes furent culbutés et ramenés. L'obscurité de la nuit a empêché de leur faire plus de mal. Ces deux parties de bataillon se sont montrées dignes de leur réputation » (3). Mais, en réalité, l'affaire avait été décidée en faveur de l'armée alliée. Cependant, on en resta là, et, dit le commandant Clerc : « La reconnaissance ramenée, la brigade Maucomble devait, au point du jour, marcher tout entière. Qu'avait-elle à craindre ? Un échec la ramenait sur la citadelle. La responsabilité d'une telle conduite incombe au gouverneur. Certes, ni Abbé, ni Reille n'auraient fait preuve d'une telle incurie » (4).

Le lendemain, il était déjà trop tard pour un retour offensif. La deuxième brigade des gardes avait passé tout entière, ainsi que les cinq bataillons de la légion germanique, deux pièces de canon et quelques dragons. Le passage avait été très difficile et très fatigant, par suite de la rapidité du courant, et il n'avait pas été possible de se servir des pontons en guise de radeaux. Le 24, comme la flottille ne paraissait pas, on parvint cependant à faire entrer dans le fleuve quelques barques et des matelots de Biarritz,

---

(1) Gleig. — *Journal d'un Subalterne.* — Traduction de M. Ch. Guiard.

(2) Morel. — *Vues historiques.*

(3) Ordre du jour du 24 février. De la citadelle, Maucomble.

(4) Commandant Clerc : « A quatre heures, 600 hommes sortirent de la citadelle, sous les ordres du général Maucomble, destinés à rejeter l'ennemi sur l'autre rive, mais il y avait alors des Anglais dans la partie droite. J'avais envoyé deux guides au général Maucomble pour le diriger dans le semis de l'Etat et gagner le Nord de la dune du *Poublanc.* L'ennemi fut refoulé jusqu'à la mer. Malheureusement, nos troupes avaient trop rangé la crête de l'Adour. L'ennemi qui, du Blancpignon, avait remarqué la sortie de la citadelle, fit arriver sur la rive gauche et à son embouchure trois pièces de fort calibre, des sept, qui, dans la journée, avaient servi à battre la corvette *La Sapho* et les autres bâtiments de guerre. Il établit plusieurs batteries de fusées à la congrève, et, au moment où nos troupes contournèrent les premières hauteurs de la rive droite, elles furent soumises par le feu de l'ennemi et forcées à la retraite ; pour les 300 hommes qu'il pouvait y avoir alors d'Anglais sur la rive droite, la partie n'était pas égale. » *(Souvenirs de Bourgeois).*

et aussitôt le passage alla beaucoup mieux ; enfin, dans l'après-midi, les navires qui devaient composer le pont de bateaux et les chaloupes canonnières furent en vue de la Barre et prirent leurs dispositions pour couronner l'œuvre que l'on aurait si bien pu empêcher (1).

(1) Le lieutenant de vaisseau Bourgeois avait proposé au conseil de défense de s'opposer au passage de l'Adour avec 5 à 600 hommes de troupes et 12 pièces d'artillerie légère,

CHAPITRE VIII

LE PONT DE BATEAUX

Préparatifs de l'entrée dans l'Adour. — Les chasse-marée. — Les pilotes du
Boucau. — Difficulté de la Barre. — Arrivée de la flottille. — Naufrage du
capitaine O'Reilly. — Récit d'un témoin oculaire. — Un émouvant spectacle.
— Continuation du passage des troupes. — Le Blocus sur la rive droite. —
Positions des troupes. — Le reste de la flottille pénètre dans l'Adour. —
Construction du pont de bateaux. — Description. — Barrages et chaloupes
canonnières. — Opinion des Bayonnais sur la construction du pont. — Déplacement de la Barre. — La garnison n'a rien fait pour empêcher la construction du pont. — Jugement du commandant Clerc.

L'entrée de la flottille dans l'Adour ne devait pas s'accomplir
sans pertes sensibles pour l'armée anglaise, et il semble que le
fleuve bayonnais ait voulu s'armer lui-même pour la défense de sa
ville et de son territoire.

Les matériaux qui devaient former l'estacade, composant un
objet distinct du pont, furent embarqués séparément à bord de
deux transports et d'un sloop. Relativement au pont lui-même, il
avait été calculé que 25 à 30 chasse-marée seraient nécessaires
pour traverser la rivière, et, en cas des difficultés à prévoir, 48
avaient été préparés pour ce service. On mit à bord de chaque
bateau 28 planches de trois pouces sur douze pieds de long et
autres objets indispensables. Deux sapeurs ou mineurs furent
aussi embarqués sur chaque bord, afin de recevoir et amarrer les
câbles au moment où les navires seraient fixés à leur place. Dix
canons de 18 furent placés à bord, afin d'armer les câbles à chaque bord de la rivière, et les cabestans, treuils et autres engins
furent chargés sur six autres navires.

Les chasse-marées furent répartis en six divisions, les deux du
centre placées sous le commandement du capitaine Slade, du
génie ; les deux de droite commandées par les lieutenants Savage
et Wert, et les deux de gauche, par les lieutenants Robe et Rivers.
Le lieutenant Reid fut chargé d'assurer les extrémités des câbles
sur les canons de la rive droite, et le lieutenant Melhuisk, ceux de

la rive gauche. L'ensemble du travail était sous la direction du major Tod, du corps royal d'état-major.

Le convoi se mit en marche sous l'escorte de la frégate *La Porcupine*, du brick *La Lyra* et de cinq chaloupes canonnières. L'entrée des navires dans l'Adour avait été confiée au capitaine O'Reilly, de la marine royale. Le trajet du convoi, du Socoa à l'embouchure de l'Adour, fut fait en seize ou dix-sept heures, et le 24, à midi, à la faveur d'une forte brise, il s'avançait à pleines voiles vers l'entrée de la Barre. Des traditions de l'époque assurent que la flottille anglaise était guidée par des pilotes du Boucau qui avaient passé à l'ennemi, quoique les Français eussent enlevé une partie des signaux sur lesquels se dirigeaient les bâtiments qui pénétraient dans la rivière. L'entrée de l'Adour, qui n'était jamais facile à cause du peu d'élévation de la côte, devenait plus difficile en ce moment, parce que les vents qui avaient régné les jours précédents avaient soulevé la mer. « On concevra donc notre étonnement, dit un témoin oculaire, lorsqu'en montant sur une éminence nous aperçûmes une escadre d'une trentaine de petits navires qui cinglaient, toutes voiles dehors, vers la Barre, sur laquelle les vagues, portées par un vent de Nord-Est, brisaient en écume blanche » (1). Les bords de l'Adour et les hauteurs des dunes étaient couronnés d'officiers d'état-major et de généraux, parmi lesquels on remarquait sir John Hope. Le *Subalterne* crut même y voir Wellington, mais il se trompe, car le général en chef n'y était pas. « Personne ne parlait : l'escadre et ses manœuvres, dont dépendait la vie de tant de braves gens qui la montaient, semblaient absorber l'attention générale, et chacun regardait dans la même direction en silence et dans la plus complète immobilité » (2).

L'amiral Penrose, qui avait quitté *La Porcupine* et avait arboré son pavillon sur *Le Glaneur*, était présent à cette tentative hardie. « Les marins, portés par la brise, s'avançaient avec une vitesse effrayante ; les vagues s'élevaient si haut, dit un témoin de cette émouvante scène, et il y avait si peu d'eau sur la Barre, qu'il me semblait qu'on m'enlevait un poids de la poitrine quand je les voyais soudain appuyer sur le gouvernail et virer de bord. De la

(1). Napier.

(2) *Le Subalterne*. — Traduction de M. Ch. Guiard.

mer, la perspective devait être effrayante, et des marins anglais eux-mêmes se demandèrent, pour la première fois de leur vie, s'ils pourraient faire face au danger » (1). En tête de la flottille s'avançaient les chaloupes des vaisseaux de guerre. Le capitaine O'Reilly lança le premier la sienne, excellent petit bâtiment espagnol, au milieu des brisants ; elle passa d'une manière effrayante sur la Barre et vint s'échouer sur le rivage. Cet officier, jeté sans connaissance sur la plage, aurait péri ainsi que son équipage si les soldats ne les eussent promptement secourus. Quelques-uns seulement de ses hommes furent noyés ; les autres, avec un courage intrépide, remirent à l'eau la chaloupe pour aller aider les troupes qui passaient encore (2).

Le lieutenant Gleig nous offre une autre version de ce passage, un peu différente de la précédente. « Un bateau espagnol à rames, manœuvré par le lieutenant Chayne et cinq marins du *Woodiark*, se jeta avec beaucoup d'à-propos sur une vague ; celle-ci le porta jusqu'au delà du banc de sable, et il fut salué par de longues acclamations quand on le vit s'avancer fièrement dans le fleuve. Le deuxième navire était une prise, un grand lougre de pêche français, monté par les marins d'un transport et suivi de près par une canonnière commandée par le lieutenant Cheshire ; tous les deux franchirent heureusement la Barre, mais le quatrième fut moins heureux. C'était une goélette pleine de monde et commandée par le capitaine Elliot : je ne sais pas si le vent changea soudainement ou si, malheureusement, quelque cordage se rompit, toujours est-il que, au moment où la goélette prenait la lame, la voile principale de son mât de derrière s'abattit ; elle présenta aussitôt le flanc aux brisants et chavira immédiatement. Son brave capitaine et plusieurs de ses hommes périrent dans les brisants ; le reste de l'équipage, jeté sur le sable par une vague, fut heureusement sauvé.

» L'horreur que nous éprouvâmes à la vue de ce naufrage fut de courte durée, car notre attention fut attirée bientôt sur les autres navires qui approchaient l'un après l'autre. Ils traversèrent tous la Barre sans encombre, sauf un chasse-marée qui partagea le sort de la goélette. Ce fut même un spectacle plus navrant que

(1) Gleig. — *Journal d'un Subalterne*. — Traduction de M. Ch. Guiard.

(2) Napier.

le premier : le petit navire tournoya un instant sur les brisants, juste assez pour nous laisser voir les gestes désespérés des marins et nous permettre d'entendre leurs cris ; puis il fut frappé par une vague énorme et chavira la quille en l'air. Pas un homme n'échappa ; parmi eux se trouvaient plusieurs aspirants de marine, tous jeunes gens d'avenir » (1).

Quoique les témoins que nous venons de citer semblent indiquer que l'entrée de la Barre eut lieu d'un seul coup, les lettres du général en chef et de l'amiral Penrose, qui dirigeait l'opération, affirment, au contraire, qu'elle fut divisée en deux parties et que, grâce à un coup de vent qui s'éleva subitement, la suite en fut remise à la prochaine marée. Cependant, dit le général Hope à lord Wellington, comme la majeure partie du pont de bateaux était entrée avec quatre chaloupes canonnières, on en profita pour activer le passage des troupes sur la rive droite. La division Howard était passée ; les brigades portugaises de Wilson et de Bradfort traversaient la rivière. La division de don Carlos devait passer le lendemain matin. Deux escadrons de cavalerie étaient de l'autre côté avec deux pièces de canon. « La position que nous occupons est forte, dit sir John Hope (2), mais très étendue, et elle le serait beaucoup trop si nous avions quelque danger sérieux à redouter. Il y a environ quatre milles (6 kil. 500) du point où le pont est projeté à l'extrême gauche. La ligne court du Boucau à la route de Bordeaux, près du château de Matignon, et traverse la route de Port-de-Lanne, au château de Saint-Etienne (château de Ségur), en face du Vieux Mouguerre. Sur cette partie de la ligne, nous ne pouvons, jusqu'à présent, placer que quelques postes » (3).

Grâce à ces mouvements, les troupes de gauche de l'armée alliée avaient pris de nouvelles positions. Une brigade anglaise et la brigade portugaise de la division Colville avaient été placées entre l'Adour et la Nive. L'autre brigade anglaise de la division Colville avait été postée au pont d'Urdainch. Le corps espagnol de Freyre formait le Blocus depuis Urdainch jusqu'à Anglet, qui était occupé par lord Aylmer. « Je n'ai point voulu confier entièrement

---

(1) Gleig. — *Journal d'un Subalterne.* — Traduction de M. Ch. Guiard.

(2) *Correspondance de Wellington.* — Hope à Murray, 25 février.

(3)   id.   id.   Hope à Murray, Boucau, 25 février.

TROUPES DE BLOCUS - 12ᵉ DRAGONS LÉGERS

aux Espagnols le soin de couvrir la route de Saint-Jean-de-Luz, d'autant plus que je n'ai jamais pu savoir leur nombre. J'ai l'intention de faire passer de l'autre côté de l'Adour, en outre de ce qui s'y trouve actuellement, la division Howard, les brigades Wilson, Bradfort, don Carlos et Vandeleur, et les batteries à cheval de Weber, Smith et Cairne. J'ai arrêté, avec le colonel Dickson, que les pièces de 18 seraient placées à la rive gauche pour tenir en échec les chaloupes canonnières de l'ennemi, ce qui est indispensable pour la sécurité du pont, car je n'ai ici que quatre chaloupes canonnières pour le défendre. Si l'ennemi est actif, le pont sera exposé au feu des vaisseaux : la marée est si forte que rien ne pourra les arrêter » (1).

Sur la rive droite du fleuve, la position prise par le général Hope s'appuyait à l'Adour, un peu en avant du Boucau, et, traversant la route de Bordeaux à environ 1,200 mètres devant l'église de Tarnos, prenait la direction de la route de Peyrehorade et du haut Adour, en face du Vieux Mouguerre. « Autant que j'ai vu le terrain, dit le général Hope, et qu'il est actuellement occupé par nos troupes, il est très fort, mais extrêmement étendu. A notre gauche, je ne crois pas qu'il me soit possible de resserrer l'investissement avec le corps que je proposais de passer ; je ne puis que l'observer par des postes et des patrouilles » (2).

L'abaissement de la marée avait interdit au reste de la flottille anglaise l'entrée de l'Adour ; les autres bateaux furent contraints d'attendre ; parce qu'ils étaient dans l'impossibilité de passer pendant le reflux, on profita de cette interruption pour mettre à terre un pilote qui devait diriger la navigation au moyen de signaux convenus.

Au retour de la marée, on promit aux équipages une récompense proportionnée aux services qu'on attendait d'eux. Toute la flottille s'approcha en ordre serré, mais en même temps on vit se rassembler de sombres nuages, et un violent coup de vent, soulevant la mer, couvrit les côtes de vagues menaçantes qui ne permirent plus de distinguer l'entrée de la rivière. Les chaloupes des vaisseaux de guerre affrontèrent, les premières, ce terrible obstacle, et M. Bloge, de *La Lyra,* qui avait avec lui le même pilote, s'y

(1) *Correspondance de Wellington.* — Hope à Murray.

(2)   id.   id.   Hope à Wellington.

engagea héroïquement ; en peu d'instants, sa chaloupe fut englou-
tie et il périt avec tout son monde. « Les bateaux qui suivaient
celui de *La Lyra* dévièrent de leur route et, poussés avec force à
droite et à gauche, ils restaient encore suspendus au sommet des
vagues. Tout à coup, le lieutenant Cheyne, du *Woodlock*, ordonna
d'avancer à force de rames en appuyant sur la droite ; la fortune
favorisa son courage et il traversa heureusement la Barre. Le vent
commençait à s'apaiser ; les vagues, comme domptées, devinrent
moins furieuses, et les chasse-marée, montés par des marins
espagnols et ayant chacun à bord un officier du génie avec un
détachement de sapeurs qui encourageait l'équipage à suivre les
chaloupes, se lancèrent les unes après les autres à travers les
brisants, et atteignirent le point indiqué pour l'établissement du
pont » (1).

On le voit, le fleuve avait plus fait que les hommes pour s'opposer à la réussite de cette tentative hardie. Elle fut exécutée, dit
l'amiral Penrose à Wellington, mais non sans beaucoup d'accidents (2). En effet, le capitaine Elliot, du *Martial*, avait péri près
du rivage avec sa chaloupe et trois bateaux de transport, malgré
les courageux efforts que firent les troupes pour les sauver. Trois
autres bateaux, jetés à la côte, perdirent une partie de leurs équipages, et un chasse marée, chargé d'hommes, après avoir dépassé

(1) Napier.

(2) *Correspondance de lord Wellington.* — La flottille était placée sous le
commandement du vice-amiral Charles-Vinicombe Penrose qui, afin de prési-
der à l'opération, s'était embarqué sur la corvette *La Porcupine*, de 24 canons,
capitaine John Caode. L'escadre arriva dans la matinée du 23 ; voyant que les
troupes avaient déjà commencé le passage, cela lui donna de l'émulation, et le
capitaine Dowell O'Reilly, du brick de 10 canons *La Lyra*, montant un bateau
espagnol et ayant avec lui le pilote principal, tenta le premier le passage assez
heureusement pour faire croire que les autres auraient le même bonheur. Le
lieutenant John Debenham, montant un cutter à six rames, le suivit, mais il
ne put réussir. Enfin, le lieutenant Georges Cheyne, du brick de 10 canons
Woodlock, montant un bateau espagnol avec cinq marins anglais, traversa la
Barre et entra dans la rivière. Le suivant était un navire capturé, servant de
transport, suivi par une chaloupe canonnière, commandée par le lieutenant de
vaisseau John Cheshire, qui fut le premier qui déploya les couleurs anglaises
sur les eaux de l'Adour. On admira beaucoup le courage des marins, mais le
passage ne se fit pas sans des pertes cruelles. Le capitaine Elliot, du brick
sloop *Martial*, M. Henry Blaye, master de *La Lyra*, et onze marins de *La
Porcupine*, *Martial* et *Lyra* périrent ; trois bateaux transports furent perdus
avec un nombre d'hommes inconnu, ainsi qu'un chasse-marée espagnol dont
tout l'équipage périt en un instant. (*History of the Royal Navy*, t. VI).

la ligne du ressac, fut frappé par une lame qui, en déferlant sur son pont, le mit en pièces.

En même temps, le passage des troupes continuait toujours, et le général Hope portait le contingent d'investissement de la rive droite à dix mille hommes. Le cercle de fer se resserra autour de la citadelle, ayant la gauche et la droite appuyées à la rivière, et le front couvert en partie par des marécages. L'assiégeant occupait ainsi des positions si favorables, que la ligne avait à peine trois kilomètres d'étendue. Cette opération, dit Napier, fut effectuée sans aucune opposition de la part de l'ennemi. Quant à Hope, dans son rapport à Wellington, il dit, en parlant des Français : « Jusqu'ici, l'ennemi n'a montré que de légers piquets sur notre front : je ne le crois point en force » (1).

On procédait en même temps à la construction du pont de bateaux. Il fut établi à environ 4 kilomètres et demi au-dessous de Bayonne, dans un endroit où le fleuve se resserrait d'une manière sensible, grâce aux murailles des quais qui avaient été construits autrefois afin de nettoyer la rivière en augmentant la force du courant. « Le projet du pont et du barrage étaient l'œuvre du colonel Sturgeon et du major Todd ; mais l'exécution en fut entièrement confiée à ce dernier officier qui, moins brillant, mais plus actif encore que le colonel, avait servi dans les guerres de la Péninsule d'une manière aussi distinguée qu'utile. »

On plaça dans le fleuve 26 chasse-marée présentant alternativement l'avant et l'arrière, espacés de quarante pieds l'un de l'autre, et fixés chacun par quatre ancres, deux à l'avant et deux à l'arrière. On porta ensuite en travers de leurs ponts deux forts câbles non tendus dont les bouts, passés par-dessus les murailles des digues, furent tendus et fixés à l'aide de puissants engins. Cependant, ces câbles s'infléchissaient assez pour remonter aux marées d'équinoxe la surface des eaux qui s'élevaient alors de quatorze pieds. Sept gros câbles furent posés à une distance de deux pieds l'un de l'autre, et ils furent affermis à l'aide de cabestans, de manière à n'être pas trop lâches (2). On n'eut pas même besoin de longerons d'un navire à l'autre. « En travers de ces cordages furent placées des planches bien liées, et le tout était si bien

____

(1) *Correspondance de Wellington.* — Hope à Wellington.

(2) Baïlac,

équilibré que, quoiqu'il suffisait du poids d'un seul passant pour faire balancer le pont, une armée entière pouvait le traverser en toute sécurité » (1).

Le barrage sur lequel lord Wellington avait tant insisté pour défendre le pont se composait d'une double rangée de mâts assujettis ensemble par des chaînes et des câbles, de manière à former une série de carrés, afin que si un bâtiment venait à briser la ligne extérieure, il se trouvât rejeté par la force du choc dans l'intérieur d'un carré et s'embarrassât dans les débris flottants de la ligne rompue (2).

Au-dessus du pont on plaça cinq chaloupes canonnières armées chacune de longs canons de 24, et défendues elles-mêmes par une estacade. Un brise-lames avait été placé de l'autre côté du pont, afin de le garantir d'une attaque soudaine de la mer. Des batteries furent élevées sur le rivage et, pour écarter les brûlots qui auraient pu être lancés par la garnison, on arma de grappins de fer un grand nombre de bateaux à rames (3), et une tête de pont renforcée en outre par un ouvrage particulier passa derrière la dune de Blancpignon. Du clocher de la cathédrale on apercevait quelques parties du pont de bateaux.

Le 26, l'établissement du pont fut entièrement achevé et l'artillerie et les convois purent y passer en toute sécurité. Le major Todd assura à Napier que, contrairement à l'opinion générale, les soldats lui furent d'un beaucoup plus grand secours que les marins, et, quoique cet auteur convienne que la force du courant qui avait fait regarder cette œuvre impossible par les Français, eût été beaucoup atténuée par la situation de la Barre, il n'en regarde pas moins cette opération « comme une des entreprises les plus étonnantes de la guerre », oubliant que la rive droite de l'Adour n'était pas occupée par les troupes françaises et que les Anglais eurent toutes les facilités voulues pour l'établissement de leurs travaux.

Maintenant, il nous reste à savoir quelle fut l'opinion des Bayonnais témoins oculaires : le lieutenant de vaisseau Bourgeois, pilote-major de la Barre, et plus compétent que qui que ce soit en

(1) Gleig. — *Journal d'un Subalterne.* — Traduction de M. Ch. Guiard.

(2) Napier.

(3) *Souvenirs bayonnais.*

pareille matière, s'exprime de la manière suivante : « J'ai entendu, dit-il, beaucoup de Français s'engouer de l'invention de ce pont ; je puis assurer que c'était une chose pitoyable. Il a fallu, pour que ce pont se prêtât admirablement à tous les mouvements de la marée et se maintenir, que la Barre de l'Adour se trouvât rejetée à 664 toises dans le Sud-Ouest de l'alignement du pilotis Sud, que de la pointe du Nord l'on pût traverser à pied sec toute l'embouchure actuelle. On sent que de cette position première il résultait que les efforts de la mer, avant que de parvenir en rivière, étaient brisés et réduits à rien, ayant à parcourir une haie de bancs de sable où elle se brisait, au large d'abord, et ensuite une étendue de côtes de 664 toises, sur laquelle la mer achevait de perdre toutes ses forces. De sorte que la rivière n'était, à proprement parler, qu'un bassin. Que l'ouverture eût été ce qu'elle est aujourd'hui, dans la saison où il a été établi, il n'eût pas tenu huit jours, tout admirable qu'il était.

» Leur estacade de gros mâts, les défenses des chaloupes canonnières et les batteries des deux rives n'étaient pas de nature à s'opposer à ce que les 400 bâtiments entassés depuis le Boucau jusqu'au bout des jetées en pierre ne fussent tous brûlés ; les moyens ne nous manquaient pas. Appelé au conseil de défense, le 19 mars, cette question y fut agitée : je m'engageais à conduire l'expédition, qui fut résolue sur ma proposition, et, après des débats à n'en plus finir, j'eus ordre de faire rendre sur-le-champ trois grandes gabares devant l'Arsenal. Elles y étaient trois quarts d'heure après : jamais on n'y a touché. Ah ! que les Anglais étaient heureux d'avoir affaire à des ennemis aussi temporisateurs » (1).

Et maintenant, quelles sont les conclusions à tirer des faits accomplis ? Le commandant Clerc, qui a érigé dans son bel ouvrage un monument impérissable à la gloire de la défense des Pyrénées par le maréchal Soult et l'armée française, n'est pas trop sévère envers le général Thouvenot, lorsqu'il le juge sur les actions mêmes qui venaient de se produire sous ses yeux sans qu'il eût fait acte d'opposition. Nous croyons devoir emprunter au savant auteur les lignes suivantes dans lesquelles il a su résumer rapidement, et d'une manière accablante, les charges qui pèsent sur les actions du général. Elles le remettent à la place qu'il doit

(1) *Souvenirs du lieutenant de vaisseau Bourgeois.*

occuper en le dépouillant de l'auréole de gloire que les années qui s'étaient écoulées avaient placée sur son front.

Lorsque le général Hope eut vu s'accomplir presque sans opposition l'opération facile à entraver du passage de l'Adour, il termina son rapport à lord Wellington, en lui disant qu'il croyait que l'ennemi n'était pas en force.

« Nous ne l'étions plus, dit le commandant Clerc. « Demain, à 4 heures du matin, ordonnait Maucomble, les compagnies du 95ᵉ, logées à la citadelle, prendront les armes et se porteront au pied des glacis de la porte de secours, derrière les lunettes des cohortes. A la même heure, le 5ᵉ léger sera en bataille à l'embranchement des routes de Toulouse et de Bordeaux ; les voltigeurs resteront dans les maisons pour les défendre ; le 82ᵉ sera sous les armes dans l'enclos de la maison Montégut. *On attendra dans cette position les événements*, bien résolus de nous y défendre à outrance si l'ennemi se présente » (1).

« Le fait était accompli ; pendant près de trois jours, en dépit de difficultés presque insurmontables, l'ennemi venait de passer l'Adour sous nos yeux. Une reconnaissance avait constaté le passage, échangé des coups de fusil, et 1,400 hommes étaient restés cois dans la citadelle. En fait de reconnaissance, certaine partie de la population, si l'on en juge par l'ordre du 25, en avait poussé d'autres : « La conduite des habitants de Bayonne, par l'empressement qu'ils ont mis à communiquer avec l'ennemi, a été aujourd'hui déshonorante pour eux et affligeante pour les amis de la France et de son Empereur.

» Voulant prévenir le retour d'un pareil scandale et remplir les instructions de M. le général de division, commandant supérieur, il est ordonné aux chefs de corps de prescrire pour consigne à leurs avant-postes de faire feu sur tout individu qui, venant du côté de l'ennemi, voudrait traverser nos avant-postes, et sur ceux qui chercheraient à passer du côté de l'ennemi sans permission.

» Cet ordre a été signifié à M. le Maire de Saint-Esprit, qui a dû en instruire tous les habitants. Ainsi nul prétexte n'en peut atténuer l'exécution. »

Un témoin oculaire, le commandant La Pène, a dit : « Le patriotisme qui inspire aux habitants du Nord et de l'Est un noble

____

(1) Ordre du jour du général Maucomble, du 24 février. — A la citadelle.

élan qui, dans plus d'une occasion, a été funeste à nos ennemis, est moins prononcé dans les villes et les campagnes du Sud. Toujours près de ses intérêts, l'habitant du Midi fait sa principale étude de son bien-être, sans chercher si le bien-être du citoyen n'a pas un rapport plus ou moins direct avec celui de l'Etat. Doué, néanmoins, d'un caractere vif, entreprenant et léger, il se jette avec violence dans tous les changements et prend une part souvent trop active dans les secousses politiques. La bravoure, le belliqueux entraînement, on ne saurait les lui refuser ; mais peut-être a-t-il besoin de s'éloigner de ses foyers pour devenir un bon soldat, à moins qu'il ne défende chez lui une cause que son intérêt lui fait épouser avec chaleur. A cette indifférence que l'habitant du Midi puise dans son caractère pour tout ce qui est étranger à ses avantages privés, se joignait, en 1814, un profond éloignement pour le régime d'alors. Des intérêts, froissés par les sacrifices journaliers et le système des réquisitions, l'empêchaient de coopérer de bon cœur au soutien d'une cause entièrement ruineuse et sans avantage pour lui, et aux opérations d'une armée dont la présence trop prolongée lui était devenue d'un poids accablant ; aussi, les commissaires extraordinaires, dans les 10ᵉ et 11ᵉ divisions, firent-ils, au nom de la patrie, de vains appels (1).

» Les généraux anglais surent mettre habilement à profit cette profonde inertie et ce désir, d'abord vague, ensuite bien prononcé, d'un changement. Ils étendirent au loin leurs sourdes menées et leurs intelligences-mystérieuses. Leur respect étudié pour les propriétés, leur conduite conciliante et protectrice, leurs profusions répandues, louées, grossies par leurs agents, leur créèrent de chauds partisans. Une portion des méridionaux, cependant, réduite par la suite et la force des événements à l'état d'inertie absolue, les voyait arriver sans crainte ni désir. *D'autres, sacrifiant tout à la cupidité qu'ils espèrent prochainement assouvir par le contact et l'argent des étrangers, ne voulaient voir dans ceux-ci que des amis et des frères.*

(1) Par décret du 26 décembre, daté des Tuileries, l'Empereur avait envoyé aux armées, en qualité de *Commissaires extraordinaires,* des sénateurs ou conseillers d'Etat, accompagnés d'auditeurs et de maîtres des requêtes, pour « ordonner la levée en masse, accélérer l'habillement et l'équipement des troupes, organiser les gardes nationales. » A Toulouse et à Bordeaux arrivèrent le conseiller d'Etat Cafarelli et le sénateur Garnier, de Parrat, auditeur et Portal, maître de requêtes. (*Correspondance de Napoléon,* nᵒ 21,041).

» *Des largesses !* Wellington était aussi besogneux que son adversaire. *Des amis !* qui rêvaient la spoliation de notre patrie et songeaient à faire de Bayonne une avancée espagnole, qui tremblaient à l'idée d'un soulèvement du Midi et qui, ne cessant de répéter : « *Ne pillez pas ou nous sommes perdus* », pillaient.

» Napier taxe d'irréparable la faute du général Thouvenot. Invoquant son rapport officiel, il l'excuse en disant que, « mal
» informé par ses espions et par les prisonniers, il supposa que la
» division légère se trouvait avec Hope, ainsi que la division
» Howard, et que 15,000 hommes avaient été embarqués à Saint-
» Jean-de-Luz pour être mis à terre entre Capbreton et l'Adour.
» C'est pourquoi, lorsqu'il apprit que le détachement de Stopford
» était sur la rive droite, *il craignit de compromettre sa garnison en*
» *envoyant à l'aval un corps de troupes considérable,* et il détacha
» seulement deux bataillons, sous les ordres du général Maucom-
» ble, pour *s'assurer de l'état réel des affaires,* car la forêt de pins
» et le détour de la rivière l'empêchaient de rien découvrir depuis
» Bayonne. » Or, tout cela, à la vérité, était invraisemblable. De Bayonne à Capbreton, la côte ne présente aucun point de débarquement.

» *Une délibération du conseil de défense* constate que l'ennemi ne peut marcher contre la citadelle que par la rive droite de l'Adour ; toute tentative par la rive gauche exige au-dessus de Bayonne le passage de deux rivières, la Nive et l'Adour, et au-dessous de Bayonne le passage du fleuve qui roule un énorme volume d'eau. *De pareilles entreprises ne sauraient être ignorées près d'une place qui contient une population aussi sûre et aussi nombreuse que Bayonne.*

» Ne pouvant fonder l'espoir d'une attaque par surprise qu'en approchant par la rive droite du fleuve, on doit rechercher par quels moyens il aurait dû cacher ses approches par cette rive. *On avance, avec certitude de n'être pas démenti, qu'il ne peut exister, pendant douze heures, sur la rive droite de l'Adour, un rassemblement d'hommes inquiétant, sans que l'on en soit informé ;* des précautions de sûreté seraient ordonnées dès lors, et la citadelle, prévenue, serait à l'abri d'un coup de main.

» Le danger qui pourrait néanmoins paraître le plus vraisemblable, serait celui d'un projet vraiment audacieux d'un ennemi qui, *puissant par mer* et très familier avec la portion de côtes la plus dangereuse de l'Empire, oserait tenter un débarquement

entre l'embouchure de l'Adour et le Cap Breton. *Une pareille entre-*
prise, qui ne pourrait être ignorée, la côte ayant des vigies et des postes
armés (notamment à la tour d'Ondres) *sur toute cette étendue, paraît*
peu redoutable, et toujours l'apparition de l'ennemi, qui ne peut aborder
cette côte plate, habituellement couverte de brisants, que par le plus
beau calme, aura été reconnue avant qu'il puisse être tenté aucun
débarquement. Et en supposant même l'ennemi débarqué sans résis-
tance, il n'arrivera pas sur la citadelle sans avoir été reconnu. » Ce
document, sans date, nous paraît remonter à la fin de 1813.
Thouvenot en prit-il connaissance ? Il y aurait trouvé sa ligne de
conduite. Le danger était à sa porte et au point jugé le moins
exposé.

Il disposait de quatre brigades ; réduisant au strict nécessaire la
garnison du secteur de Mousserolles, il pouvait, le 23 au soir,
appeler à Saint-Esprit les 31e et 34e légers et le 66e de ligne. Ces
trois bataillons suffisaient pour garder les ouvrages en avant de la
citadelle et à Saint-Etienne ; dès lors, la brigade Maucomble, libre
de ses mouvements et suivie de quelques batteries, eût été à
même, le lendemain matin, d'écraser Stopford, de le jeter dans le
fleuve et d'enlever au général Hope tout espoir de passage. Certes,
il n'y eut point complaisance, mais affolement ordinaire. En d'autres temps, la main de l'Empereur se fût appesantie ; mais alors,
comme le dit M. Houssaye, dans son *1814* : « Après toutes les
gloires, c'étaient tous les désastres » (1).

« Malgré tout, dit le commandant Clerc en achevant sa conclusion, Soult avait laissé dans Bayonne un boulet, une épine aux
pieds des alliés. »

----

(1) Commandant Clerc.

CHAPITRE IX

COMBAT DU 27 FÉVRIER

L'ennemi installe un système de signaux. — Episodes de Blocus. — Fausse
alerte. — Récit d'un témoin. — Les troupes de Blocus reçoivent l'ordre de
refouler les avant-postes français. — Démonstrations. — Scènes de combat.
— Sur la rive droite de l'Adour. — Combat de tirailleurs. — Commencement
du feu. — La manufacture. — Combat à St-Etienne. — Prise de l'église et
du cimetière. — Le corps du général Hinuber. — Les Portugais s'emparent
du cap de l'Esté. — Arrivée de renforts. — A la baïonnette. — Combat dans
les rues. — Pertes sérieuses. — Les Portugais sont repoussés. — L'objectif
des troupes alliées est atteint. — Nouvelles positions du corps de Blocus. —
Mort d'un sergent anglais. — Une veuve inconsolable.

Aussitôt après la bataille de Saint-Pierre d'Irube, les troupes de
l'armée alliée s'étaient fortement retranchées, et toutes les voies
par lesquelles on pouvait déboucher de Bayonne avaient été
commandées par des redoutes et des batteries. Afin de mettre en
communication rapide sa droite et sa gauche, l'ennemi avait installé un système de signaux par drapeaux placés sur l'église de
Mouguerre, à Sainte-Barbe et sur l'église d'Arcangues (1). Leur
ligne s'était peu à peu resserrée ; malgré la réussite de son passage
sur l'Adour, l'ennemi était très circonspect, car il supposait que
Soult avait laissé dans la ville ses meilleurs bataillons, et il
s'attendait à chaque instant à une prise d'armes. Les fausses
alertes, qui mettaient en émoi les assiégeants, se renouvelèrent
plusieurs fois, et le lieutenant Gleig nous a conservé un récit que
nous reproduisons, non point comme ayant une grande importance relativement à l'histoire des opérations du Blocus, mais
comme nous offrant une scène vécue de la guerre et de la vie des
camps :

» Nous nous étions couchés à notre heure habituelle, dans la
nuit du 25, et nous commencions à nous endormir, quand nous

(1) Un jeune homme de ce dernier village réussit, un soir que le poste
anglais était ivre, à jeter en bas du clocher le mât de signaux et ses cordages
(Souvenirs bayonnais).

fûmes réveillés par un coup de feu tiré dans la direction des avant-postes. Mon bataillon était alors campé derrière la colline de sable où il s'était arrêté après l'affaire du 25 ; ses piquets n'étaient séparés du camp que par une colline, ce qui nous obligeait, en cas d'attaque, à nous réunir très promptement si nous voulions éviter d'être surpris. Aussi, chaque homme se précipitat-il, avec son fusil et à moitié vêtu, sur le lieu du rassemblement. Un second coup de feu fut tiré, puis un autre encore : les clairons sonnèrent, les bagages furent empaquetés en hâte, les chevaux sellés ; enfin, nous procédâmes à tout le remue-ménage qui précède le combat. Pour moi, après m'être assuré que mes hommes étaient à leur rang, je montai sur le sommet de notre hauteur, d'où je pus distinguer la flamme des coups de fusil tirés à mi-chemin de nos sentinelles et de celles de l'ennemi, mais aucun bruit de colonnes en marche ne frappa mon oreille et nos avant-postes ne ripostaient pas. Ma surprise ne dura pas longtemps : l'officier qui commandait les avant-postes dépêcha un homme pour nous prévenir qu'il n'y avait aucun symptôme d'attaque ; que plusieurs déserteurs étaient arrivés dans nos lignes et que c'étaient à eux que s'adressaient les coups de fusil des sentinelles françaises. Ce récit fut confirmé bientôt après par l'arrivée de ces déserteurs dans le camp, et les troupes purent rompre leurs rangs et retourner à leurs tentes.

» L'alarme avait à peine cessé de ce côté, quand il s'en éleva une non moins sérieuse dans une autre direction. Une sentinelle, placée sur le bord de la rivière, rapporta à son officier, quand celui-ci fit sa ronde, qu'il y avait des bateaux en mouvement et qu'on entendait le bruit des rames dans l'eau. Immédiatement, des appréhensions s'élevèrent pour le pont, contre lequel on supposa qu'il se préparait quelque attaque. Pour s'y opposer autant que possible, trois pièces de campagne qui étaient attachées à notre brigade furent dirigées sur le bord de l'eau. Je les accompagnai ; le bruit des rames s'entendait effectivement, bien que l'obscurité ne permît pas d'en discerner la direction. Une décharge ou deux furent faites, uniquement pour prévenir l'ennemi que nous étions sur nos gardes et, soit que l'avertissement fût compris, soit qu'il n'ait pas voulu sérieusement assaillir le pont, tout bruit cessa aussitôt. Nous restâmes là une demi-heure ; après quoi, n'entendant plus rien et ne voyant aucune trace de danger, je laissai les canonniers à eux-mêmes, et, retournant à mon manteau et à ma couverture, je m'endormis jusqu'au matin » (1).

La journée du 26 s'écoula sans incident, et on put à peine noter quelques coups de canon, prélude d'une action plus sérieuse. Des vivres et des munitions étaient envoyés sans cesse sur la rive droite de l'Adour, et le 27, au matin, les troupes de Blocus reçurent l'ordre de prendre les armes et de refouler les Français en dedans de leurs travaux dans toutes les directions.

Toutefois, l'attaque véritable ne devait avoir lieu que devant le front de la citadelle, et les autres troupes se bornèrent à de simples démonstrations. Sur la rive gauche de l'Adour, les troupes alliées furent placées en ligne, les hommes équipés et les bagages chargés ; au signal qui fut donné par un coup de canon, les files furent étendues, de manière à donner à un simple bataillon l'apparence d'une brigade, et, montant les collines, les rangs des soldats auraient soin de s'arrêter avant d'arriver au sommet, ne laissant paraître que les pointes brillantes des baïonnettes et les plumets des shakos (2). Sur toute l'étendue de la ligne, des manifestations semblables eurent lieu. De temps à autre, les Anglais poussaient une acclamation comme si l'ordre venait de leur être donné de monter à l'assaut. « Toutes ces démonstrations avaient pour but de diviser l'attention de l'ennemi sur plusieurs points à la fois et de l'empêcher de s'opposer, avec toutes les forces de la garnison, au mouvement en avant de ceux qui étaient désignés pour investir la citadelle » (3).

De l'autre côté du fleuve, la diversion tentée par les alliés en faveur de l'attaque principale, diversion à laquelle prirent part les gardes anglaises, les Allemands légers et un corps portugais d'infanterie, était un peu plus sérieuse. L'ennemi s'était porté derrière une colline de sable, et des riflemen allemands, détachés en tirailleurs, prirent le contact avec les troupes françaises de la garnison placées sur les hauteurs ; cependant, si l'attaque n'était pas très énergique, ni la résistance bien obstinée, c'est que le point véritable de l'attaque n'était pas là, et toutefois, le témoin oculaire, que nous avons si fréquemment cité, nous a donné sur cette partie

(1) Gleig. — *Le Subalterne.* — Traduction de M. Ch. Guiard.

(2) *Souvenirs bayonnais.*

(3) *Le Subalterne.* — Traduction de M. Ch. Guiard.

de l'engagement du 27 février un tableau d'une saveur si piquante et si particulière, que nous ne saurions résister au désir de le reproduire entièrement :

« Je voudrais, dit-il, donner au lecteur une idée exacte de cette scène, telle qu'elle m'apparut et que j'en ai gardé le souvenir. Qu'il s'imagine être couché à mes côtés sur le sommet d'une colline de sable, et qu'il regarde en bas, d'abord les eaux larges et profondes de l'Adour, puis, au delà, un banc de sable borné par une colline verte, dont le versant qui nous fait face est fréquemment coupé par un terrain accidenté, ici nu, là boisé, avec quelques cottages blancs disséminés parmi les arbres. Sur les hauteurs, et en face de lui, est établie une masse armée, accompagnée d'une simple pièce de campagne dirigée vers l'embouchure de la rivière et, sur les versants de ces hauteurs, se trouve un champ dont le terrain, moins sinueux que les autres parties de la pente, forme une sorte de table, bordée par une haie qui fait face au Boucau : sous la haie, une bande de terre rouge et escarpée. Dans ce champ sont réunis environ trois cents soldats d'infanterie, vêtus de capotes grises et coiffés de larges shakos, ayant sur leur dos des havresacs : ce sont les Français. Sous la bande rouge s'étend un vallon pittoresque, parsemé de beaux chênes-lièges, au milieu desquels on découvre une jolie habitation, un peu plus grande qu'une ferme, mais méritant à peine le nom de château : cette maison était remplie d'Allemands ; chaque arbre abritait un rifleman qui tirait sur les hommes cachés derrière la haie chaque fois qu'il trouvait un point de mire favorable. Des fenêtres de la maison partaient aussi de temps à autre des coups de feu, vigoureusement rendus par les tirailleurs français, à en juger par les lueurs soudaines suivies de fumée qui apparaissaient sur divers points de la haie. Par moment, on voyait un rifleman courant d'un arbre pour mieux viser, et un Français, à l'affût derrière un buisson, se levait tout à coup et faisait feu sur lui, au risque de s'exposer à être visé à découvert, mais, de part et d'autre, aucune perte sérieuse n'avait lieu. »

Trois pièces d'artillerie anglaises, en batterie sur la rive gauche de l'Adour, depuis le 25 février, avaient ouvert leur feu et tiraient sur une maison située sur le bord de la rivière, qui était une verrerie et se trouvait remplie de troupes françaises. Les batteries des assiégés répondirent vigoureusement, mais cependant sans

qu'on pût constater aucun résultat appréciable. « Plusieurs heures se passèrent ainsi, et nous commencions à craindre que
quelque partie du plan de notre général n'ait pas réussi, ou que
l'ennemi fût en trop grande force pour être repoussé, quand une
agitation soudaine dans la colonne française, qui était restée
jusque-là tranquillement sur les hauteurs, attira notre attention.
La pièce de campagne pivota et fut tournée du côté opposé ;
l'infanterie partit en rangs serrés et nous fut bientôt cachée par
le haut de la colline. Un coup de feu se fit entendre, puis une
douzaine, puis un, deux, trois coups de canon, et enfin ce fut un
bruit de canons et de mousqueterie incessant et terrible. Le feu
dura à peu près une demi-heure avec la même intensité : à chaque
instant, le son se rapprochait ; la fumée, qui d'abord suivait les
coups à un intervalle de quelques secondes, paraissait à présent
au moment même où s'entendait la détonation. Bientôt les baïonnettes scintillèrent ; enfin, les Français apparurent de nouveau,
quelques-uns se retirant lentement et tirant à mesure qu'ils. des-
cendaient, les autres fuyant dans une extrême confusion. Des
officiers montés galopaient sur le sommet de la hauteur, s'efforçant apparemment de ramener l'ordre, mais en vain. L'ennemi
était en pleine fuite : les soldats se précipitaient vers la rivière et
le long des sables dans la direction de la citadelle, et nos trois
canons tiraient dans le tas, non sans quelques bons résultats. Et
maintenant que le champ que mon lecteur et moi avons si longtemps regardé est abandonné, les tirailleurs fuient à leur tour, les
riflemen les poursuivent, la petite colonne en écarlate s'avance en
bon ordre et d'un pas rapide ; sur la hauteur, le drapeau anglais
est arboré pour donner le signal à notre batterie de cesser le feu,
et, redevenus simples spectateurs, nous suivons des yeux avec
ardeur, pendant le reste du jour, les progrès de nos camarades
victorieux.

« L'ennemi s'était retiré jusqu'à la manufacture, où il fut rejoint
par des renforts de la garnison. Là, le combat recommença avec
acharnement, mais quelque désespérée que fût la résistance, elle
devenait d'heure en heure moins efficace ; à la fin, le bâtiment
ayant pris feu fut abandonné, et ses défenseurs battirent en
retraite. Le reste de l'action nous fut caché, et nous ne pûmes
qu'en pressentir l'issue par la vue des canons qui se rapprochaient
de plus en plus des remparts ; il ne cessa cependant qu'avec la

nuit, où les deux partis, ne distinguant plus les amis des ennemis, furent obligés de s'arrêter » (1).

Pendant ces escarmouches, une action plus sérieuse avait eu lieu à Saint-Etienne, sur le front de la citadelle et à l'entrée du faubourg Saint-Esprit qui porte le nom de cap de l'Esté. Pendant que les alliés construisaient leur pont de bateaux, les Français avaient crénelé et retranché l'église de Saint-Etienne ainsi que les maisons Genestet et Saubaigné, en y comprenant le cimetière des juifs et plusieurs maisons qui bordaient la grande route de Bordeaux. Une coupure avait été faite sur cette route et sur celle de Toulouse, et sur la place Saint-Esprit un grand tambour couvrait le débouché du pont ainsi que les deux rues principales. Depuis le passage de l'Adour par les Anglais, une ligne d'avant-postes avait été poussée au delà des ouvrages extérieurs et de Saint-Esprit ; cette ligne couronnait les hauteurs s'étendant de l'église Saint-Etienne à l'ancien couvent de Saint-Bernard. On avait, dit un mémoire du temps, travaillé à rendre cette ligne défensive, mais elle était encore loin de sa perfection, lorsque le 27 février, vers une heure de l'après-midi, elle fut attaquée sur tous les points par de fortes colonnes ennemies. Les forces françaises, fort inférieures en nombre, furent refoulées de tous côtés et, ne pouvant trouver dans les ouvrages d'avant-postes un appui suffisant, furent contraintes de se retirer dans les redoutes de la citadelle et de Saint-Esprit.

L'attaque principale dirigée sur le village de Saint-Etienne, et qui avait pour but de s'emparer de l'église, du cimetière et des maisons crénelées (2), avait été faite par la brigade de ligne de la légion germanique, sous les ordres du major-général Hinuber, de la division Howard. Cette brigade, composée du 1er bataillon, lieutenant-colonel Bodaker, du 2e bataillon, lieutenant-colonel Beck, et du 5e bataillon, colonel Ompteda, déboucha par les chemins creux de Tarnos à Saint-Etienne. Le lieutenant-colonel Bodaker, avec six compagnies du 1er bataillon, chargea le village de Saint-Etienne et emporta le cimetière et l'église. En même temps, les riflemen des 1er et 5e bataillons, conduits par les lieutenants Brandeis et Wilding et soutenus par les deux compagnies du 1er

---

(1) *Le Subalterne.* — Traduction de M. Ch. Guiard.

(2) Hope à Wellington.

TROUPES DE BLOCUS - 10ᵉ DRAGONS LÉGERS ANGLAIS

bataillon, couvrirent la route de Bordeaux où se trouvait placée une pièce de campagne.

Tout cela fut emporté rapidement avec l'aide du 2ᵉ bataillon, et la pièce de canon tomba entre les mains des Anglais, ainsi que quelques prisonniers. Mais le feu violent de la citadelle et des ouvrages avancés empêcha d'emmener le canon capturé. Vers 5 heures du soir, les Français sortirent de la citadelle et engagèrent un feu très vif ; mais, aidés par leur troisième bataillon, les Allemands réussirent à conserver leurs positions et emmenèrent même la pièce de canon dont ils s'étaient emparés.

Pendant qu'on luttait ainsi en désespérés sur le plateau de Saint-Etienne, un corps portugais qui avait quitté les hauteurs de Hayet qu'il occupait, et se liant aux troupes d'attaque, se jeta dans le petit chemin creux qui conduisait de la route de Toulouse au faubourg de Saint-Esprit, et quelques-uns de ses tirailleurs s'étaient déjà logés dans les premières maisons du cap de l'Esté et s'étaient emparés de la grande maison de Jean d'Amou. Le général Thouvenot était accouru à la citadelle qu'il croyait sérieusement menacée. Il avait déjà donné l'ordre à deux régiments de la division Abbé, cantonnés à Beyries, de marcher. Thouvenot venait d'être blessé d'une balle à la cuisse sur les parapets de la citadelle, et le capitaine Roque avait été tué à côté de lui (1). Déjà, le général en chef donnait des ordres pour brûler la ville de Saint-Esprit qui avait été évacuée et qui gênait la défense de la citadelle ; l'instant était solennel, la fusillade retentissait avec une violence toujours croissante, lorsque le pas de charge se fit entendre sur le pont Saint-Esprit qui résonnait sous les pas pressés des régiments du général Abbé, marchant en colonne serrée (2). Un aide de camp fut envoyé aux deux colonels leur porter l'ordre de donner tête baissée sur le cap de l'Esté et de repousser l'ennemi coûte que coûte (3).

En même temps, le lieutenant de vaisseau Bourgeois portait l'ordre au capitaine de frégate Depoge d'appuyer l'attaque des troupes françaises par le feu des chaloupes canonnières de la flottille déjà embossée aux Allées-Boufflers. « Quelques Portugais,

(1) Il fut enseveli à la citadelle. — Pellot.

(2) *Souvenirs du lieutenant de vaisseau Bourgeois.*

(3) *Souvenirs bayonnais.*

trouvés dans les maisons du cap de l'Esté, furent étripés à coups de baïonnettes et jetés par les fenêtres » (1). L'ennemi se retira et les redoutes du plateau et la lunette de Saint-Esprit le mitraillèrent à son passage devant l'église de Saint-Etienne. Des souvenirs du temps assurent que les alliés perdirent plus de 800 hommes tués et 200 prisonniers, tandis que les pertes françaises ne s'élevèrent qu'à 200 hommes tués, blessés ou prisonniers. Mais, à proprement parler, le chiffre exact des pertes des alliés est inconnu. Le général Hinuber, commandant la brigade allemande, dit que les siennes furent considérables. Du côté des Français, 3 officiers tués, dont le capitaine Roques, aide de camp du général Maucomble, 5 blessés, dont 2 prisonniers, 51 hommes tués, 169 blessés et 25 prisonniers. Au total, 8 officiers et 245 hommes.

On doit comprendre que dans une action aussi rapprochée il se produisit plusieurs incidents de bataille que nous allons rappeler succinctement. La pièce de canon, placée sur la coupure de la route de Saint-Etienne, ne demeura pas au pouvoir des Allemands sans leur avoir fait subir des pertes cruelles ; prise et reprise plusieurs fois par les Français, elle fut chaque fois tirée avec un grand succès sur les rangs de l'ennemi ; mais une action qui mérite davantage d'être mentionnée se produisit au moment de la prise du cap de l'Esté par les troupes portugaises de l'armée alliée.

Les Français avaient garni les maisons d'adroits tireurs qui faisaient pleuvoir une grêle de balles sur la colonne profonde qui s'avançait en faisant tout plier devant elle. A mesure qu'elle gagnait du terrain, les tirailleurs de la garnison abandonnaient leurs postes et se réfugiaient dans l'intérieur du faubourg. Seuls, un sergent et six hommes d'infanterie légère garnissaient une maison à un seul étage dont ils avaient fermé la porte et embarrassé l'escalier. Le sergent, excellent tireur, recevait les fusils tout chargés, et, choisissant de préférence les officiers, faisait de grands ravages et en avait déjà atteint plusieurs, lorsque les Portugais, s'apercevant enfin que ce poste résistait seul, firent tous leurs efforts pour s'en emparer.

Pendant que quelques-uns tiraient aux fenêtres, d'autres, en grand nombre, garnissaient les fenêtres d'une maison voisine et faisaient pleuvoir les balles dans la chambre où se trouvaient

____

(1) *Souvenirs du lieutenant de vaisseau Bourgeois.*

toujours les valeureux soldats. En même temps, on se disposait à incendier la maison, lorsque ceux qui tenaient ainsi envers et contre tous entendirent tout à coup la charge française battue dans la grande rue du faubourg. Ils comprirent qu'ils allaient être délivrés. En effet, la tête de colonne des deux régiments du général Abbé parut tout à coup, baïonnettes baissées. En un instant, l'escalier est débarrassé, la porte ouverte et nos braves se jettent au plus épais de la mêlée et poursuivent bien loin les Portugais refoulés et déjà en fuite (1).

A l'embranchement des deux routes de Bordeaux et de Toulouse, l'ennemi s'était emparé de deux obusiers qu'il tourna contre les Français, mais une demi-compagnie s'élança à la baïonnette et les obusiers furent repris. Il garda seulement la pièce de canon déjà capturée et quelques centaines d'outils. « La garnison de la citadelle, c'est-à-dire le 5e léger, 1er bataillon, 82e de ligne, un bataillon, 119e de ligne, 3e bataillon, et 70e de ligne, 1er bataillon, furent seulement engagés » (2).

Mais ce qui était beaucoup plus grave, c'est que l'objectif des troupes alliées paraissait avoir été atteint. Les avant-postes avaient été refoulés de toutes parts, et les Anglais étaient maîtres des hauteurs et de Saint-Etienne. « Point de la plus grande importance, dit le général Hope à Wellington, et en fait, clef de tout le terrain que l'ennemi, en peu de jours, avait rendu extrêmement fort. Nous avons aussi occupé à notre droite une hauteur au-dessus de l'Adour d'où l'ennemi aurait pu bombarder notre pont.

» La possession de ces points me sera très utile dans nos futures opérations : par là, notre ligne est considérablement raccourcie et la place très étroitement investie » (3). Il était, en effet, parvenu à s'établir sur l'emplacement naturel de la première parallèle et dominait le corps de place à bonne portée d'artillerie jusqu'à prendre de flanc et de revers les fronts d'Espagne, de Marrac et de Mousserolles (4). En d'autres termes, il occupait les maisons Genestet et Saubaigné, l'église de Saint-Etienne, le cimetière des

---

(1) Il nous a été impossible de savoir le nom de ce brave sous-officier et du corps auquel il appartenait *(Souvenirs bayonnais)*.

(2) Commandant Clerc.

(3) *Correspondance de Wellington*. — Hope à Wellington, Boucau 27 février.

(4)   id,   id,

juifs, les maisons Amade, Monnet et Héguy. La gauche occupait la pointe de Hayet.

Le général Hinuber, de la légion allemande, avait été blessé et beaucoup de braves soldats des deux armées avaient péri dans cet engagement. Nous devons à cette action sanglante un curieux récit de la vie des camps dans l'armée assiégeante, qui mérite d'être reproduit, car il nous montre la différence des mœurs et des coutumes qui existaient parmi les soldats des deux nations.

On sait que les troupes anglaises avaient le privilège de mener à leur suite, en campagne, un certain nombre de femmes de soldats légitimement mariées (1). Les officiers anglais disent qu'ils ne se souviennent guère avoir vu la femme d'un soldat éprouver un chagrin sérieux à la mort de son mari. Le *Subalterne* attribue l'absence de ce sentiment à l'influence du camp, qui manquait rarement de l'étouffer dans le cœur de la femme. Cependant, un cas exceptionnel se produisit à la suite de l'engagement du 27 février, et nous le reproduisons d'après ce témoin digne de foi :

« Un beau jeune homme irlandais, sergent-payeur de ma compagnie, avait emmené sa femme avec lui à la guerre. Il l'épousa, paraît-il, contre le gré de ses parents qui se considéraient d'un rang supérieur au sien. Je ne saurais dire à quelle classe de la société ceux-ci appartenaient, mais elle, je le sais, était en service chez une dame de haut rang, quand la belle figure et les manières agréables de M. Dermot lui ravirent son cœur. Ils étaient mariés depuis un an et demi, et la conduite de la femme avait toujours été irréprochable ; ils avaient la réputation d'être le couple le plus heureux et le plus vertueux du régiment. Pauvres gens ! Ils furent séparés ce jour-là pour jamais.

» Il n'y avait pas dans l'armée de meilleur soldat que M. Dermot, et son courage allait même quelquefois jusqu'à la témérité. Ayant remarqué une ou deux recrues de nouvelle levée qui se couvraient d'une façon peu guerrière quand un boulet passait au-dessus d'eux, M. Dermot, pour leur apprendre à mépriser le danger, monta sur le sommet de la colline de sable, la tête tournée vers les canons de l'ennemi. Il était là, les plaisantant, leur disant que chaque projectile avait son adresse, quand un boulet lui enleva la tête. Il était très populaire dans tous les rangs et nous

(1) Général Foy. — *Histoire des Guerres de la Péninsule.*

pensâmes tous aussitôt à sa pauvre femme. « — Ah ! qui l'apprendra à Marie ? » dit un sous-officier, son camarade favori. « — Pauvre Marie ! » s'écrièrent tous les soldats, tant les femmes vertueuses sont aimées et respectées, même des simples soldats. Mais la nouvelle arriva à Marie, Dieu sait comment, et cinq minutes après l'événement, elle était au milieu de nous, complètement affolée. Elle ne voulut jamais croire que ce cadavre mutilé fût celui de son mari ; elle ne versait pas une larme. « — Ça ! oh, ce n'est pas lui ! » criait-elle. « — Ça, M. Dermot, mon brave, mon aimable M. Dermot ! Oh, non, non, enlevez-moi ça et ramenez-moi à lui ». On l'entraîna au camp, le corps fut enterré, et un jeune pin planté sur la tombe.

« Plusieurs jours s'écoulèrent avant que Madame Dermot pût envisager en face sa situation ; elle tomba ensuite dans un chagrin profond, et, au lieu d'écouter les propositions de quelque nouveau soupirant, comme faisaient généralement les autres femmes, tous ses vœux se tournèrent vers son pays. Elle fut donc renvoyée chez elle. Une belle souscription, à laquelle contribuèrent soldats et officiers, se fit en sa faveur, et j'ai quelque raison de croire qu'elle est à présent respectablement établie à Cork, et toujours veuve » (1).

---

(1) Gleig. — *Journal d'un Subalterne*. — Traduction de M. Ch. Guiard.

CHAPITRE X

FORMATION DU BLOCUS
ET EMPLACEMENT DES TROUPES

Les retranchements de l'armée alliée. — La ligne de Blocus. — Lord Saltoun
au couvent de Saint-Bernard. — Occupation de Saint-Etienne. — Les communications. — Sur le front d'Espagne. — Les fortifications anglaises. —
Retranchements du village d'Anglet. — L'église d'Anglet transformée en
citadelle. — Sur la route d'Ustaritz. — La rive droite de la Nive. — En face
de Mousserolles. — Répartition des troupes de la garnison sur les quatre
secteurs de la défense. — La batterie de Hayet. — Un vol d'aigles.

Après la bataille de Saint-Pierre, les troupes alliées s'étaient
fortement retranchées, et toutes les voies par lesquelles l'armée
française aurait pu déboucher de Bayonne furent commandées
par des redoutes et des batteries. Le général Thouvenot en prévenait le ministre de la guerre, lorsqu'il lui disait : « La position de
l'ennemi devant le camp retranché de Mousserolles peut être déjà
considérée comme sa ligne de circonvallation devant ce front, et il
aurait peu à s'avancer pour la former devant le front d'Espagne »
(1). Après l'affaire du 27 février, la ligne se resserra étroitement ;
dans la nuit du 27 au 28, l'ennemi commença à s'établir dans les
positions dont il s'était emparé, et il continua depuis à se couvrir
avec soin dans tous ses postes avancés. La ligne qu'il occupait sur
les hauteurs de la rive droite de l'Adour rasait la citadelle d'aussi
près que possible : elle partait des maisons Monnet à Amade et
Montaigu ; elle passait à quelques toises en avant de l'embranchement des routes de Toulouse et de Bordeaux, embrassait toutes
les maisons entre ce carrefour des routes et l'église Saint-Etienne,
s'étendait en avant de cette église et de la maison Saubaigné à
Mérignac et allait aboutir au chemin du cap de l'Esté, à cent
toises environ de l'endroit où ce chemin débouche sur la route de
Toulouse, vis-à-vis le portail de Garris. Du côté du Boucau et sur

(1) Southey.

le bas Adour jusqu'à Huire était répandu un corps anglais. Lord Saltoun avait fortifié le couvent de Saint-Bernard qu'il convertit avec une grande habileté en une petite forteresse respectable. Le colonel Maitland avait placé la 1re brigade des gardes sur les hauteurs au-dessus du couvent afin d'arrêter l'ennemi dans le cas où il s'avancerait vers le pont. Des Portugais, campés à Hayet, surveillaient le Haut-Adour ; ils communiquaient par les hauteurs avec les troupes de Saint-Etienne, à cause de l'inondation de la plaine. Le mur du cimetière des juifs était terrassé et crénelé dans toute sa longueur. L'église de Saint-Etienne était également retranchée. « C'était un très petit édifice, dit un officier anglais, très solidement construit heureusement, car il était dominé par les bouches de six pièces de campagne établies par l'ennemi dans une redoute à la distance d'un jet de pierre. Pour la rendre plus tenable en cas d'attaque, un remblai de terre, terre provenant du cimetière, et mêlée ainsi avec les os pulvérisés des « rudes aïeux du village », avait été élevé en dedans du mur, à quatre pieds de hauteur environ ; au-dessus courait une ligne de créneaux percés dans le mur, afin de permettre à la garnison de tirer à l'abri » (1).

Des maisons Monnet et Montaigu, la communication était établie avec l'Esperon et avec la route de Bordeaux au moyen de murs de clôture qui se trouvaient sur ce point, et du chemin creux qui passait derrière. De l'Esperon à la route régnait une espèce de tranchée. Dans le prolongement, sur la route, une coupure allait se rattacher au mur en retour du cimetière des juifs. La première coupure était en avant du carrefour des routes, entre les maisons et les murs du jardin de l'Esperon. Les sentinelles les plus avancées étaient à la maison Matras, en face du petit chemin qui conduisait à la citadelle, et leur ligne courait à travers le cimetière et les rues, serpentant à droite et à gauche, selon que la position l'exigeait, et aussi rapprochées l'une de l'autre que le permettaient les arbres et autres abris. Sur la route de Toulouse, la première coupure était entre l'extrémité du mur du cimetière des juifs et l'église de Saint-Etienne ; la seconde, vis-à-vis Garris. La coupure la plus avancée, au chemin du cap de l'Esté, était vis-à-vis le portail de la maison Sescousse. Chacune de ces coupures était armée d'une pièce de 12.

(1) Gleig. — *Journal d'un Subalterne.* — Traduction de M. Ch. Guiard.

Sur la route d'Espagne, la coupure des alliés la plus avancée vers la place était à environ cent toises du chemin qui conduisait de la route au hameau de la Motte. Celle des Français se trouvait vis-à-vis le portail de l'ancienne maison Dotézac, à Lembeye. Depuis la route jusqu'à la Nive, les Anglais qui la gardaient avaient leur camp en arrière du village d'Anglet, sur les hauteurs ; ils y avaient élevé quelques batteries dirigées principalement contre la grande route.

Si l'on veut avoir une idée de la manière toute particulière avec laquelle les Anglais fortifièrent leur ligne de Blocus et surtout le village d'Anglet, on n'a qu'à s'en rapporter à l'extrait suivant, emprunté à un nouvel ouvrage de ce témoin oculaire que nous avons si souvent cité (1) :

« Nous trouvâmes, dit-il, le village d'Anglet, comme il fallait s'y attendre, à cause de son importance pendant le siège de Bayonne, complètement métamorphosé en une chaîne de petits postes. Sa position, à un mille et demi des travaux de la place, sur la grande route par où arrivaient toutes les provisions de la gauche de l'armée anglaise, le rendait trop important pour qu'on eût rien négligé des ouvrages qui pouvaient assurer sa défense contre une sortie imprévue de la garnison. A une centaine de yards en avant de son front, des arbres abattus, les branches tournées vers la ville, barraient la route et formaient ce qu'on appelle en langage militaire un abattis. Un fossé avait été creusé et un parapet élevé à cinquante yards en arrière de l'abattis, ce qui aurait permis à une poignée d'hommes de disputer la route avantageusement à toute troupe qui aurait voulu la forcer. En outre, de chaque côté du grand chemin, partout où le terrain formait une petite éminence, des redoutes et des batteries avaient été établies et pouvaient le balayer de leurs feux. Enfin, toutes les maisons et chaumières qui se trouvaient en dedans de la ligne étaient crénelées et mises en état de défense. L'église, surtout, avait été particulièrement fortifiée. Elle se trouve sur une petite hauteur, au milieu du village, et il avait été facile de la convertir en une vraie forteresse qui servait à la fois de magasin pour les munitions de guerre et de poste de défense contre l'ennemi. A cet effet, le cimetière était entouré d'une rangée de gros pieux, appelés estacades dans la

(1) Gleig.

phraséologie militaire, avec quelques ouvertures par lesquelles passaient les bouches d'une demi-douzaine de pièces d'artillerie légère. Les murs de l'édifice lui-même étaient protégés par un remblai de terre s'élevant à quatre ou cinq pieds au-dessus du sol, et d'étroits créneaux, pratiqués au-dessus de ce remblai, permettaient à la garnison de diriger une fusillade sur l'assaillant, tout en étant abrité de son feu. Sur le haut de la tour on avait monté un petit obusier qui commandait toutes les routes et sentiers environnants. Il est probablement inutile d'ajouter que l'intérieur de cette maison de Dieu avait subi un changement aussi frappant que son extérieur. Des barils de poudre et des piles de boulets de toutes dimensions remplissaient l'espace que la foule des fidèles était habituée à occuper, et l'autel lui-même disparaissait sous un amoncellement d'éponges, de ouate et autres objets nécessaires en cas d'attaque.

» J'ai été minutieux dans ma description d'Anglet, parce que ce que j'ai dit de lui peut s'appliquer plus ou moins exactement à chaque village, hameau ou réunion de chaumières qui se trouvaient dans nos lignes. Il est vrai qu'aucune attaque de vive force contre la place ne fut projetée ni ici, ni ailleurs, sauf sur un point, de l'autre côté du fleuve, et que le seul objet de ces préparatifs était de couper toute communication de l'ennemi avec les campagnes environnantes. Mais pour obtenir ce résultat, les précautions et la vigilance la plus grande étaient nécessaires, car le nombre des troupes employées à ce service était à peine suffisant, et d'autre part l'on n'ignorait pas que la garnison française était nombreuse et entreprenante. Le lecteur peut se figurer l'aspect que présentait un pays ainsi traité à quinze ou vingt milles à la ronde, où chaque maison était fortifiée, chaque route coupée, chaque éminence couronnée de travaux de campagne, chaque village fourmillant d'hommes armés. Et cet aspect n'était pas moins frappant de nuit que de jour. De quelque côté que se portait le regard, il rencontrait un énorme cercle de feux, à la lueur desquels les tentes blanches et les huttes grossières des assiégeants paraissaient de loin en loin. »

Sur la route d'Ustaritz, la coupure de la route la plus avancée des troupes alliées était un peu en deçà du portail de l'avenue de la maison Genestet, à Larrandouette, qu'ils occupaient en force.

Sur la rive gauche de la Nive, ils étaient encore plus près de la place, car ils avaient des postes qui n'étaient pas éloignés de la coupure de gauche de l'ouvrage de Marrac de plus de deux cents toises.

Sur la rive droite de la Nive et les premiers mamelons des hauteurs de Villefranque était placé un corps de Hanovriens. Il poussait quelques-unes de ses sentinelles dans la plaine de la Nive, jusqu'à cent cinquante toises de notre poste retranché d'Ansot.

Ce corps hanovrien était en correspondance avec une division espagnole chargée de garder tout le reste du terrain jusqu'au haut Adour. Cette division était placée sur les hauteurs de Mouguerre et occupait précisément le camp des Anglais à l'époque du combat du 13 décembre. Elle communiquait sans pont, et par de légers bateaux seulement, avec les Portugais des hauteurs de Hayet.

Sur la route de Saint-Jean-Pied-de-Port et dans cette partie de Mousserolles située entre la haute Nive et le haut Adour, l'ennemi s'était moins rapproché des retranchements. Sa sentinelle la plus avancée était à l'un des angles de la place du hameau de Lucia, tandis que la sentinelle française était à la première maison en deçà de la place (1).

Nous avons déjà donné avec détail la description, l'armement et l'aspect du camp retranché. Il nous reste seulement à dire quelles étaient les troupes qui avaient été particulièrement chargées de sa défense, et de quelle manière elles avaient été disposées pour suffire au développement d'un point aussi étendu. C'est encore au bel ouvrage du commandant Clerc que nous empruntons ces curieux renseignements :

« Aujourd'hui, les lignes et ouvrages détruits ou abandonnés de Beyris, Marrac et Pratz ne préserveraient point la ville d'un bombardement ; ils sont devenus en quelque sorte la *chemise* de la place. Mais, en 1813, l'artillerie avait une si faible portée que le corps de place constituait une deuxième ligne (2). Emportés, les ouvrages extérieurs n'en livraient que les approches, et il fallait ensuite procéder à un siège régulier.

---

(1) *Archives de Bayonne.*

(2) Commandant Clerc. — « En effet, les pièces de 4, 8, 12 avaient une portée maxima de 900 mètres et moyenne de 500 à 600 ; les obusiers de 6 portaient à 1,600 mètres au plus. Dans les sièges la portée maxima était de 2,000 mètres. Or, Beyris, Marrac et les batteries avancées de Saint-Pierre d'Irube sont à 1,900, 1,600 et 2,100 mètres du corps de place. »

» Le comité supérieur avait partagé la défense en quatre secteurs coupant les grandes voies de communication qui se dirigeaient vers Bayonne et qui en formaient le nœud stratégique. Le
premier secteur était afférent à la route de Saint-Jean-de-Luz ; le
deuxième, à celle d'Ustaritz ; le troisième, à celle de Saint-Jean-
Pied-de-Port, et le quatrième, aux routes de Bordeaux-Toulouse.
Le bataillon du colonel Saint-Martin et la gendarmerie faisaient la
police de l'intérieur des corps de place et servaient de réserve
générale.

Aussitôt après le passage de l'Adour par l'armée alliée, le général Thouvenot reconnut la nécessité de renforcer le secteur de la
citadelle et il envoya le 70e de la brigade Delorme ; de la sorte, la
brigade Maucomble se trouva composée de 6 bataillons qui logè-
rent à la citadelle, à Saint-Etienne et à Saint-Esprit. Sur un
effectif présent de 3,000 hommes, cette brigade comptait 900
conscrits. Au 20 février, l'effectif de la garnison était de 408 officiers et de 12,784 hommes, non compris les marins, dont le chiffre
ignoré a été évalué à 800.

Ces troupes étaient donc réparties dans les quatre secteurs de la
manière suivante : secteur de la route de Saint-Jean-de-Luz ou
droite du front d'Espagne, 1re brigade, général Beuret, 5 bataillons des 27e et 63e léger, 64e et 120e de ligne, 3,057 hommes ;
deuxième secteur, route d'Ustaritz ou gauche du front d'Espagne,
2o brigade, colonel Gougeon, 5 bataillons des 1er, 94e, 95e et 118e
de ligne, formant un total de 3,214 hommes ; troisième secteur,
route de Saint-Jean-Pied-de-Port ou front de Mousserolles, 3e brigade, général Delorme, 5 bataillons des 31e léger, 26e, 66e et 70e de
ligne, 2,947 hommes ; quatrième secteur, citadelle et camp retranché, 4e brigade, général Maucomble, 5 bataillons des 5o léger, 82o,
95e et 119e de ligne, formant 2,411 hommes ; enfin, le corps de
place avec le colonel Saint-Martin et un bataillon du 34e léger, de
546 hommes, et la gendarmerie à pied et à cheval dont l'effectif
n'est pas connu. L'artillerie, le génie et les divers services auxiliaires, s'élevant à 1,483 hommes, étaient répartis dans la place et
le camp retranché, suivant les besoins du moment.

D'après une proposition faite par le lieutenant de vaisseau
Bourgeois, il fut autorisé à placer, dans un des angles du cavalier
de la *Reine*, à la citadelle, un bas mât de hune et de perroquet de
la corvette *La Friponne*. « Par ce moyen, nous découvrîmes tous

les ouvrages que l'ennemi pouvait faire en dehors, tous ses mouvements de troupes et la moitié du pont établi au Boucau. L'ennemi devint si circonspect depuis l'affaire du 27 février, et après avoir perdu plusieurs hommes par l'effet de nos fusils de rempart, que, depuis, il ne nous a pas été possible de découvrir une seule de ses sentinelles » (1).

A peine les troupes de l'armée alliée se furent-elles rendues maîtresses des rives de l'Adour, que des batteries furent élevées pour empêcher le mouvement des chaloupes canonnières des assiégés. Déjà, le 16 décembre 1813, le général Thouvenot écrivait au ministre de la guerre pour lui annoncer qu'il se proposait de faire construire, d'après les ordres du maréchal Soult, une batterie de trois pièces de gros calibre près de la maison de campagne de Hayet, vis-à-vis Saint-Pierre d'Irube, pour protéger la navigation et contrebattre une batterie que l'ennemi construisait sur la rive gauche (2).

Après le 27 février, la navigation des chaloupes canonnières et autres bateaux fut interrompue. Toutefois, les paysans des environs s'amusaient à un jeu qui avait pour résultat de causer des alertes fréquentes dans les postes et les batteries des assiégeants. Pendant les nuits obscures, ils se contentaient de livrer au fil du courant un sabot dans lequel ils plaçaient une ou plusieurs pommes de pin enflammées. L'embarcation en miniature descendait doucement entraînée par les eaux du fleuve, attirant une grêle de balles et une tempête de coups de canon (3).

Aussitôt que le Blocus fut formé, dit le capitaine Batty, des gardes anglais, l'attention de tous les corps de troupes fut attirée par un vol immense de grands aigles qui s'élevèrent majestueusement dans les airs. Ils s'abattaient le plus souvent entre l'embouchure de l'Adour et les rochers de Biarritz. Enfin, ils parurent prendre un parti, et se dirigèrent rapidement du côté d'Orthez. Ce fait fut raconté à l'auteur par un officier d'état-major qui l'avait déjà vu se reproduire une autre fois sur le champ de bataille de Vittoria (4).

(1) *Souvenirs du lieutenant de vaisseau Bourgeois.*

(2) « Nous n'avons pu retrouver les traces de cette batterie, dit le commandant Clerc. Elle devait se trouver au lieu dit Belsussary, sur la côte qui s'élève vers le haut village, probablement aux environs de la cote 63 de la carte d'état-major. Son but était de gêner la navigation. »

(3) *Souvenirs bayonnais.*

(4) *Souvenirs du capitaine Batty.*

CHAPITRE XI

OPÉRATIONS DU BLOCUS

Opinion de sir John Hope sur le Blocus de Bayonne. — Préparatifs de siège. —
    Formation du parc. — Les moyens de transport. — Prescriptions de Wel-
    lington. — Composition du parc de siège. — Il est rassemblé à Pasages. —
    L'artillerie. — Commencement d'ouverture de la tranchée. — Les postes
    avancés sont garantis du feu de la citadelle. — Un bateau canonnier sur la
    Nive. — La vie à la tranchée. — Épisodes militaires. — L'église de Saint-
    Etienne. — Habileté des canonniers français. — Les signaux. — Les gardes
    des tranchées.

Le général en chef sir John Hope disait « que la réduction de
la place serait aussi vite obtenue par un blocus que par un siège »
(1), car les ingénieurs anglais étaient d'avis que Bayonne pouvait
résister 25 à 30 jours (2). Saint-Sébastien avait coûté si cher aux
alliés, qu'ils n'avaient pas la moindre envie de recommencer
l'expérience. Cependant, après l'engagement du 27 février, il fut
fait des préparatifs pour commencer au moins un simulacre de
siège de la citadelle. Les travaux préparatoires furent entrepris
sous la direction du colonel allemand Hartmann. On adopta un
système de signaux pour la correspondance, et l'on prit toutes les
mesures convenables pour protéger le pont et assurer l'unité d'action des trois corps d'investissement. L'établissement des communications entraîna beaucoup de travaux, parce que le terrain, se
trouvant très bas sur la rive droite, était inondé à marée montante
et qu'il aurait offert de grandes difficultés si l'on ne fût parvenu à
se servir de la digue, dont la largeur était de quatre pieds, comme
d'un chemin carrossable.

Toutefois, Wellington optait pour un siège, car il écrivait à sir
John Hope qu'il avait fait le siège et pris Badajoz avec 11,000
hommes, tandis que la garnison en avait au moins 6,000 qui

(1) *Correspondance de Wellington.* — Hope à Wellington.

(2) *Journals of siège carried on by the army under the duke of Wellington in
Spain*, by J. Jones. — London, 1846, 3 vol. in-8°.

étaient tous applicables au point d'attaque. Que s'il savait disposer ses troupes et convenablement ouvrir la parallèle, il pourrait arriver à disposer contre la citadelle de plus de 15,000 hommes. Un peu plus tard, il envoyait de Saint-Sever, à la date du 6 mars, le plan à suivre pour l'approvisionnement des munitions destinées à l'entreprise du siège de Bayonne.

Ces moyens consistaient dans les chevaux attachés aux brigades d'artillerie du corps du général Hope, les mulets attachés aux divisions pour le transport des munitions, 200 chariots au moins du commissariat, et des vaisseaux de 30 à 50 tonneaux.

Les chevaux de l'armée qui avaient été débarqués à Pasages devaient être aux ordres de sir John Hope pendant cinq jours, à partir du moment où il devait le juger convenable : deux jours pour aller et trois pour revenir.

La poudre, les boulets, les bombes pour quatre jours de feu, à raison de 160 coups par pièce de 24, cent coups pour douze obusiers de 12 et 80 coups pour douze mortiers, devaient être embarqués à Pasages sur des navires de 30 et 50 tonneaux et devaient partir de ce point pour Saint-Jean-de-Luz, et de là pour l'Adour, aussitôt que l'état de la Barre le permettrait. Il devait y avoir en outre, à Saint-Jean-de-Luz, une réserve de poudre, boulets et bombes, pour quatre autres jours de feu.

Deux cents chariots du commissariat devaient être employés à transporter les munitions de Saint-Jean-de-Luz au bas Anglet. De ce point, elles devaient être transportées par les mulets des divisions au dépôt formé au Boucau pendant le siège.

Les chariots devaient mettre trois jours pour aller à Anglet et en revenir. Ils devaient porter trois jours de feu en trois voyages, c'est-à-dire en neuf jours la quantité qui constituait le dépôt d'Anglet. Tous les mulets devaient faire deux voyages par jour d'Anglet au Boucau.

Les munitions du corps du génie devaient être transportées de Saint-Jean-de-Luz dans de petits navires et envoyées dans l'Adour, lorsque le cas en deviendrait nécessaire et lorsque cela serait possible, sinon elles devaient être transportées par terre.

Le colonel Dickson, le lieutenant-colonel Elphinstone et le commissaire général Dalrymple devaient commander pour l'exécution de ce plan, sous la direction du lieutenant-général sir John Hope.

Le 8 du même mois, Wellington entrait encore dans de plus

Troupes de Blocus - infanterie de ligne anglaise

grands détails, car dans sa lettre au général Hope, il ajoutait qu'il s'apercevait fort bien que les ingénieurs demandaient plus de monde qu'ils ne devaient en employer. Toutefois, il lui recommandait de ne point entreprendre l'opération jusqu'à ce qu'il eût toutes les forces nécessaires, et qu'il lui faudrait auparavant réunir le parc de siège. Le 37ᵉ régiment était arrivé sur la côte et il espérait que le 84ᵉ et le 62ᵉ arriveraient bientôt ; il attendait d'autres forces d'Angleterre, 5,000 ou 6,000 hommes de Portugal et les troupes anglaises auxquelles il avait donné l'ordre de se détacher de l'armée de Catalogne ; il ne serait donc pas difficile de le renforcer en troupes britanniques.

Il disait que, d'après les renseignements qu'il avait reçus, la division du général Abbé ou 3ᵉ division était enfermée dans la place. Elle se composait des 5ᵉ et 27ᵉ régiments d'infanterie légère, 63ᵉ, 66ᵉ, 94ᵉ et 95ᵉ de ligne.

Il y avait en outre dans la place les 31ᵉ et 34ᵉ régiments d'infanterie légère et les 1ᵉʳ, 66ᵉ, 82ᵉ, 78ᵉ, 118ᵉ, 119ᵉ et 120ᵉ de ligne, formant neuf bataillons, plusieurs d'entr'eux faibles, d'autres forts, et tous composés de conscrits. Il devait y avoir en sus 2,000 conscrits réfractaires employés aux travaux ; ses informations faisaient monter la garnison à 10,000 hommes. Enfin, il terminait par des prescriptions exactes sur l'entreprise des travaux de siège.

Il avait été calculé que vingt hommes par embrasure étaient suffisants pour la construction d'une batterie en une nuit, avec ses travaux supplémentaires, plate-formes et magasins. Les ingénieurs anglais disaient qu'il fallait trois nuits ; aussi ne voyait-il pas de difficulté à leur donner le nombre de travailleurs qu'ils demanderaient.

Il supposait que si 700 hommes faisaient 700 yards de communications et d'approches, le travail devait être complet en 24 heures, sinon sur quel espace de temps pouvait-on calculer le travail que chaque homme doit faire.

Il trouvait qu'on demandait une bien longue préparation avant que l'opération ne commençât, et il en concluait que les fascines et les gabions pouvaient être commencés immédiatement, c'est-à-dire 600 en quinze jours. Les charpentiers et les ouvriers pouvaient être occupés aussitôt en réservant les sapeurs et les mineurs pour le siège. On devait laisser les soldats de ligne exclusivement pour la garde des tranchées et des divers ouvrages : 320 hommes par jour devaient être suffisants. Il ajoutait n'avoir jamais vu dans aucun siège que les travailleurs ne commençassent pas leur nuit en portant eux-mêmes leurs fascines, gabions, piquets, etc. ; de cette manière, ils se protégeaient contre le feu de l'ennemi. Le travail pouvait être fait par 864 hommes, et il espérait bien que les munitions et les outils seraient assemblés avant le commencement de l'opération.

Si, ainsi qu'il le croyait, ses observations étaient exactes, le travail de la première parallèle pouvait être fait la première nuit par 1,597 hommes, au lieu d'y employer 2,897 hommes, et leur nombre pouvait être diminué de la moitié pendant la nuit suivante, car il y aurait sans doute une terrible destruction de travailleurs, particulièrement parmi les 2,000 hommes qui servaient en plus.

Les 3,000 yards de parallèle et de seconde approche devaient être faits par 1,500 hommes. Les batteries ne devaient être complétées que la troisième nuit, mais cela n'était pas une raison pour que la parallèle et les approches ne puissent pas être couvertes dans la première nuit.

L'observation sur les ouvrages de la première parallèle s'appliquait aussi à la seconde. Ceux qui fabriquaient les gabions et les fascines devaient avoir terminé leur travail avant l'ouverture du siège. Cependant, les travaux de la deuxième parallèle n'exigeaient que 1,801 hommes au lieu de 3,629.

Pour tout ce qui était relatif à la troisième parallèle, lord Wellington concluait comme pour la seconde, avec cette différence que, comme il était nécessaire de procéder par la sape volante ou par la sape ordinaire, dans chacun de ces cas, qui dépendront d'ailleurs de l'état de l'ouvrage, 200 ou 300 soldats compléteront le travail que les sapeurs auront fait en vingt-quatre heures.

Les détachements de travailleurs pendant les dernières opérations d'un siège doivent toujours être très réduits. La quantité de travaux à perfectionner était grande, et les dangers et les difficultés s'accroissaient considérablement ; il était donc désirable d'avoir aussi peu d'hommes que possible dans les tranchées. A certain moment, et pendant un petit nombre d'heures, il était vrai qu'il fût nécessaire d'employer à la fois beaucoup d'hommes, mais cela dépendait surtout des circonstances. Enfin, il était persuadé que

1,290 hommes, pendant la dernière période du siège, seraient tout ce que le cas exigeait.

Le génie était sous le commandement du lieutenant-colonel Elphinstone, qui avait pris en personne la direction de l'attaque, et le lieutenant-colonel Hartmann, de la légion royale allemande, commandait l'artillerie.

Grâce à des envois d'Angleterre, on avait réuni sur les bateaux de transport, mouillés au Pasages, un parc de siège considérable, avec ses munitions et tout ce qui était nécessaire pour le service du génie. Il se composait de 52 canons de 24, 22 obusiers de 8 pouces, 16 caronades de 64, 4 mortiers de 13 pouces, 19 de 10 pouces, 20 mortiers à la Cohorn de 4 pouces et demi, et 6 pièces de 18 de campagne en fer avec leur équipement. Le tout était accompagné de chariots et autres engins dans une très large proportion. Tout d'abord, on ne devait mener devant Bayonne que les pièces suivantes, attelées par 700 chevaux d'artillerie qui devaient faire plusieurs voyages : 26 pièces de 24, 12 obusiers de 8 pouces, 12 mortiers de 10 pouces et 20 mortiers à la Cohorn de 4 pouces et demi ; au total, 70 pièces. Le reste était en réserve : 670 canonniers avaient été rassemblés avec 400 sapeurs et mineurs et un parc d'outils. Les Anglais assurent que jamais leur armée n'avait eu à sa disposition des moyens d'attaque si formidables et que la place serait tombée sous peu de jours (1). Cependant, Badajoz, le château de Burgos et la ville de Saint-Sébastien étaient là pour leur servir de leçons sanglantes, et pourtant il n'y avait aucune comparaison à établir avec les moyens de défense de ces places et celle de Bayonne, ni avec la puissance de leurs garnisons.

Le 16 mars 1814, les Français, occupant la citadelle et les redoutes, entendirent, sur le plateau de Montaigu, plus de mouvement que de coutume et un bruit d'outils qui fit croire que l'ennemi commençait de ce côté l'ouverture de la tranchée. Aussitôt, toutes les batteries de la citadelle qui avaient vue sur ce point y dirigèrent un feu roulant et extrêmement vif jusqu'à onze heures. Alors le mouvement et le bruit sur le plateau cessèrent tout à fait. Mais pendant le reste de la nuit on s'occupa à établir sur la contrescarpe ou glacis coupé, une nouvelle batterie de six pièces de gros calibre qui fut perfectionnée dans la journée du lendemain ; les

(1) John Jones.

embrasures n'en furent démasquées que le 17, à la nuit. A la pointe du jour, on distingua seulement sur le plateau un peu plus de terre remuée que les jours précédents, mais sans aucune forme déterminée qui puisse la faire regarder comme un commencement de tranchée. A tout événement, on fixa bien les points de direction de la nouvelle batterie, ainsi que toutes les autres, et on les approvisionna abondamment. On se munit également d'une grande quantité de carcasses et de pots à feu.

Le soir du 17, à huit heures, on entendit sur le plateau le même mouvement et le même bruit que la veille. Alors, toutes les batteries, et la nouvelle surtout, ouvrirent un feu tellement vif, qu'en moins d'une heure et demie l'ennemi cessa son travail. Le reste de la nuit fut parfaitement tranquille, et le 18 au matin on ne remarquait guère qu'un peu plus de terre remuée, mais toujours de forme irrégulière et bizarre.

Enfin, le 18, à onze heures du soir, l'ennemi essaya de reprendre le travail des deux jours précédents. Mais, cette fois, le feu de la citadelle fut si bien dirigé et si bien servi, qu'en moins d'une demi-heure les travailleurs furent dispersés.

Pour terminer ce que nous avons à dire des travaux des alliés pendant le reste du Blocus, nous ajouterons qu'à force de patience, d'industrie, de remuements de terre furtifs, puis quittés et repris une multitude de fois, ils parvinrent cependant à garantir du canon de la citadelle tous leurs postes avancés, même les sentinelles les plus rapprochées des ouvrages français ; de sorte que, dans les douze ou quinze derniers jours du Blocus, on ne voyait plus paraître un seul Anglais, mais seulement le bout des fusils et des plumets (1).

Les autres parties de la ligne de Blocus restaient à peu près dans l'inaction. Du côté du front de Marrac surtout, les alliés paraissaient ne pas vouloir bouger. Les sentinelles des postes avancés étaient souvent en vue, mais s'occupaient de leur devoir sans se chagriner par une inutile fusillade. Toutefois, il arrivait quelquefois qu'un conscrit français, placé ainsi pour la première fois à la ligne extrême, ne pouvait se dispenser de tirer sur un habit rouge, et cela allumait pendant quelques heures une guerre de représailles.

(1) *Archives de Bayonne.*

Dans les premiers jours du mois d'avril, un bateau canonnier, armé d'une pièce de 18, avait été mouillé pendant le jour en face d'Ansot, sur la Nive, et balayait ainsi le cours de la Nive et une partie du coteau de Villefranque ; pendant la nuit on lui faisait descendre le cours de la rivière pour éviter qu'il ne fût enlevé à la faveur de l'obscurité. Les marins étaient aussi animés que les soldats contre l'envahisseur, et plusieurs alertes furent jetées par eux, à diverses reprises, dans les postes de l'armée alliée.

Examinons maintenant, à l'aide des récits des étrangers, ce qui se passait dans les lignes des assiégeants. A partir du 27 février, et après l'engagement dont nous avons déjà parlé, l'investissement de la place fut poussé de la manière la plus étroite et les corps de troupes de l'armée assiégeante eurent à remplir les devoirs les plus pénibles et les plus sérieux.

Les gardes et les Allemands avaient commencé la tranchée contre la citadelle, et un feu d'artillerie, irrégulier mais constant, était continuellement dirigé sur eux. La nuit elle-même n'y mettait pas un terme, car les assiégés éclairaient le tir de leurs pièces à l'aide de fusées. Une batterie de trois canons fut construite sur une hauteur élevée et sous le feu des mortiers de la place.

« J'avais, dit le lieutenant Gleig, assez fréquemment la charge de surveiller les travailleurs dont le poste élevé était complètement exposé à la vue de l'ennemi. Dès le premier jour, une batterie de quatre canons avec un obusier et deux mortiers de neuf pouces commença à tirer sur nous. Les pièces étaient si bien servies, que les projectiles frappaient partout excepté sur le point où nous nous trouvions. Dans ces occasions, à moins de grande urgence pour l'achèvement des travaux, on place d'habitude un homme en surveillance. Dès qu'il voit sortir la flamme de la bouche d'un canon, il crie : « Boulet ! ou Bombe ! » suivant le cas. Si c'est un boulet, on continue à piocher sans s'en occuper ou bien on se couvre jusqu'à ce que le coup frappe ; si c'est une bombe, on se couche à plat ventre et l'on attend qu'elle ait éclaté pour se remettre à l'ouvrage » (1). Toutefois, cette canonnade ne fit pas beaucoup de mal, et les canonniers, convaincus qu'ils perdraient inutilement leurs munitions, cessèrent bientôt leur feu.

De temps à autre, des déserteurs de la garnison venaient appor-

(1) Gleig. — *Journal d'un Subalterne.* — Traduction de M. Ch. Guiard.

ter aux assiégeants des nouvelles de la ville et des projets de sortie. C'est ainsi qu'un officier français qui passa aux Anglais, à ce
qu'assure la même relation, vint prévenir les alliés qu'une sortie
aurait lieu sur la gauche du front d'attaque, mais ce ne fut qu'une
fausse alerte.

De l'autre côté de l'Adour, l'attaque et la défense étaient plus
sérieuses ; à tour de rôle, les troupes campées dans les environs
du Boucau se rendaient sur les fronts de la citadelle pour travailler aux batteries et aux redoutes que l'on élevait à demi-portée
de fusil des murs de la citadelle. « Le poste où je fus invariable-
ment établi était un château bâti sur le haut d'une éminence, des
fenêtres et des jardins duquel j'apercevais un des côtés de la citadelle (1). Une pluie de boulets, de bombes, de mitraille et parfois
de balles, s'abattait incessamment sur le château. Les Français
avaient établi sur leurs murailles un certain nombre de fusils de
rempart à pivot qu'ils pouvaient élever, abaisser et tourner dans
toutes les directions, et avec lesquels ils ajustaient aussi facilement
qu'avec un fusil ordinaire. Ces armes lançaient avec grande force
des balles d'un quart de livre, et l'ennemi, constamment aux
aguets, surveillait tous nos mouvements de si près, qu'il était
impossible de mettre la tête à une fenêtre ou sur un mur sans être
salué par une balle ; de temps à autre, une bombe crevait le toit
et éclatait dans l'appartement. Le fracas des boulets contre les
cloisons, l'éclat des bombes, le pétillement de la fusillade produi-
saient une sensation qu'il faut avoir éprouvée pour la bien comprendre. Ce n'était pas de la peur et on peut à peine l'appeler alarme,
car nous continuions à travailler, et notre gaîté n'était pas interrompue, mais notre esprit montait à un tel degré d'exaltation que
nous n'étions pas du tout mécontents quand on venait nous relever.

» Nous faisions un abri pour un mortier dans l'intérieur et
contre le mur du jardin, en amoncelant de la terre dessus. Nous
coupions aussi des arbres pour faire avec leurs branches des
fascines et des gabions, mais nous ne travaillâmes pas aux tranchées. Il n'y en avait du reste que deux, creusées dans un terrain
coupé de dépressions et de nombreux vallons qui nous épargnaient
beaucoup de peine » (2).

(1) Probablement le château Basterrèche.

(1) Gleig. — *Journal d'un Subalterne.* — Traduction de M. Ch. Guiard.

Et le lieutenant Gleig n'est pas seul à nous parler de ce danger constant ; un autre témoin des mêmes actions de guerre nous offre encore là-dessus les plus piquants détails. Le service des troupes formant le Blocus, dit un officier des gardes à pied, et particulièrement sur la rive droite de l'Adour, où se faisait en ce moment l'investissement de la citadelle, était extrêmement fatigant. Les soldats étaient constamment employés à des services pénibles, portant ou charriant des bois et des fascines qu'ils disposaient ensuite sous la direction des officiers du génie ou bien construisant des retranchements pour la défense de la ligne de circonvallation ; et cela, pendant le temps le plus mauvais et quand on pouvait à peine disposer de quelques minutes de repos pendant la nuit. En outre, la nécessité d'être constamment sur ses gardes, pour éviter les surprises, rendait la situation plus difficile qu'elle ne l'avait été dans toute la campagne. En effet, durant toute la période d'observation des troupes anglaises devant la forteresse de Bayonne, depuis le premier investissement jusqu'à la cessation des hostilités, elles furent obligées de dormir toutes vêtues. Le service rendait les moments plein d'anxiété, car on supposait naturellement que l'ennemi profiterait du premier moment de négligence pour essayer de détruire le pont de bateaux de l'existence duquel dépendaient toutes les communications.

Aussitôt que des murailles de la citadelle les Français parvenaient à découvrir quelque troupe, ils faisaient feu immédiatement, et il fallut trouver des expédients pour qu'il fût possible de placer des sentinelles sans qu'il y eût péril pour leur personne. Il arrivait fréquemment qu'une imprudence ou même une simple inadvertance attirait un boulet de canon qui allait ricocher bien loin dans les vallons. Des ordres sévères furent donnés pour qu'il ne fût pas répondu au feu des Français, car ces engagements partiels étaient très désavantageux pour les assiégeants, du moins jusqu'à l'arrivée du parc de siège. Divers incidents qui se produisirent prouvèrent l'adresse extrême avec laquelle les artilleurs français pointaient leurs pièces et convainquirent les Anglais de la nécessité absolue de bien couvrir leurs sentinelles en les plaçant dans des endroits où elles ne pouvaient être vues, et principalement derrière les murailles des jardins.

Un soldat de la légion allemande avait été ainsi placé à l'angle d'une grande maison, avec la consigne expresse de regarder de temps en temps par cet angle, mais de manière à ne pas s'exposer. Malheureusement, il laissa sa jambe dépasser quelque peu l'extrémité de la construction, et elle fut aussitôt emportée par un boulet de canon. Cela parut tout d'abord purement accidentel, mais le fait s'étant reproduit une seconde, puis une troisième fois, on put se convaincre enfin qu'il n'en était pas ainsi.

Un soldat appartenant à l'infanterie légère stationnée à Saint-Bernard, sous le commandement de lord Saltoun, fut placé en sentinelle derrière un ouvrage qui traversait la route du faubourg de Saint-Etienne vers le Boucau, non loin des bords de l'Adour. Cette route était vue de la citadelle et surveillée avec une certaine vigilance par les Français. Le soldat, voulant jeter un regard par-dessus l'ouvrage, fit cependant tout son possible pour allier son devoir avec sa sécurité. Il se dressa un moment tout entier et fut aussi tué par un boulet de canon qui le coupa littéralement en deux.

Un fait du même genre se produisit le 27 février, lorsque la brigade du colonel Maitlaud prit position derrière les monticules de sable qui faisaient face au front du camp retranché. Un tambour du 3e bataillon du 1er régiment des gardes à pied s'était placé sur le sommet du monticule sablonneux, mais à peine y était-il monté, qu'un boulet de canon, parti d'une batterie du camp retranché près de l'Adour, traversa le terrain directement sous ses pieds, et le pauvre tambour roula sur ses camarades que cette chute amusa beaucoup, surtout lorsqu'ils furent assurés qu'il ne s'était pas fait le moindre mal.

Ainsi, telle était l'importance d'avoir connaissance des moindres mouvements des Français, auxquels on prêtait toujours l'intention de détruire le pont de bateaux, qu'un code de signaux avait été adopté entre les batteries et les canonnières embossées pour la garde. On était donc prêt à repousser toute attaque venant soit des chaloupes canonnières françaises, soit des vaisseaux incendiés qui auraient pu descendre la rivière. Pendant le jour, ces signaux se composaient de certaines combinaisons de pavillons anglais et espagnols déployés au sommet d'un mât ; pendant la nuit, ils étaient remplacés par des feux de couleur ou des coups de canon (1).

(1) *Souvenirs du capitaine Batty.*

Le lieutenant Gleig, qui a si bien raconté les diverses péripéties du Blocus de Bayonne, donne ici une affirmation qui paraît contredire les rapports officiels des généraux ennemis, en disant que le Blocus de la place, se trouvant converti désormais en siège, le général en chef décida que chaque brigade anglaise et portugaise prendrait part aux fatigues et aux dangers des opérations en montant une garde de trois jours.

Lorsque le corps anglais auquel il appartenait fut remplacé par les Portugais, les premiers regagnèrent leur camp situé près du village d'Anglet ; mais son bataillon, qui devait assister à une punition à infliger à un soldat qui s'était enivré la veille, s'égara dans la brume, et comme il se formait en carré, le brouillard se dissipa rapidement et on s'aperçut qu'on se trouvait sous le canon de la place et tout près des sentinelles les plus avancées de cette partie de la ligne.

« Un moment s'écoula sans que nous fussions molestés par l'ennemi, mais bientôt les parapets en face se couvrirent d'infanterie ; des officiers à cheval arrivaient et repartaient à toute vitesse, et quelques pièces de campagne, amenées par une porte de sortie, furent placées à l'extrémité des glacis où elles commencèrent à tirer vivement sur nous. Il était évident que l'ennemi s'attendait à un assaut, et l'apparition accidentelle de deux brigades anglaises, qui passèrent justement derrière nous en ce moment, le confirmèrent sans doute dans cette croyance. Le tableau était très animé ; malheureusement, les canons se trouvaient trop bien servis pour nous permettre d'en rester plus longtemps spectateurs. Un boulet ou deux tombèrent dans le centre du carré, et, comme nous ne nous étions pas mis volontairement dans cette situation, que d'ailleurs nous n'avions pas intention de faire acte d'hostilité, nous bâtîmes en retraite. Un certain nombre de maisons nous furent assignées pour logement dans notre nouvelle position, et nous nous trouvâmes pour quatre jours sous l'abri d'un toit » (1). A partir du 11 avril, où les nouvelles de la paix arrivèrent au camp de l'armée alliée, les assaillants se relâchèrent un peu de leur surveillance, et, dans tous les cas, les travaux de siège cessèrent complètement.

(1) Gleig. — *Le Subalterne*. — Traduction de M. Ch. Guiard.

CHAPITRE XII

———

LA SORTIE DU 14 AVRIL

———

Sorties de la citadelle. — Les piquets anglais sont refoulés. — Projets d'attaque et d'incendie du pont de bateaux. — Bruits de paix. — Ils sont repoussés par le général Thouvenot. — Ses menaces. — Préparatifs pour une
grande sortie. — Le 14 avril. — Les troupes sortent en trois colonnes. —
Prise de Saint-Etienne. — Opérations de la colonne du centre. — La colonne
de gauche. — Capture du général Hope. — La garnison bat en retraite. —
Souvenirs anglais. — Combat acharné sur la route de Saint-Etienne. — Un
canon pris et repris. — Le carnage. — Les pertes. — Mort du général Hay.

Cependant le Blocus n'était pas terminé, et il ne devait prendre
fin qu'à la suite de la plus sanglante action qui eut lieu sous les
murs de la ville assiégée. Du 4 au 14 avril, les travaux entrepris
pour défendre l'accès du faubourg de Saint-Esprit sur tous les
points, y compris celui du chemin du Boucau, se trouvèrent assez
avancés pour qu'on se crût en mesure de tenter une sortie de la
citadelle. On se proposait de reprendre les positions perdues le 27
février et d'occuper, aussi solidement que le temps et les moyens
le permettaient, l'église fortifiée de Saint-Etienne, le plateau de
Montaigu, et surtout l'embranchement des deux routes, après
avoir détruit toutes les maisons et clôtures, ainsi que les retranchements de l'ennemi dans cette partie ; d'obtenir, s'il était possible, de nouveaux renseignements sur la force de l'armée assiégeante, de rassembler des vivres et des bestiaux, et de connaître
la situation du maréchal Soult. Les dispositions furent faites pour
exécuter la sortie le 4 au matin, mais la pluie, qui durait depuis
plusieurs jours et qui redoubla dans la nuit du 4, suspendit
l'opération.

Les 8, 9 et 10 furent employés particulièrement à faire reculer
dans leurs anciennes positions les avant-postes ennemis qui
resserraient de trop près les ouvrages de Beyris et de Marrac ; ce
que l'on obtint d'abord à coups de canon et ensuite en parlemen-
tant, circonstance digne de remarque par sa bizarrerie (1).

(1) Baïlac.

Plusieurs projets d'attaque furent faits, mais nous nous contente-rons de signaler celui du lieutenant de vaisseau Bourgeois, qui fut soumis au conseil de défense, mais ne fut pas adopté. « C'était par la porte d'Espagne que l'attaque avait été demandée par le général Abbé. Nous aurions été passer l'Adour sur le pont des Anglais, au Boucau, pris l'ennemi sur le front de la citadelle par derrière, et rentrer ensemble dans la place. Huit cents torches étaient prêtes à l'arsenal de marine. Quatre cents marins du 19e équipage de flottille, sous mes ordres, devaient former arrière-garde, munis d'une torche et d'une hache chacun. Si la marée eût été favorable, nous eussions fait rentrer en ville les bâtiments ennemis ; dans le cas contraire, deux torches allumées à chaque, les haches auraient coupé tous les câbles et mis le feu de joie en dérive. Ce projet n'arrivait pas des sommités, mais il avait été goûté par le brave général Abbé » (1).

Des bruits de paix étaient parvenus au camp anglais et, d'après des officiers de cette nation, le 12 avril était arrivé un messager apportant la nouvelle de l'entrée des alliés à Paris et l'abdication de Napoléon. Les troupes anglaises furent profondément surprises de ces événements, et le lieutenant Gleig assure que le général en chef, sir John Hope, envoya un pavillon de trêve *(despached a flag of truce)* au gouverneur de Bayonne, pour l'informer que la guerre avait cessé entre la France et l'Angleterre ; mais le général Thouvenot refusa de tenir compte de cette communication, car il disait n'avoir reçu aucun avis du maréchal Soult, sous les ordres directs de qui il était. Peu de jours après, un officier français arriva du Nord, apportant les nouvelles les plus importantes et annonçant le nouveau règne des Bourbons. « Nous l'envoyâmes dans la place comme le meilleur gage à offrir de la vérité de nos assertions et de nos intentions amicales. Cette fois encore, le général Thouve-not refusa de croire un mot de l'affaire ou affecta de n'y pas croire ; il fit simplement répondre, par le « pavillon de trêve » qui accompagnait l'aide de camp, « que nous entendrions parler de lui avant longtemps » (2).

Ce n'était pas là une vaine menace. En effet, la sécurité des alliés, qui campaient tranquillement derrière leurs retranche-

(1) *Souvenirs du lieutenant de vaisseau Bourgeois.*

(2) *Le Subalterne.* — Traduction de M. Ch. Guiard.

ments depuis les dernières nouvelles, pouvait faire croire à un succès complet, et dans la supposition même d'une résistance opiniâtre, on devait compter sur l'élan et l'intrépidité des troupes. Dans la journée du 13, douze chaloupes canonnières furent embossées à minuit, à hauteur de Sabalce ; huit autres furent placées à l'estacade du haut Adour. L'attaque devait avoir lieu au point du jour ; mais à deux heures du matin on s'aperçut à la citadelle qu'un soldat avait disparu : le capitaine Batty dit qu'ils étaient deux. On résolut aussitôt d'agir immédiatement, afin d'étonner l'ennemi et de l'empêcher de donner l'alarme sur toute la ligne. Le lieutenant Gleig ajoute que ce déserteur était un officier français, mais l'historien anglais Napier, qui ne le nomme pas, assure qu'il se présenta au général Hay qui, cette nuit-là, commandait les avant-postes et qui, ne comprenant pas le français, l'envoya au général Hinuber qui lui traduisit le projet de sortie. Quoiqu'il en soit, son arrivée au quartier général eut au moins pour résultat de mettre sir John Hope sur ses gardes, et un corps de cinq cents hommes, qui était journellement stationné à un mille en arrière des avant-postes comme réserve, était déjà en marche quand le feu commença (1).

A trois heures du matin, 4,000 hommes sortirent, l'arme au bras, du camp retranché de la citadelle ; une cinquantaine de sapeurs les précédaient, et ils se firent jour à coups de hache jusqu'aux premiers postes ennemis qui furent enlevés à la baïonnette après une courte mais vive résistance. Après avoir franchi la première coupure, les troupes de sortie se divisèrent en trois colonnes.

La colonne de droite, composée du 2ᵉ bataillon du 64ᵉ et du 1ᵉʳ bataillon du 95ᵉ, sous les ordres du chef de bataillon Lasalle, de ce dernier régiment, marcha au pas de charge jusqu'à l'église de Saint-Etienne qu'elle attaqua rapidement ; elle s'y empara d'une pièce d'artillerie que les difficultés du terrain forcèrent d'abandonner, et elle perdit son chef, le commandant Lasalle, tué d'un coup de feu devant le mur crénelé de Saint-Etienne. Le plus ancien capitaine prit aussitôt le commandement de la colonne qui, engagée dans le chemin creux situé vis-à-vis de l'église, est prise en flanc par un corps de Portugais que les coups de feu et le

(1) *Le Subalterne*. — Traduction de M. Ch. Guiard.

jour naissant avaient amené sur le théâtre du combat. La colonne française fut forcée de se replier sur la lunette de Saint-Esprit.

La colonne du centre, composée du 1er bataillon du 5e léger et des 1er et 2e bataillons du 94e de ligne, sous les ordres de Reynet, chef de bataillon de ce dernier régiment, s'empara à la baïonnette du carrefour des routes, du cimetière des juifs, de l'Esperon et des maisons nombreuses dans lesquelles l'ennemi s'était établi et retranché ; elle marcha ensuite sur le camp des Anglais et l'attaqua vigoureusement ; mais, reçue à bout portant par des forces supérieures, et n'étant pas appuyée par la colonne de droite, elle fut forcée à son tour de se replier sur le cimetière des juifs.

Sur ces entrefaites, la colonne de gauche, composée du 1er bataillon du 26e, du 1er bataillon du 70e et du 1er bataillon du 82e de ligne, sous les ordres du commandant Vivier, de ce dernier régiment, déboucha par la redoute de Basterrèche et, franchissant à la course le ravin qui la séparait de l'ennemi, s'empara de la maison Basterrèche, de la crête qui la liait à celle de Montaigu et de tous les retranchements au milieu desquels on se battait corps à corps et avec un acharnement qui, en un instant, les couvrit de morts et de blessés. Une vingtaine de voltigeurs du 82e, embusqués dans le taillis de la maison Monnet, entendirent un bruit de chevaux sur le sentier qui conduisait au Boucau ; aussitôt l'adjudant Pigeon, qui commandait le détachement, ordonna de croiser la baïonnette et de ne faire feu qu'à bout portant. Cet ordre fut exécuté avec une telle précision, que les trois cavaliers qui se montrèrent seuls tombèrent à la fois grièvement blessés. C'étaient le général Hope, commandant en chef les troupes assiégeantes et deux officiers d'état-major qui se rendaient au camp de Lous Teys pour diriger la défense des alliés, et qui furent faits prisonniers et conduits à la citadelle. Ce qu'il y a de remarquable, c'est que le général Hope n'était pas en uniforme (1).

----

(1) Lorsque le général sir John Hope arriva dans le chemin creux, il trouva les troupes anglaises en pleine retraite. « — Pourquoi allez-vous dans cette direction ? leur cria le général. — L'ennemi est là, répondirent-ils. — Eh bien, il faut le chasser. » Il donna de l'éperon à son cheval et le força à s'avancer *(Journal d'un Subalterne).*

L'historien Morel dit qu'une vingtaine de voltigeurs du 82e, commandés par l'adjudant Pigeon, étaient embusqués dans le taillis de la maison Monnet, et, entendant un bruit de chevaux sur la route conduisant au Boucau, firent un feu de peloton. Le cheval du général, ajoute Southey, percé de trois balles,

La colonne de gauche, un moment éloignée de son itinéraire, se rapprocha de Montaigu, laissa des postes pour garder la conquête du plateau, et rejoignit à six heures et demie la colonne du centre au cimetière des juifs. La colonne de droite se maintint dans les positions dont elle s'était emparée sur la route de Toulouse, et la colonne du centre, ayant repris l'offensive à l'aide de deux compagnies de sapeurs que le général Maucomble conduisit lui-même, s'avança sur la route de Bordeaux et poussa l'ennemi dans ses dernières lignes.

Pendant que les trois colonnes, au commencement de l'action, se partageaient l'attaque des positions ennemies, les 3ᵉ et 9ᵉ compagnies du 2ᵉ bataillon de sapeurs et la 11ᵉ compagnie des pionniers de Bayonne, sous les ordres de M. Jamp, capitaine du génie, se portaient au carrefour des routes, incendiaient les maisons qui servaient de défense et d'abri aux assiégeants, renversaient les palissades et les retranchements, comblaient les coupures et détruisaient les estacades des routes. Trois compagnies de grena-

---

s'abattit, et les soldats, le voyant tomber, s'enfuirent aussitôt. Sir John Hope, qui était d'une grande corpulence, ne put se relever et eut sa jambe droite engagée sous sa monture. Les deux aides de camp, le capitaine Herries et le lieutenant Moore, mirent pied à terre pour l'aider à se relever, mais l'un fut blessé au bras et l'autre reçut également une blessure grave, pendant que le général Hope était aussi atteint au bras. Les voltigeurs français qui avaient croisé la baïonnette les firent prisonniers et les transportèrent à la citadelle. Mais avant d'y entrer, le général en chef reçut encore une balle à la jambe, qu'on suppose partie des avant-postes anglais. A son tour, le lieutenant de vaisseau Bourgeois, dans ses *Souvenirs,* s'exprime de la manière suivante : « Comme je commandais l'arsenal de la marine et les batteries qui en dépendaient, j'avais, dès la veille, fait approvisionner les batteries de mitraille ensabotée en biscayens. Causant avec l'enseigne de vaisseau Longuet, qui commandait la batterie la plus élevée, je lui ordonnai de tirer constamment à charge entière pour que nos troupes puissent, de confiance, se placer sous la protection de notre feu ; d'avoir le plus grand soin de rafraîchir constamment les pièces et de diriger son feu sur l'avenue du Boucau, en avant de la maison Monnet.

» Quelques vingt hommes à peu près, voltigeurs du 82ᵉ, commandés par un sergent, s'embusquèrent dans le taillis du revers de Monnet, sous la protection de notre feu. Le général en chef Hope et un de ses aides de camp furent sur nos biscayens ; ils crurent pouvoir se diriger sur Montaigu, mais les voltigeurs français les firent prisonniers avec toute leur escorte, composée de 35 à 40 hommes, et les conduisirent à la batterie de l'enseigne Longuet. M'étant aperçu que cette batterie ne tirait plus, je m'y rendis et en demandai la cause. La capture m'ayant été amenée, je demandai qui l'avait faite ; le sergent me répondit que c'était lui avec ses voltigeurs. J'ordonnai de continuer le feu et de faire conduire les prisonniers à la citadelle, ce qui fut fait.

diers des 26e et 94e et quatre pièces de campagne, sous les ordres de M. Romagné, capitaine d'artillerie, protégeaient les travailleurs.

Le 1er bataillon du 64e, une compagnie de grenadiers du 95e et les deux bataillons du 119e, qui garnissaient les ouvrages du camp retranché, appuyaient le feu des colonnes d'attaque et envoyaient à chaque instant des détachements pour enlever les blessés et les emporter à la citadelle.

Mais l'ennemi recevant à chaque instant des troupes fraîches (1) et son feu devenant très opiniâtre, le général Thouvenot ordonna la retraite qui eut lieu en bon ordre vers sept heures du matin. Le but de la sortie était atteint : la garnison était maîtresse de ses anciennes positions sur sa droite et sur sa gauche ; au centre, ses avant-postes occupaient de nouveau le carrefour des routes. Les chaloupes canonnières, sous les ordres du capitaine de frégate Depoge, et les batteries de l'arsenal, sous les ordres du lieutenant de vaisseau Bourgeois, secondèrent vigoureusement l'attaque des colonnes.

Ainsi que cela arrive souvent à la guerre, chacun des deux partis s'attribua la victoire ; aussi, allons-nous maintenant passer en revue les versions anglaises de ce sanglant événement.

On a vu qu'aussitôt que l'alarme eut été donnée, le général Hope avait mis en marche les renforts destinés à soutenir les troupes attaquées. Cependant, la maison bleue, ainsi que les Anglais appelaient le château, avait été déjà emportée, et toutes les piles de fascines et de gabions livrées aux flammes. Les brigades anglaises de renfort accouraient rapidement, car devant elles l'horizon était en feu. Sur le plateau de Montaigu, au carrefour des routes jusqu'à l'église de Saint-Étienne, sur la route de Bordeaux, sur les remparts de la citadelle, sur la ligne du camp retranché, ce n'était qu'une tempête de fer et de feu, un bruit soutenu d'artillerie et de mousqueterie, redoublé par le feu effrayant des chaloupes canonnières qui tiraient à pleine charge sur les colonnes anglaises qui arrivaient du Boucau. « Bien souvent dans ma vie, dit le lieutenant Gleig, j'ai entendu le bruit des batailles, mais je me rappelle à peine un rugissement d'artillerie et de mousqueterie pareil à celui de cette nuit-là (2). La citadelle lançait sans

(1) *Ordre du jour du général Thouvenot.*

(2) Gleig. — *Journal d'un Subalterne.* — Traduction de M. Ch. Guiard.

Troupes de Blocus - Grenadier Garde, 1ᵉʳ Régiment

interruption des fusées qui répandaient une vive lueur dans la campagne et soixante pièces de canon de gros calibre grondaient avec un épouvantable fracas (1).

Le premier effort fut terrible : le château ou maison bleue fut emporté par les Français, la grande route et plusieurs chemins parallèles enlevés d'un seul élan, et le village de Saint-Etienne rempli de Français.

Les troupes anglaises, sauf celles qui y avaient assisté, ignoraient la prise dn général Hope ; elles eurent assez à faire de combattre et de secourir leurs camarades dont le feu bien nourri indiquait qu'ils tenaient encore dans l'église de Saint-Etienne. Une attaque vigoureuse eut lieu de ce côté ; d'après des souvenirs du temps, lorsque les bataillons de la division Abbé, les 64e et 95e, se formèrent en colonne d'attaque pour reprendre de nouveau la route de Toulouse, de laquelle ils avaient été repoussés, ils entendirent avec surprise la charge française battue au milieu des rangs anglais. C'étaient les tambours de ces régiments, presque tous des enfants, qui s'étaient jetés dans les haies et fossés bordant la route, et, battant leur caisse avec rage, invitaient les leurs à reprendre l'offensive (2).

« Les Français, dit le lieutenant Gleig, occupaient en foule la rue et le cimetière, faisant plier nos gens avec les boulets de notre propre canon ; bientôt on combattit de plus près, et la mêlée prit un caractère féroce. Les baïonnettes et les sabres jouèrent, la rue fut nettoyée, la barricade et le canon repris. Ce ne fut pas pour longtemps : une nouvelle charge, faite avec des renforts de la citadelle, mit de nouveau nos gens en déroute. Bon nombre, parmi lesquels le général Hay, se jetèrent dans l'église ; le reste se retira jusqu'à l'arrivée de nouveaux renforts. Ils reprirent alors l'offensive et, cette fois, la victoire nous resta définitivement. Ainsi, la rue de Saint-Etienne et la pièce de canon furent alternativement au pouvoir des Français et des alliés, et cette dernière fut prise et reprise neuf fois, entre trois heures et sept heures du matin » (3).

Sur tout le front étendu de la citadelle avaient lieu les plus

(1) Southey.

(2) *Souvenirs bayonnais.*

(3) Gleig. — *Journal d'un Subalterne.* — Traduction de M. Ch. Guiard,

sanglantes mêlées. On se battait de tous côtés, dans les chemins creux, dans les tranchées et sur les barricades. Lorsque le jour parut, il éclaira une horrible scène de confusion. Cependant, les Français étaient en retraite, et un témoin oculaire anglais dit qu'un régiment des gardes, qui avait conservé ses rangs, les chargea avec tant de vivacité qu'ils furent obligés de rentrer au plus vite dans les redoutes (1). On a vu, au contraire, que la sortie avait réussi à remettre en partie les assiégés en possession de leurs anciennes positions.

« Un combat comme celui que je viens de décrire, dit le lieutenant Gleig, est toujours accompagné d'un carnage plus grand des deux côtés que ne l'est une bataille donnée dans les règles et combattue avec méthode. De notre côté, neuf cents hommes étaient tombés ; du côté de l'ennemi, plus de mille, et le combat avait eu lieu sur un terrain si restreint, que même l'œil expérimenté d'un vieux soldat aurait conjecturé, d'après les tas de cadavres, que les pertes étaient plus considérables. La rue de Saint-Etienne, en particulier, était couverte de morts et de blessés. Autour du canon, ils gisaient en monceaux ; un artilleur français était tombé là avec sa mèche à la main ; il était étendu, la tête fendue en deux. La bouche et la culasse de la pièce étaient enduites de sang et de cervelle ; derrière elle se trouvaient plusieurs cadavres de soldats des deux nations, dont la tête avait été évidemment brisée à coups de crosse. Des armes de toutes sortes, les unes brisées, les autres entières, étaient semées partout. Parmi les morts, de notre côté, se trouvait le général Hay, frappé par une balle qui pénétra dans l'intérieur de l'église par un créneau. C'était, en un mot, une des affaires les plus rudes et les moins satisfaisantes de toute la guerre ; de braves gens étaient tombés quand leur mort n'était plus utile à leur pays, et beaucoup de sang avait coulé en vain dans un temps de paix internationale » (2).

Les pertes, en effet, avaient été considérables. D'après l'ordre du jour du général Thouvenot, les Français eurent 7 officiers et 103 soldats tués, 49 officiers et 741 soldats blessés, 2 officiers et 8 soldats prisonniers, formant un total de 910 hommes. « Parmi les officiers tués se trouve le lieutenant-colonel du 95e, officier d'un

(1) Gleig. — *Journal d'un Subalterne*. — Traduction de M. Ch. Guiard.

(2)   id.   id.   id.

grand mérite, universellement estimé de ses supérieurs, aimé de ses camarades et respecté de ses soldats » (1).

Du côté des alliés, les pertes n'étaient pas moins grandes. En outre du général en chef, sir John Hope, blessé et fait prisonnier, les Anglais avaient eu le major général Hay, tué dans l'église de Saint-Etienne, le major-général Stopford, blessé, le lieutenant-colonel sir Henri Sullivan et le capitaine Crofton, des gardes, tués, ainsi que bien d'autres. Le lieutenant-colonel Tonwsend, le capitaine Herries et le lieutenant Moore faits prisonniers (2).

Le général Charles Colville avait pris le commandement de l'armée de Blocus et déplorait amèrement la perte de son général en chef qui, ainsi qu'on peut le voir par les lettres et les dépêches anglaises relatives à cette affaire, était hautement estimé. On avait trouvé son cheval mort et la botte du pied gauche du général prise sous sa monture abattue. Le lieutenant-colonel Macdonald voulut entrer dans la ville en parlementaire pour voir son général, mais la permission lui en fut refusée. Cependant, l'irritation des assiégés se calma rapidement et le général fut autorisé à recevoir les officiers anglais qu'il désirerait, à condition pour ceux-ci de ne plus revenir dans leurs lignes (3).

L'adjudant sous-officier Pigeon, qui avait fait prisonnier le général Hope, fut nommé sous-lieutenant sur le champ de bataille. L'historien bayonnais Morel, qui a recueilli sur cette sanglante affaire des renseignements curieux, dit que, pendant la sortie de la citadelle, le général Abbé dirigeait les fausses attaques sur les autres points de la ligne et enlevait tous les postes ennemis. Il ajoute que, quoiqu'il fût déployé beaucoup d'énergie et d'activité et que le premier élan des troupes fût irrésistible, des officiers anglais s'étonnèrent que les assiégés fussent restés dans l'inaction après la prise du plateau de Montaigu et du carrefour des routes. Il était probable que c'était là, sans doute, l'objectif de la sortie, et que l'on ne voulait rien exiger de plus. Mais il se trompe lorsqu'il dit que, Hope étant prisonnier et Hay tué, les alliés n'avaient plus de chef et que le chemin du Boucau étant ouvert, cette nuit pouvait voir l'incendie du pont de bateaux et la retraite de l'ar-

(1) *Ordre du jour*.

(2) *Correspondance de Wellington*. — Colville à Wellington.

(3) *Le Subalterne*. — Traduction de M. Ch. Guiard.

mée ennemie. Il ressort, au contraire, des relations anglaises, que les renforts arrivèrent rapidement et que, lorsque les Français se retirèrent, tout était déjà prêt pour reprendre une vigoureuse offensive.

Quoiqu'il en soit, les troupes alliées furent plongées dans la consternation par cette attaque subite que les événements n'avaient pas permis de prévoir. Le général Colville, qui succédait à sir John Hope dans le commandement de l'armée assiégeante, s'empressa de conclure une suspension d'armes avec le gouverneur de Bayonne, et toute la journée du 15 avril fut employée à enterrer les morts. « On les jeta, non sans chagrin, mais avec peu de cérémonie, dans des trous que l'on creusa en divers endroits. On trouva, en les relevant, plusieurs hommes vivants et tristement mutilés qu'on distinguait difficilement de leurs compagnons. Ils furent envoyés dans les hôpitaux, mais, malgré les soins qui leur furent prodigués, beaucoup périrent par suite de la perte de sang qu'ils avaient faite avant l'arrivée des secours. Les médecins constatèrent, à la suite de ce combat, un plus grand nombre de blessures incurables que d'habitude ; beaucoup d'hommes avaient reçu des coups de baïonnette dans des parties vitales, et je me rappelle un soldat dont les yeux, sortis de leur orbite, pendaient sur les joues ; d'autres, coupés en deux par un boulet, respiraient encore. Les hôpitaux présentaient donc un triste spectacle ; les cris et les plaintes de leurs hôtes étaient aussi pénibles à entendre que leur air défiguré et leurs membres mutilés, affligeants à voir » (1).

Lorsque, pendant l'armistice, les officiers anglais communiquèrent avec les officiers français, les premiers demandèrent à ceux-ci ce qu'ils pensaient du sang répandu inutilement dans la sortie du 14 avril. Les Français répondirent avec *nonchalance* que ce n'était là qu'une petite promenade militaire (2).

---

(1) Gleig. — *Journal d'un Subalterne.* — Traduction de M. Ch. Guiard.

(2) *Souvenirs du capitaine Batty.*

CHAPITRE XIII

CESSATION DES HOSTILITÉS

Nouvelles propositions d'attaque. — L'inauguration du drapeau blanc par les alliés. — Le général Thouvenot reçoit une dépêche du maréchal Soult. — Suspension d'armes. — La ville arbore à son tour le drapeau blanc. — Une garnison turbulente. — Peu de succès des alliés devant Bayonne. — Leurs pertes pendant le Blocus.

Quelque sanglante qu'eût été l'affaire que nous venons de raconter, elle faillit ne pas être la dernière rencontre entre les deux armées, car, dans la nuit du 15 au 16 avril, plusieurs membres du conseil de défense proposèrent une nouvelle sortie, mais le général Thouvenot eut le bon esprit d'attendre. De leur côté, les assiégeants se tenaient sur leurs gardes, et le canon de la citadelle se faisait encore entendre chaque jour.

Dans la matinée du 21 avril, les Anglais firent prévenir le gouverneur de Bayonne qu'ils se disposaient à faire l'inauguration du drapeau blanc. Il fut arboré, en effet, avec ceux des autres nations, en signe de paix et d'alliance, et au bruit de toute l'artillerie alliée. La garnison ne prit aucune part à cette solennité. En même temps, on était informé en ville des résultats de la bataille de Toulouse, et des pourparlers eurent lieu pour la suspension des hostilités : on convint que les feux de la place cesseraient et que les alliés, de leur côté, n'exécuteraient plus aucun mouvement.

Enfin, le 27 avril, arriva un officier appartenant à l'état-major de l'armée du maréchal Soult, porteur de l'armistice conclu entre les généraux en chef des deux armées, armistice rendu commun à toutes les places de la frontière des Basses-Pyrénées. D'après les ordres du maréchal, on régla les conditions d'un arrangement particulier pour les troupes qui défendaient la place. La suspension d'armes et la convention pour la levée du Blocus de Bayonne furent faites dans la maison de la Trille, à Saint-Etienne, entre le colonel Gougeon, du 94ᵉ régiment, et J. J. Burgogne, lieutenant-colonel du génie anglais, confirmée et approuvée par le général Ch. Colville et le général de division baron Thouvenot. (1).

Mais les événements précédents avaient laissé un germe de méfiance dans l'armée assiégeante. « L'armistice, dit un officier anglais, était encore regardé des deux côtés comme une trêve armée. Après un essai si récent de tricherie, nous ne nous sentions pas disposés à nous confier à la parole d'honneur du gouverneur français, et l'ennemi, croyant peut-être que nous brûlions du désir de nous venger, ne montrait aucun symptôme de confiance envers nous. C'est pourquoi les mêmes précautions que pendant les hostilités continuèrent des deux parts : nous établîmes nos piquets et nous plaçâmes nos sentinelles avec le soin et la rigueur ordinaires, et il n'y eut aucune différence dans notre service, si ce n'est que les ennemis souffraient que nous nous montrions sans faire feu sur nous » (2).

Le 28 avril, le drapeau blanc fut arboré sur tous les forts et châteaux de la ville, et la garnison prit la cocarde blanche, mais cet acte ne fut accompagné d'aucune solennité, du moins de la part des Français.

Le même jour, de bon matin, toutes les troupes alliées de l'armée de Blocus sortirent de leur campement et se rangèrent en bon ordre pour assister au déploiement du drapeau blanc. Les pavillons d'Angleterre, d'Espagne, de Portugal et des Bourbons flottaient depuis longtemps sur chaque camp, mais jusqu'à cette époque le pavillon tricolore était resté sur la citadelle. C'était pour les Anglais un jour de joie et d'orgueil, car il représentait le signe évident du colosse abattu. Il est vrai qu'il avait fallu pour cela les efforts de toute l'Europe unie aux éléments déchaînés. Cependant, même parmi les gens de la campagne, « on ne put remarquer la moindre étincelle d'enthousiasme ; quant à la garnison, elle ne faisait nul mystère de son horreur du nouvel état de choses et de son inébranlable attachement à son premier maître.

» Nous étions rangés en bataille depuis une heure, en grande tenue, avec nos fusils simplement chargés à poudre, quand un coup de canon fut tiré d'une des batteries de la ville. A ce signal,

(1) Voir l'Appendice.

(2) Gleig. — *Journal d'un Subalterne*. — Traduction de M. Ch. Guiard.

un magnifique drapeau tricolore, qui flottait orgueilleusement dans la brise, s'abaissa lentement : le bâton du pavillon resta nu une demi-minute, et un tout petit drapeau blanc, sale et, si mes yeux ne me trompèrent pas, un peu déchiré, fut hissé à son tour. Il fut immédiatement salué par toutes les batteries des remparts, et ceux de nos gens qui étaient aux avant-postes ce jour-là, affirmèrent que chaque canon était chargé de boue et de sable, comme si cette turbulente garnison avait résolu d'insulter, autant qu'elle le pourrait, une autorité à laquelle elle ne se soumettait que parce qu'elle y était contrainte. Pour nous, nous répondîmes au salut par une salve joyeuse de toute l'infanterie, de l'artillerie et des canonnières et, poussant une joyeuse acclamation, nous retournâmes à nos cantonnements » (1).

Les alliés n'avaient pourtant pas à s'enorgueillir de leur succès autour de Bayonne, car, quoique bien des fautes eussent été commises, ils avaient déjà perdu le dixième de leur effectif et n'avaient pas encore ouvert la première parallèle. On n'a que peu de détails sur les pertes éprouvées par les deux armées. D'après le commandant Clerc, du 23 au 27 février, les troupes françaises eurent 330 hommes tués, blessés ou prisonniers, dont 12 officiers. Dans la sortie du 14 avril, 854 hommes, dont 58 officiers. L'armée anglo-portugaise, du 14 au 17 février, 209 hommes, dont 23 officiers. On ne comprend pas là-dedans les pertes de chaque jour : quant à celles des Espagnols, elles sont inconnues.

Quelques renseignements plus précis ont été relevés relativement à plusieurs officiers anglais tués dans ces combats, et nous pouvons signaler les noms suivants :

Baillic, Hugh Mackay, lieutenant au 43e, 23 novembre 1813 ; Burroagh, capitaine adjudant-major aux gardes, 14 avril ; Georges Collier, lieutenant-colonel des gardes à pied, 14 avril ; Crofton, capitaine des gardes, 14 avril ; Dreschell, de l'état-major, 14 avril ; Frédéric Burow, capitaine d'état-major, 14 avril ; Hamilton, lieutenant au 60e régiment, 14 avril ; Hay Andreus, général-major des Royals Ecossais, 14 avril ; Holburne, capitaine du 3e des gardes, 14 avril ; Mahou, capitaine des gardes, 14 avril ; Sullivan, lieutenant-colonel des gardes à pied, 14 avril ; Vachel et Vane, enseignes aux gardes, 14 avril ; White, capitaine aux gardes, 14 avril. La

(1) Gleig. — *Journal d'un Subalterne*. — Traduction de M. Ch. Guiard.

légion germanique de la garde perdit aussi plusieurs officiers :
Cludus, major au 2ᵉ régiment, 14 avril ; Charles Kohler, lieutenant au 5ᵉ régiment ; Lymphes, major de l'artillerie royale ; Henry Maller, capitaine au 2ᵉ régiment, et John Mayler, lieutenant au 5ᵒ régiment, même date du 14 avril 1814. Et tandis que la piété anglaise a relevé avec un soin précieux les noms des braves tombés pour la cause britannique, nous ne pouvons relever que le nom du lieutenant-colonel Lasalle, tué dans cette sortie et cité à l'ordre du jour du général Thouvenot.

CHAPITRE XIV

LE CAMP DU BOUCAU

Etablissement du camp anglais. — Supériorité des Allemands sur les Anglais pour la vie de bivouac. — La nourriture. — En cantonnement. — Les jeunes filles basques. — Souvenirs du passé. — Le camp du Boucau. — Les boutiques. — Description. — Scènes du camp. — Abondance des vivres. — Une partie de boxe. — Aventure arrivée à un officier anglais.

On a déjà vu, dans un des chapitres précédents, quel était le confortable qui accompagnait partout la marche d'une armée anglaise. Les officiers de cette nation eux-mêmes nous donnent de curieux détails sur les qualités morales de leurs troupes et des auxiliaires allemands, bien supérieurs aux Anglais pour la vie des camps.

L'aile gauche de l'armée alliée était en ce moment devant Saint-Jean-de-Luz, et un repos de près d'un mois entier avait succédé à sa première entrée en France. « Notre temps se passait d'une manière extrêmement monotone : rien de nouveau, rien de pittoresque, si ce n'est peut-être le camp réservé aux troupes légères allemandes qui occupaient un espace distinct de notre propre camp. Tous les soirs, au crépuscule, on les voyait se grouper devant leurs tentes, fumer gravement leurs pipes et chanter en chœur ces beaux chants de leur patrie qui produisent tant d'effet en plein air. Ces hommes paraissaient faits pour le métier des armes : doués d'une vigueur extrême, contents de peu, habiles à tirer parti de tout, grands buveurs, mais rarement ivres, insensibles à la rigueur du froid comme à la grossièreté des aliments, il semblait que le camp fût leur patrie. Nos soldats anglais étaient loin de supporter avec la même patience les privations auxquelles nous étions forcés ; j'entendis plus d'une fois maudire les portions de bœuf coriace, de riz gâté, de rhum mêlé d'eau, et de vieux biscuit que l'on nous distribuait. Souvent, nous nous amusions à nous inviter mutuellement à dîner. C'était chose curieuse : pour premier service, du bœuf bouilli ; pour second service, du bœuf rôti ; pour troisième service, du bœuf cuit au four ; pour quatrième service, du bifteck ; le tout détestable, mais assaisonné par la nécessité, l'appétit et la gaieté. »

Quelque temps après, cet officier, dont nous ne connaissons ni le nom ni le régiment auquel il appartenait, vint établir ses cantonnements dans un hameau dont il tait également le nom, et qui était situé à peu de distance de Bayonne, et il n'est pas sans intérêt de voir comment il y passa son temps, en attendant la reprise des hostilités.

« L'hiver approchait : bientôt on nous assigna nos logements ; je fus placé, avec un autre officier, chez un fermier, vieillard respectable, dont la femme et les deux filles nous accueillirent fort bien. Le temps s'écoula rapidement pour nous dans cette solitude champêtre ; nous nous plaisions à parcourir les environs, où quelques habitations désertes avaient été occupées tour à tour par les soldats des deux camps. Les murs de ces maisons étaient couverts d'inscriptions, de caricatures, de chansons, d'épigrammes françaises et anglaises, espèce de conversation manuscrite entre deux armées ennemies, *illustrée*, comme on dit, par des gravures au charbon et à la craie, mêlée de calembours et de gros sel, demi-satirique, demi-plaisante, et l'un des plus curieux volumes dont la littérature improvisée se soit jamais enrichie. Souvent aussi, les officiers de l'une et de l'autre armée, dépassant leurs avant-postes, se donnaient rendez-vous dans l'espace libre qui séparait leurs sentinelles respectives ; là, on causait de bonne amitié en buvant l'eau-de-vie et l'on discutait, aussi paisiblement qu'au café Lloyd, les destinées de l'Europe et le sort futur des combats. A notre retour à la ferme, une ronde villageoise nous attendait. Nous n'avions pour instruments que les voix sonores et accentuées des jeunes filles basques, et pour salle de bal que la chambre commune chauffée par de gros troncs de chêne jetés dans le brasier. On riait un peu de notre lourdeur et de la gaucherie avec laquelle nous exécutions les évolutions de la danse champêtre. Quelquefois, un baiser donné et rendu était de rigueur dans ce ballet rustique : obligation d'autant moins pénible que nos danseuses étaient charmantes, non seulement belles, mais gracieuses, enfin douées de cette harmonie des gestes et des formes que l'on remarque si rarement chez les femmes du Nord, et qui semble le partage de tous les rangs dans les contrées méridionales. Au moment où les éclats de la gaieté la plus franche faisaient retentir le toit du fermier, des bordées de canon venaient frapper nos oreilles ; c'étaient nos batteries qui tonnaient pendant toute la nuit contre les bateaux français remontant l'Adour pour approvisionner Bayonne. On se figurera difficilement l'effet étrange produit par cette combinaison des bruits les plus terribles de la guerre venant se mêler à nos chansons et à nos rustiques plaisirs.

» Ces quartiers d'hiver, dans le Midi de la France, me laissent un long souvenir. Pauvre Madeleine ! rien n'était plus frais, plus riant, plus gracieux qu'elle. La naïveté piquante et la grâce naturelle de la jeune paysanne eussent fait honte aux beautés prétentieuses dont nos salons sont remplis. Après bien des années et bien des vicissitudes, je ne me rappelle pas sans plaisir ni sans peine le séjour de peu de durée que j'ai fait dans cette ferme, sous ce toit du vieux laboureur. Souvent même, j'ai peine à revoir ces lieux qu'un souvenir touchant a gravé dans ma mémoire. Mais pourquoi rompre cette magie des souvenirs ? Le temps nous change si cruellement ! Au moment où j'écris, je ne suis déjà plus qu'une ruine de moi-même, débris de vingt combats, qui se survit par miracle. Pourquoi détruire, par les tristes réalités du présent, les douces illusions du passé ? » (1).

Les troupes de Blocus, ayant à faire une station prolongée dans le pays, se signalèrent surtout dans la construction du camp du quartier général qui fut placé au Boucau, non loin du fameux pont de bateaux. Les généraux Hope et Colville, ainsi qu'une foule d'officiers supérieurs, étaient logés dans les meilleures maisons ; des troupes nombreuses s'y trouvaient campées ; plus de 400 navires mouillés devant les digues, le terrain sablonneux, qui est à la droite du village, transformé jusqu'aux pignadars en un brillant quartier, des rues alignées, des magasins élégants et riches sous le canon, pour ainsi dire, d'une place bloquée, provoquèrent l'étonnement des habitants qui s'y rendirent en foule après la levée du Blocus.

L'esprit mercantile des Anglais ne les abandonne jamais, même au milieu des plus sanglantes guerres, et il semble, en étudiant l'histoire de ces campagnes, que leurs armées ne se mirent en

____

(1) *Souvenirs d'une campagne dans les Pyrénées en 1814.* — Ces souvenirs sont d'un poète distingué de la Grande-Bretagne, qui a servi, pendant quelques années, dans l'armée anglaise *(Revue britannique)*.

mouvement que pour rouvrir à leurs fabricants les marchés
fermés par le blocus continental. Ce qui se passait au Boucau
s'était déjà vu à Lisbonne et dans tous les ports de la côte d'Espagne ; à peine les Français abandonnaient-ils aux troupes alliées
un pays quelconque, qu'une foule de navires arrivaient à la hâte
de tous les ports du Royaume-Uni et inondaient le pays de marchandises anglaises. C'est ainsi qu'aussitôt maîtres de l'Adour, les
vaisseaux marchands s'y précipitèrent par convois et se hâtèrent
de construire des boutiques où l'on vendait de tout, depuis la
fameuse cotonnade anglaise jusqu'aux couteaux de Sheffield ; depuis les denrées coloniales, devenues si chères en France, jusqu'aux bijoux et à l'horlogerie de la cité (1).

« Le village du Boucau, dit un témoin oculaire, présentait à
cette époque un curieux spectacle. Il n'avait pas été abandonné
par ses habitants ; tous, ou le plus grand nombre, étaient restés
tranquillement chez eux. Leurs petits magasins n'étaient pas fermés, et une foule de chalands encombraient leurs auberges (il y
en avait deux) : cuisiniers, domestiques, hôtesse, hôtelier, étaient
en mouvement du matin au soir. Des foules de paysans allaient et
venaient, chargés d'œufs, de beurre, de fromage, de volailles ; ces
marchandises étaient exposées en vente au centre de la place, un
grand carré entouré de murs élevés dont les côtés étaient occupés
par les tentes des cantiniers, des échoppes de Porter et de pâtis-
siers. Il y avait même des tables chargées d'objets de quincaillerie,
de souliers, de bas, etc. En outre, la place était remplie de monde,
soldats et paysans, qui riaient, et parmi lesquels régnait la plus
grande gaieté. C'était une source constante de distractions pour
l'observateur ; par exemple, les efforts inutiles d'un soldat anglais
pour faire la cour à une jolie Française, ou ceux non moins vains
d'un grave Allemand qui cherchait à tromper quelque paysan
plus avisé et plus positif que lui. Le croisement de toutes les langues de l'Europe, les essais faits de tous côtés pour faire comprendre par signes ce que la parole ne pouvait rendre, offraient encore
un agréable passe-temps à qui cherchait à se divertir. Sous cette
apparente confusion régnait un ordre parfait. Il n'y eut pas un
seul cas de violence fait aux habitants ou aux propriétés ; en
vérité, les hommes et les femmes ne se faisaient pas scrupule de

(1) *Souvenirs bayonnais.*

nous avouer qu'ils se trouvaient plus en sûreté sous notre protection qu'ils ne l'avaient été avec leurs compatriotes » (1).

Pendant quelque temps, les troupes anglaises avaient été obligées de se contenter des rations ordinaires, et c'était peu pour elles ; mais lorsque les paysans des environs apprirent combien

(1) *Journal d'un Subalterne.* — Traduction de M. Ch. Guiard. — Nous reproduisons, à titre de curiosité, l'anecdote suivante qui fut publiée par M. Ed. Lamaignère, dans un recueil aujourd'hui disparu. (La *Gazette de Biarritz*, 1858, n° 26).

« Le roi Louis XVIII, trop impotent pour se livrer à de violents exercices, aimait assez les joyeusetés d'esprit qui ne causaient pas de fatigue. Nous trouvons dans un vieux recueil oublié le passage suivant relatif à nos contrées, qui ne manque pas d'intérêt :

« La police faisait quelquefois les frais de ce délassement royal, mais rarement la poste aux lettres, malgré l'obligeance officielle du *cabinet noir*. Le roi comparait ce bureau épistolaire à l'écho mystérieux de Denys de Syracuse, qui portait jusques dans les oreilles du monarque les secrets les plus intimes. Après deux ou trois traits qui nous firent rire, cette distraction fut à peu près abandonnée. Ce serait trahir une confession que de révéler jamais ce que j'ai pu apprendre par ce canal ; je me contenterai donc de transcrire ici une copie de lettre burlesque qui tient à l'occupation de la France par les alliés. J'avais prêté cette copie à M. de Puymarin, homme éminemment facétieux, qui vient de me la restituer avec une jolie collection de médailles. Cette lettre fut ouverte à cause de la suscription : il était important de savoir ce que l'on voulait au personnage à qui elle était adressée, et qui n'était autre que Sa Grâce le duc de Wellington ; je ne me permettrai pas de changer un mot du style ni une cédille à l'orthographe, dût M. de Bourience trouver cette épître peu académique :

« Monseigneur et illustre Maréchal et Prince.

» Dans le cours du courant de mois de janvier 1814, le 25ᵉ régiment d'Angleterre des gardes du corps du roi à cheval, il a brûlé une grange en bois et pierre de Jean de Ganvolle de Louhossoa, cette même cavalerie il a bu et mangé pendant le jour et la nuit qu'ils ont dormi dans la maison de Ganvolle, 25 quintaux de foin et 30 quintaux aussi de paille sans compter le vin de deux barriques de vin blanc, dont ils ont fait le brûlement en la dicte grange.

» Marie Huparteguy, qui était alors pour faire le mariage d'avec Joannès de Ganvolle, a été violentée par un soldat écossais sans culotte ou avec un cotillon et ensuite maltraitée dans ses reins à coups de bride de cavalerie, pourquoi ? Parée que la dicte Marie Huparteguy voulait soutenir de son humanité et protection du dit Joannès, le corps des coups et brûlement de la grange, et le mangement du vin et fourrage, comme pail et foin pour les chevaux, mais comme le dit Joannès et Marie Huparteguy ils ne veulent garder l'enfant qui est venu au monde par la violation du soldat écossais, ils veulent faire une longue pétition de cette affaire à Monseigneur lord Wellington, bien écrit Duc d'Angleterre, et le général en chef des armées et soldats sans culottes actuellement dans le royaume de France, pour lui déposer au dit général anglais et très respectueusement, toutes les circonstances et détails circonstanciés concernant la brûlure et l'incendie de la grange et barriques vuides, et de la subsistance du fourrage, pail et foin, sans violence faite à la personne de Marie

les demandes étaient grandes et virent qu'elles étaient ponctuellement payées, ils accoururent en foule. Comme le village du Boucau était fort petit, dit le capitaine Batty, les paysans s'établirent dans un champ et, ouvrant une quantité de petites boutiques fort propres, fournirent une abondance de volailles, œufs, beurre, poulets, poisson et quantité de végétaux, pommes, poires et autres fruits. Les prix, cependant, demeurèrent exorbitants jusqu'à la cessation des hostilités. Lorsque, enfin, Bayonne ouvrit ses portes aux alliés, ils devinrent plus raisonnables. Les cantiniers, qui suivaient toujours la marche des armées, avaient aussi ouvert leurs boutiques bien garnies de marchandises anglaises. Leurs prix étaient du reste fort élevés, et les troupes, qui n'avaient pas reçu leur solde depuis plusieurs mois, ne pouvaient guère acheter ; le plus petit article était fort coûteux et le dollar espagnol était monté à la prime énorme de sept shellings passés (1).

Malgré toutes les précautions prises, on doit bien comprendre que de ce contact continuel des gens du pays et des soldats de l'armée alliée, il dut s'ensuivre bien des rixes. L'anecdote suivante, qui nous a été conservée par un témoin de ces événements, doit prendre sa place ici :

« Quelques marins et des ouvriers se promenaient un jour aux abords du camp anglais, lorsqu'ils firent la rencontre d'un groupe de sapeurs, les plus beaux hommes de l'armée. On échangea d'abord des regards qui ne respiraient pas l'amitié la plus tendre ;

Hupartéguy, dont il n'est pas le père de l'enfant, mais si le cavalier à cheval écossais.

» C'est pourquoi les dits Joannès et Marie Hupartéguy font l'imploration de l'humanité, de la loi et justice de l'Angleterre, et encore de lord Wellington, pour demander que la sensibilité et pitié de l'innocence de l'enfant et de la grange brûlée soit mise à l'hôpital de Saint-Jean-de-Luz, et la somme de tous les préjudices dommages et intérêts desdits enfant et grange, conformément aux lois de la générosité souffrante de l'Angleterre qui a toujours payé dans le pays basque et environ environnant le vin et le fourrage qu'il a mangé pendant la guerre et la paix, il soit comptant compté aux dits supplicateurs. Tout cela se faisait en justice, le dit Joannès promet d'épouser la dite Marie Hupartéguy qui n'est pas mise en mariage à cause de son enfantement dont l'enfantillage appartient comme il est dit plus haut au soldat écossais culotté d'un cotillon.

(1) Le soldat anglais du 59e régiment anglais ajoute : « Tout était à bon marché en France : un quart de rhum pour onze pences ; deux quarts de vin, onze pences ; les pommes de terre, trois pences ; le lait, deux pences par quart. (*Revue hebdomadaire*, Gausseron. — *Mémoires anglais*).

les paroles injurieuses suivirent de près, puis les gestes commina-
toires. Enfin, une partie de boxe s'ensuivit entre un menuisier
d'une force herculéenne et un formidable sapeur, choisis tous
deux pour champions. Après quelques passes insignifiantes, l'Anglais, atteint en pleine poitrine, tomba comme mort.

» L'affaire fit du bruit. L... fut arrêté comme prévenu d'assassi-
nat, et livré à une commission militaire. Il avait beau dire pour
sa défense qu'il s'était battu loyalement, devant témoins, avec les
seules armes que la nature lui avait données, on n'en voulait
rien croire. Le docteur anglais, qui avait visité le corps du sapeur,
prétendait qu'il n'y avait pas de bras humain capable de porter un
coup aussi terrible et que L... avait dû se servir naturellement
d'un instrument contondant.

» Le défenseur de L... proposa alors de faire l'exhibition du
bras de son client pour que le jugement fût porté en connaissance.
C'est ce qui eut lieu à l'audience. Le brave L..., sans s'émouvoir,
ôta sa veste et, retroussant la manche de sa chemise, il tendit vers
ses juges un bras formidable terminé par un poignet osseux, capable d'assommer du premier coup un taureau de Navarre. Les
juges, émerveillés, s'entre-regardèrent. Le docteur anglais mit ses
lunettes, s'approcha, palpa les nerfs terribles qui ressortaient en
saillie sur le bras de L..., puis, faisant un salut profond, s'écria :
« Yes ! yes ! il peut vraiment tuer un homme. No ! no ! jamais je
n'ai vu son pareil. » L... fut acquitté » (1).

Le théâtre, qui était une des grandes distractions du camp
anglais, ne fut pas installé au Boucau, car la division légère, qui
en avait le monopole, était avec Wellington à Toulouse. En revanche, les officiers anglais firent de nombreuses courses de chevaux,
sur la plage et au bord de la mer, courses qui attirèrent comme
spectateurs beaucoup de gens du pays. A la suite d'un divertisse-
ment de ce genre, il arriva un assez fâcheux accident à un jeune
officier de dragons, dû en partie à la malice d'un paysan d'Anglet.

Fier de son talent d'écuyer, il demanda à quelques hommes qui
assistaient impassibles à ce tour de force, si les cavaliers français
montaient à cheval aussi bien que les Anglais. L'un des paysans
répondit qu'il ne savait pas si ses compatriotes étaient en état de
lutter avec eux, mais que ce qu'il savait, c'est que Sa Majesté Im-

(1) *Souvenirs bayonnais.*

périale et Royale avait accompli, pendant son séjour à Bayonne, en 1808, un trajet que personne n'avait osé entreprendre après elle. Napoléon, suivant le paysan, aurait parcouru à cheval le quai de la rive gauche, depuis les dunes jusqu'à la Tour des Signaux. Or, ce quai était très étroit en quelques-unes de ses parties et, à marée haute, était baigné d'eau des deux côtés.

Le fait était inexact, mais le paysan tenait à voir un Anglais accomplir ce périlleux voyage, au risque de ce qui pouvait lui arriver. En effet, il n'en fallut pas davantage au jeune et brillant dragon pour le tenter à son tour. Le résultat ne se fit pas attendre : après quelque distance heureusement parcourue, son cheval broncha, et il fut précipité dans le fleuve. Il en fut quitte pour un bain, mais son cheval se cassa une jambe sur les enrochements qui garnissaient le pied de la digue, le tout à la grande joie des paysans qui lui avaient raconté cette histoire et de ses camarades avec lesquels il avait fait immédiatement un pari important (1).

---

(1) Quelque invraisemblable que puisse paraître cette anecdote, elle est pourtant très véridique, et d'ailleurs tout à fait dans les mœurs du temps, car on peut lire des faits de ce genre dans les *Mémoires de Thiébault* et autres officiers de la République et de l'Empire.

TROUPES DE BLOCUS - LÉGION ROYALE ALLEMANDE

CHAPITRE XV

BAYONNE PENDANT LE BLOCUS

Souvenirs bayonnais. — La cour du roi Joseph. — Un prisonnier anglais à Bayonne. — Aspect de la campagne et de la ville. — La ville en état de siège. — Les conscrits. — Un « révolutionnaire gendarme ». — Les approvisionnements des habitants. — Une partie de la population quitte la ville. — Passage de troupes. — Les femmes de Bayonne et les soins aux blessés. — Soult à Bayonne. — Remplacement de la municipalité de Saint-Esprit. — — Aspect de Bayonne pendant le Blocus. — Le prix des vivres. — Les communications sont rouvertes. — Une proclamation. — Un duel. — Les officiers anglais visitent Bayonne. — Anecdote. — L'extérieur de la place. — Le camp retranché de Beyris. — Description de la ville. — Les troupes anglaises traversent la ville. — Versions différentes. — Les régiments espagnols. — Arrivée de Wellington. — Dernier jugement sur les opérations du Blocus. — Les promenades sont replantées. — Conclusion.

Nous ne pouvions terminer ces études relatives à l'histoire du Blocus de 1814 sans réserver une place toute particulière aux traditions et souvenirs qu'a fait naître cet important fait de guerre, et qu'il fallait se hâter de recueillir, sous peine de les voir disparaître à jamais. Moins favorisée que bien des villes de l'Empire qui, lors de l'invasion de 1814, ont été assiégées par les armées alliées, ont vu quelques-uns de leurs habitants tenir un journal détaillé des événements qui se sont passés sous leurs yeux, Bayonne ne connaît aucun document de ce genre ou du moins, s'il existe, il n'est pas encore parvenu jusqu'à nous.

Toutefois, des récits des nombreux témoins oculaires, des notes des contemporains, des traditions et des souvenirs nombreux recueillis de tous côtés, des pièces d'archives inédites, il nous a été facile de donner un ensemble qui permet de restituer assez bien la physionomie de la ville pendant ces heures troublées. Nous croyons qu'on nous saura gré de ce tableau que nous aurions voulu plus complet et plus détaillé.

De même, il n'était pas sans importance de noter et même quelquefois de reproduire les impressions des témoins oculaires des deux armées sur les événements du Blocus et la ville de Bayonne, la première cité française que les alliés furent admis à visiter de ce côté des Pyrénées.

Nous ne parlerons pas des événements qui se déroulèrent après la funeste bataille de Vittoria. Bayonne vit tout à coup ses maisons regorger de militaires de tous grades, les uniformes les plus variés se coudoyèrent dans les rues étroites, et une agglomération considérable s'ensuivit. Tous les personnages appartenant à la cour du roi Joseph s'étaient logés en partie sur la rive droite de l'Adour et sur les coteaux de Saint-Etienne. Ils ne tardèrent pas à se diriger vers Bordeaux et les villes de l'intérieur.

Mais, avant de nous reporter au moment même du Blocus, nous croyons devoir reproduire l'opinion d'un Anglais de l'état-major de Wellington, fait prisonnier dans un des nombreux combats qui eurent lieu sur le revers des Pyrénées. Larpent, juge-avocat des armées alliées, fut pris, le 1er septembre 1813, dans des circonstances toutes particulières, et envoyé à Bayonne ; il nous donne une curieuse description des pays qu'il a parcourus :

« Tout le long de la route de Bordeaux, le sol est stérile et improductif : des bruyères sablonneuses, des vignes et quelques prairies le long de l'Adour. Je n'ai pas vu de blé, mais du maïs très petit pour le fourrage. Aussi, les approvisionnements français en fourrages viennent d'une distance immense et les besoins sont difficiles à satisfaire. Cependant, les réquisitions ne sont point comparables à celles que les Espagnols font dans leur pays : tout, à 200 milles et plus à la ronde, est réquisitionné ; tout le blé enlevé, contre bons seulement ; de même le vin, de même le foin. Les voitures des marchands à Bayonne, toutes les voitures à bœufs des paysans sont en mouvement pour le service public. Les districts expédient sur les dépôts établis en certains points des grandes routes ; de là, le blé, etc., sont envoyés à l'armée, aux dépôts de Bayonne, etc. Ainsi que me l'a dit le général Gazan lui-même, le foin, pour les chevaux de la cavalerie et de l'état-major, vient de cent lieues, c'est-à-dire de 300 à 400 milles. Les habitants savent maintenant pour la première fois ce que c'est que de nourrir sa propre armée dans son propre pays, et leur peine est grande (1).

(1) Dans une lettre inédite d'un officier de Wellington, relative au passage de la Nivelle, il est dit que deux brigadiers de gendarmerie, qui avaient déserté

» L'armée a reçu un demi-mois de solde : 20 mois lui sont dus. Cependant, bien qu'ils grognent tous, ils agissent avec zèle et entrain, et je crois volontiers que les Français s'uniraient tous contre l'invasion. Cependant, tout est comparativement assez bon marché, à l'exception toutefois des denrées coloniales : le pain, à 4 sous la livre ; les légumes et les fruits à très bon marché et le vin également. Un bon dîner avec un vin léger coûte 5 shellings par tête. Le thé ne sert que pour l'usage médical, le café est très cher, le sucre brun à 4 shellings, le sucre blanc à 7 shellings la livre (1).

» On voulut loger l'avocat-général au Château-Neuf, où se trouvaient placés les prisonniers anglais, mais il réclama et fut envoyé au Château-Vieux, où il occupa la chambre qui avait servi à Palafox, le défenseur de Saragosse.

» Bayonne avait été déclaré en état de siège. Un ordre de la police, affiché au café Wagram, interdit les discussions politiques sous peine d'arrestation. L'activité déployée par le gouverneur a été très grande : cent vingt pièces de canon sont montées d'une manière ou de l'autre ; chaque jour, de nouveaux ouvrages s'élevaient autour de la place. Les conscrits de la levée ordinaire sont bien exercés : ce sont de beaux gars, de 17 à 18 ans, trop jeunes pour l'Espagne, mais qui firent bientôt d'excellents soldats ; au premier abord, ils paraissaient tristes et malheureux, mais au bout de peu de jours ils étaient gais comme les autres.

» La nouvelle levée de 30,000 hommes, dans les vingt-quatre départements, pour l'Espagne, arrivera cette semaine. On m'a dit qu'elle serait meilleure, étant formée des vieilles listes de ceux qui avaient antérieurement échappé ; quelques-uns sont âgés de 24 ans. La peine est fort grande, mais les conscrits paraissent l'oublier, et leurs vieux parents n'y peuvent rien. »

dans le courant de novembre 1813, assuraient que l'armée française n'avait pas reçu un liard de paie depuis les cinq dernières années, et que depuis qu'ils sont rentrés dans leur pays ils ne reçoivent guère que des rations (Hurt. — *Bulletin de la Société des Sciences et Arts de Bayonne*).

(1) Une ordonnance relative à la valeur des monnaies étrangères que le séjour des troupes dans le pays rendait très nombreuses, les fixait de la manière suivante :

Quadruples avant 1786, 84 fr. ; de 1786 et année postérieure, 81 fr. ; Piastres, 5 fr. 30 ; Portugaise d'or, 44 fr. ; Cruzade d'or, 3 fr. 20 ; Cruzade d'argent, 2 fr. 90 *(Archives de Bayonne)*.

Terminons ce récit par un trait de mœurs militaires qui mérite bien d'être reproduit :

« Larpent fut autorisé à aller au théâtre de Bayonne avec un officier allemand prisonnier, mais accompagnés d'un gendarme. En entrant au café, son compagnon, croyant être généreux, lui dit de donner quelque argent au gendarme afin qu'il pût boire de son côté. De là, grande colère de ce dernier, qui leur dit qu'il avait déjà bu avec des colonels, des majors et des capitaines, et que jamais aucun d'eux n'avait pensé à le traiter comme un domestique. Pour apaiser ce « révolutionnaire gendarme », on fut obligé de lui expliquer qu'il en était ainsi dans les pays étrangers, mais en même temps les deux officiers le firent asseoir à leur table et trinquèrent fraternellement avec lui. » (1).

L'aspect gracieux du pays frappa aussi très vivement les troupes alliées qui firent le Blocus de Bayonne, et plusieurs officiers de l'armée anglaise en fixèrent le souvenir par la plume et par le crayon. Mais, selon les points où étaient placés les camps, le paysage variait d'aspect jusque dans ses moindres détails. Si les dunes de sable de la Barre et du Boucau présentaient une physionomie pleine de tristesse et d'aridité, il n'en était pas de même de la côte de Saint-Etienne, du haut de laquelle se déroulait le plus ravissant paysage. « Des remparts de la citadelle, dit le lieutenant Gleig, la vue est extrêmement agréable. Au loin s'élèvent de grands bois de pins et, dans l'intervalle, la campagne est magnifiquement variée par des champs de blé, des prairies, des bois de beaux chênes-lièges, des cottages et des châteaux. Le pittoresque village de Saint-Etienne, avec sa jolie église et son cimetière sur la pente d'un ravin, est situé tout auprès ; là aussi s'élèvent des cottages entourés de charmants jardins, haies formées d'arbres fruitiers et d'arbrisseaux. Ce village était complètement commandé par le canon de la citadelle et par une redoute que le gouverneur français, général Thouvenot, avait fait construire sur une sorte de terre-plein. Si elle n'ajoutait pas à la beauté du paysage, elle augmentait la force générale de la citadelle en occupant le seul terrain à niveau par lequel les assiégeants pouvaient espérer pousser la sape avec quelque succès » (2).

(1) *The Private Journal of judge avocate Larpent, attached to the Heid quartiers of Lord Wellington during the Peninsula war.* - Londres, Beuthy, 1854, in-8°.

(2) Gleig. — *Journal d'un Subalterne.* — Traduction de M. Ch. Guiard.

Au mois d'octobre 1813, on commençait à prévoir la possibilité d'un siège, car les habitants devaient faire un approvisionnement d'une année en vivres de toutes sortes, et une proclamation du maire Detchegaray, en date du 2 du même mois, leur apprenait « qu'il serait pris des mesures pour vérifier et constater l'existence effective des approvisionnements chez tous les habitants. Ceux qui ne pourraient pas s'en procurer seront renvoyés de la ville » (1). En ce moment, les personnes réfugiées dans la ville montaient à 2,228, dont 1,170 approvisionnées pour un mois, 6 pour un mois et demi, 111 pour deux mois, 31 pour trois et 910 sans provisions.

Les habitants qui croyaient pouvoir le faire commencèrent à quitter la ville et se réfugièrent soit à Dax, Mont-de-Marsan et autres villes des Landes. Un certain nombre d'entr'eux poussèrent même jusqu'à Bordeaux. Tous les jours, ces grands bateaux couverts, en usage sur l'Adour, remontaient le fleuve emportant de nombreuses familles bayonnaises qui sauvaient en même temps ce qu'elles possédaient de plus précieux. Toutefois, les fugitifs s'étaient trouvés dans l'obligation de laisser leurs maisons et appartements garnis d'objets de couchage et d'ustensiles de ménage pour le logement des soldats, ainsi qu'un concierge ou une personne spéciale chargée de les recevoir (2). A dater du 26 octobre, la viande de boucherie était taxée de la manière suivante : le bœuf, 0,90 le kilogr. ; le veau, 0,90 ; le mouton, 0,93. D'ailleurs, les vivres ne devinrent jamais d'un prix bien élevé, car au 20 mars 1814, le pain de 2ᵉ qualité était à 0,70 le kilogr. ; la viande, à 1 fr. ; le vin, à 0,60 le litre ; l'eau-de-vie, à 1,40 le litre ; le vinaigre, à 0,50 le litre ; le riz, à 1,20 le kilogr. Quant au bois à brûler et à la paille, ils manquaient totalement.

Au mois de novembre, une ordonnance du duc de Dalmatie autorisait la coupe des arbres des Allées Boufflers, Paulmy et Sicre, au bas de la citadelle, dont les écorces avaient été mangées par les chevaux de l'armée. Les bois propres aux blindages et au charronnage devaient être remis à l'artillerie et au génie, le reste

---

(1) Proclamation du Maire, approuvée par le général Thouvenot. *(Archives de Bayonne).*

(2)   id.   id.   13 octobre 1813.

(3) *Archives de Bayonne.*

consacré au chauffage des troupes (1). Seuls, les arbres des Allées Marines étaient épargnés. En même temps, le Maire de Bayonne faisait demander au général gouverneur de vouloir bien mettre à sa disposition un réduit blindé pour y transporter les archives, et qu'elles y fussent à l'abri d'un bombardement. Celles de Saint-Esprit furent envoyées à Mont-de-Marsan (2).

Dans la nuit du 13 décembre 1813, les habitants de la rue Bourgneuf furent réveillés par les bruits tumultueux d'un passage considérable de troupes et, s'étant mis à leurs fenêtres, ils purent voir défiler les divisions du maréchal Soult qui se dirigeaient vers le camp retranché de Mousserolles ; dans cette rue étroite et longue, les hommes marchaient en colonne renforcée et à rangs serrés, et cependant le passage dura de longues heures ; il y avait ainsi sept divisions d'infanterie et plusieurs batteries d'artillerie. Un spectateur put voir le maréchal lui-même et son état-major en grande tenue, marchant dans l'intervalle de deux divisions.

Au lever du soleil, les bruyantes détonations du canon et les roulements de la mousqueterie apprirent bientôt aux Bayonnais que les deux armées étaient aux prises. En même temps, une proclamation du maire était publiée dans toutes les rues et produisait la plus vive émotion :

« Le Maire de Bayonne aux habitants,

» L'armée française se bat à une petite distance de la ville, du côté de Mouguerre. Des blessés sont portés dans les ouvrages avancés de Camp-de-Prats, mais il manque des bras pour les conduire dans l'hôpital en ville.

» Tous les habitants sont invités à se rendre sur-le-champ à Camp-de Prats pour remplir l'honorable devoir de conduire et de soutenir les braves que le sort des combats a frappés.

» Fait à Bayonne, à l'Hôtel de Ville, le 13 décembre 1813.

» Detchegaray » (3).

Pendant que les hommes, avec le zèle le plus louable, accouraient en foule pour secourir les blessés, la Société des femmes, qui s'était déjà formée depuis que l'armée française soutenait des

____

(1) *Archives de Bayonne*. — Registre des Délibérations.

(2)   id.   id.

(3)   id.   id.

combats journaliers entre Bayonne et les Pyrénées, se rendait en toute hâte à l'établissement qu'elle avait installé à côté du pont Pannecau « où elles tiennent constamment jusqu'à huit grandes marmites, chacune d'elles contenant vingt-cinq à trente livres de viande de bœuf, du jambon, des légumes, quelquefois des volailles, où elles font d'excellent bouillon ; d'autres femmes vont en ville demander du linge, faire des quêtes. Chaque soldat blessé qui arrive se repose, est pansé, prend du bouillon, mange et boit du vin ; on le change de linge, s'il le faut, et il ne va ensuite à l'hôpital qu'après avoir été soulagé dans tout ce qu'il a été possible de faire pour lui. On voit, dans ces circonstances, les sentiments de dévouement d'un côté, et de reconnaissance de l'autre, portés au plus haut degré » (1).

La sollicitude des habitants fut telle, — comme on l'a vu plus haut — qu'ils obtinrent les remerciements et les félicitations de l'Empereur.

Le soir même, les divisions de Soult avaient repassé l'Adour, et lui-même reprenait son logement dans la maison de M. Barrau, place de la Liberté, où il logeait avec sa maison militaire (2), ce qui ne l'empêchait pas d'aller fort souvent passer ses soirées avec un de ses vieux compagnons d'armes de l'armée de Sambre-et-Meuse, M. le médecin Chevillion, retiré du service depuis long-temps et habitant Saint-Esprit.

Le 14, on commença à évacuer les blessés de la bataille de Saint-Pierre sur Dax et Mont-de-Marsan. Ceux qui étaient trans-portables étaient placés sur des bateaux couverts de toile et escortés par des chaloupes canonnières. En même temps, on enterrait les morts de la bataille de Saint-Pierre. Les alliés avaient creusé de grandes fosses dans le ravin de Mouguerre et s'étaient fait aider pour ce travail par des paysans qu'ils avaient réquisi-tionnés et qu'ils payèrent généreusement.

On comprendra que nous ne pouvons suivre ainsi toutes les péripéties du Blocus dont nous avons déjà raconté les faits prin-cipaux. Disons seulement que la population, très diminuée par le départ de ceux qui avaient fui la guerre, voyait tous les jours le cercle de fer qui l'entourait se resserrer davantage. La municipa-

---

(1) *Archives de Bayonne — Souvenirs bayonnais.*

(2)　　id.　　　　id.　　　　Aujourd'hui, maison Drevet.

lité de Saint-Esprit, elle-même, abandonna ses fonctions, et le général Thouvenot se vit dans l'obligation d'en nommer une autre (1). La chaude alerte du 27 février l'avait sans doute décidée à quitter un lieu rempli de périls.

L'aspect de Bayonne pendant ces jours si tristes était bien fait pour inspirer la crainte. Les rares habitants qui restaient encore sortaient peu, à moins que ce ne fût par nécessité absolue. Les rues, dépavées par crainte du bombardement, n'offraient guère un moyen bien pratique pour la circulation. S'il venait à pleuvoir, des mares se formaient dans ces trous, semant des embûches à tous les pas. Devant les portes des maisons, des cuves ou des barriques défoncées étaient toutes prêtes à éteindre les incendies. Partout des dépôts de blessés et de malades. Tantôt des colonnes de troupes traversant la ville, tantôt des prisonniers anglais et portugais, dont les uniformes étrangers faisaient ouvrir les yeux aux habitants, étaient conduits au Château-Neuf. Les vivres n'étaient pas encore bien chers, mais les légumes manquaient presque totalement (2).

Au commencement d'avril, un bon repas chez le restaurateur Barrère ou *A la Femme sans Tête*, l'ancienne et célèbre auberge bayonnaise du quai des Cordeliers, ne coûtait pas plus de sept francs par tête, et le vin n'avait pas sensiblement varié de prix. Le canon retentissait sans cesse aux avant-postes, et la citadelle répondait en s'enveloppant majestueusement d'un voile de fumée. Partout, des officiers, des soldats, des canons, des cavaliers ; les chaloupes canonnières étaient embossées au-dessus et au-dessous du pont Saint-Esprit, et mêlaient quelquefois le fracas de leur gros calibre à la fusillade qui roulait du côté de Beyris ou de la route de Cambo.

Du côté du Camp-de-Prats seulement, où se trouvaient les Espagnols, les escarmouches étaient moins fréquentes, car ils avaient reçu des ordres formels de ne pas s'engager. Sur le clocher de la cathédrale, des guetteurs attentifs suivaient les mouvements des troupes alliées. Enfin, le drapeau tricolore couronnait encore la

____

(1) Les archives de Saint-Esprit avaient été envoyées à Mont-de-Marsan.

(2) Voici un aperçu des prix de quelques denrées à la date du 20 mars 1814 : Pain 2° qualité, 0,70 le kil. ; Viande, 1 fr. le kil. ; Vin, 0,60 le litre ; Eau-de-vie, 1,40 le litre ; Vinaigre, 0,50 le litre ; Riz, 1,20 le kil. Le bois à brûler et la paille manquaient totalement *(Archives de Bayonne)*.

ville sans tache, mais il n'allait pas tarder à disparaître à son tour.

Le 23 avril 1814, le bruit circulait déjà en ville que les communications allaient être ouvertes. Le maire fut, en effet, invité par le général baron Thouvenot à se rendre à l'hôtel du Gouvernement où il lui fit part des graves événements qui s'étaient produits à Paris. Le 27, les inondations qui entouraient la place furent détendues en partie. Enfin, le 6 mai, un ordre du jour du général gouverneur annonçait que la suspension d'armes avec les troupes alliées était indéfinie et le Blocus de Bayonne levé, tant par mer que par terre. Les coupures des routes et des chemins, les barricades des rues à Saint-Esprit, devaient être immédiatement détruites et les abatis enlevés. Toutefois, on devait laisser intacts les barrières et les ponts qui faisaient partie intégrante du camp de Beyris et des camps retranchés des fronts d'Espagne et de Mousserolles.

Toutes les inondations devaient être détendues, en conservant cependant les digues et écluses des inondations inférieures et supérieures du camp retranché du front d'Espagne. La communication par la digue qui coupait l'inondation supérieure, en face de la maison Dubrocq, devait être rétablie. La place d'armes de la citadelle et les rues de Saint-Esprit qui avaient été dépavées, devaient être de nouveau pavées dans le plus bref délai. Enfin, les ingénieurs des ponts et chaussées devaient reprendre immédiatement leur service et faire consolider les parties des routes et chemins qui avaient été coupées (1).

Le même jour, 6 mai 1814, la proclamation suivante fut publiée dans les rues de Bayonne, inspirant des sentiments bien divers, car si, d'un côté, on y voyait l'assurance prochaine d'une paix générale, de l'autre, les partisans de Napoléon ne voyaient pas sans fureur le retour d'un régime depuis longtemps oublié :

« Le Maire de la Ville de Bayonne aux Habitants.

» Citoyens,

» Les grands événements qui viennent de se passer et qui ont tout à coup changé notre situation souffrante en une perspective de bonheur, ont répandu dans nos cœurs une véritable allégresse.

(1) *Archives de Bayonne.*

» Le trône de France est remis à la famille des Bourbons. Sa Majesté Louis XVIII va cicatriser nos plaies et nous faire oublier, par sa sagesse et par sa bonté, nos malheurs passés. Y eût-il jamais de circonstance où l'on ait dû accourir avec plus d'empressement dans le Temple pour entonner le cantique de la reconnaissance envers l'Etre Suprême ? C'est dimanche prochain, 8 du courant, que le *Te Deum* sera chanté, en action de grâces, dans l'Eglise Cathédrale, à onze heures du matin. Vous êtes tous invités à y assister.

» La joye publique voudroit se manifester avec éclat, mais le moment des grandes fêtes n'est pas venu. En attendant, nous pourrons la montrer par une illumination générale qui aura lieu le même jour.

» En conséquence, le Maire prescrit les dispositions suivantes :

» Il y aura illumination générale dans la ville, dimanche prochain 8 mai, dès l'entrée de la nuit.

» Toutes les façades des édifices publics et des maisons des particuliers seront garnies de lampions ou autres lumières sur toutes les croisées.

» Il est permis de faire éclater la joye que nous ressentons au fond du cœur et de la faire ressortir par des inscriptions et des témoignages d'amour pour le monarque qui va fixer nos destinées. On doit se garantir avec soin de présenter des allégories ou des paroles injurieuses pour un gouvernement qui n'est plus ; c'est la recommandation expresse que fait celui qui va réparer ses torts.

» Fait à Bayonne, à l'Hôtel de Ville, le 6 mai 1814.

» Le Maire, Detchegaray.

» Approuvé : Le général de division, commandant supérieur,
» Baron Thouvenot » (1).

Aussitôt après la signature du traité qui mettait fin aux hostilités, les officiers anglais purent entrer en ville avec des passeports, et deux à la fois seulement, tandis que des officiers français vinrent à leur tour visiter le camp du Boucau, mais aucune relation amicale ne s'établit entr'eux. Les avances des Anglais furent repoussées avec hauteur et, dit un souvenir du temps, « les Français semblaient désireux d'armer de nombreuses querelles privées,

---

(1) *Archives de Bayonne.*

à présent que la querelle entre nos deux pays avait pris fin » (1). Les duels furent assez nombreux pour qu'une défense positive fût faite par les deux généraux, disant que quiconque troublerait l'ordre serait mis aux arrêts et jugé par une cour martiale ; cependant, le duel du commandant Delort fit assez de bruit pour que nous en disions quelques mots : M. Delort se trouvait un soir au théâtre avec sa jeune femme, près de laquelle étaient placés des officiers anglais. L'un d'eux, s'étant comporté d'une manière un peu leste avec cette dame, reçut du commandant un soufflet retentissant qui l'envoya rouler sous les banquettes. Rendez-vous fut pris pour le lendemain, derrière la citadelle. C'était un duel à mort ; les officiers anglais firent creuser une fosse, prête à recevoir celui des deux combattants qui succomberait. M. Delort ne fut pas ému le moins du monde de cette précaution à laquelle il ne s'attendait pas. Il se mit bravement en ligne et tua l'officier anglais (2).

« Nous étions encore dans notre camp de l'Adour, dit le lieutenant Gleig, quand plusieurs corps de troupes espagnoles, qui rentraient dans leur pays, passèrent au milieu de nous. Je n'ai jamais vu de si jolis soldats que ceux de quelques-uns de ces bataillons : beaucoup d'entr'eux étaient aussi bien armés, chaussés et équipés que ceux des plus belles armées de l'Europe, mais ils étaient tous misérablement commandés. Leurs officiers subalternes, en particulier, étaient communs et sans distinction, et semblaient avoir peu d'autorité sur leurs hommes. Cependant, ils étaient pleins de vantardise et se donnaient des airs aussi absurdes que si leur valeur avait délivré l'Espagne et détrôné Napoléon » (3).

Les officiers anglais qui visitèrent la ville la trouvèrent aussi propre et aussi bien bâtie que pouvait l'être une place fortifiée, resserrée dans des limites étroites, et où les maisons gagnaient en élévation ce qu'elles perdaient en étendue (4). Ils furent d'accord pourtant pour trouver les habitants incivils et excessivement mal-

(1) Gleig. — *Journal d'un Subalterne.* — Traduction de M. Ch. Guiard.

(2) *Courrier de Bayonne,* 1854. — Le commandant Delort faisait partie de la garnison du Blocus ; il prit sa retraite à Bayonne et y mourut.

(3) *Le Subalterne.* — Traduction de M. Ch. Guiard.

(4) *Souvenirs du capitaine Batty.*

veillants, comme s'ils avaient pris le ton des troupes de la garnison (1). Cette dernière était brutale et agressive, et les alliés sont
naïvement étonnés qu'une ville qu'ils n'avaient pu prendre fût
disposée à leur tresser des couronnes pour avoir non seulement
envahi son territoire, mais encore changé sa forme de gouvernement. L'un d'entr'eux, le capitaine Batty, des gardes à pied, fut
arrêté et conduit à l'état-major pour avoir été surpris faisant un
croquis de la Cathédrale (2). Un autre, dont le nom n'est point
parvenu jusqu'à nous, fut exposé à une aventure plus désagréable
encore. Ce jeune officier anglais, qui avait obtenu la permission
de visiter la ville, caracolait sur le pont Mayou, monté sur un
cheval fougueux. Au même instant passait la modeste monture
d'une charbonnière, dont le contact souilla le brillant uniforme
du cavalier anglais. Celui-ci, au lieu de se mettre en quête d'une
brosse, ce qui était le plus naturel, fondit sur la pauvre femme
qu'il abîma de coups de cravache. Des marins se promenaient au
soleil, sur le pont, comme c'était assez leur habitude. Saisir l'officier, l'enlever de cheval, le tenir suspendu au-dessus de l'eau, fut
pour eux l'affaire d'un instant, tant leur indignation était grande.
Quelques bourgeois influents intervinrent fort à propos. L'Anglais,
replacé sur son cheval, en fut quitte pour la peur » (3).

Le Blocus de Bayonne avait duré si longtemps que les officiers
de l'armée alliée eurent toutes facilités d'observer l'extérieur de
la place, non sans courir de grands risques, et il s'ensuivit que,
lorsque la paix fut signée, ils profitèrent de la permission de visiter l'intérieur de cette ville qui les avait tenus pendant si longtemps
en échec. Les récits de tous ces témoins oculaires se ressemblent
un peu lorsqu'ils parlent de ces excursions. Le capitaine des gardes Batty, qui la parcourut minutieusement, trouve qu'elle avait
une grande analogie avec les villes d'Espagne. Les rues étaient
étroites et la plupart tortueuses, mais sur les places et près des
remparts, il constate l'existence d'un certain nombre de belles
maisons bien construites. Les relations courantes de la ville avec
la Péninsule avaient donné à la vieille cité un caractère espagnol,
et il arrivait aussi fort souvent qu'un étranger y était interpellé

(1) *Souvenirs bayonnais.*

(2) *Souvenirs du capitaine Batty.*

(3) *Courrier de Bayonne*, 1854.

dans cette langue. Dans beaucoup de rues, et sur les bords de la Nive, les maisons étaient construites sur des arcades. Elles contenaient une grande quantité de petites boutiques où venaient s'approvisionner tous les paysans du voisinage, en draps, vêtements, fers, outils, etc. Les marchés étaient bien pourvus en poisson, volailles, poulets, liqueurs, œufs et fruits. Le grand commerce que faisait Bayonne était la source de sa prospérité. Les fameux jambons de Bayonne en étaient une preuve suffisante (1).

Dans un autre de ses ouvrages, le lieutenant Gleig donne une curieuse description de la ville, dont les puissantes fortifications l'étonnèrent, surtout celles du camp retranché de Beyris qu'il rencontra sur son chemin en se rendant du camp d'Anglet à Bayonne. Il visita successivement la ville et la citadelle, la hauteur de Saint-Etienne où il retrouva encore le canon solitaire autour duquel s'était livré un si furieux combat pendant la nuit du 14 avril. La ville était propre et bien bâtie ; les maisons, très élevées, et qu'il compare à celles de la ville d'Edimbourg, contenaient de belles boutiques, « principalement celles où l'on vend des bijoux. » Le soir, il alla au théâtre, où le jeu des acteurs était si pauvre et si misérable qu'il n'eut pas le courage d'attendre jusqu'à la fin (2).

Le 28 avril 1814, et aussitôt les portes de la ville ouvertes et les communications rétablies, la municipalité envoya une adresse à Louis XVIII pour lui faire part de son adhésion à son nouveau règne :

« A Sa Majesté Louis Stanislas Xavier, Roi des Français.

» Sire,

» La ville de Bayonne saisit avec empressement l'ouverture des communications avec l'intérieur pour donner son adhésion aux actes du Sénat qui ont remis le sceptre de saint Louis et d'Henri IV dans les mains de Votre Majesté.

(1) *Souvenirs du capitaine Batly*.

(2) Pendant que le quartier général de l'armée alliée se trouvait à Saint-Jean-de-Luz, plusieurs généraux anglais donnèrent des bals dont les plus suivis furent ceux du marquis de Wellington. Les officiers étaient en uniformes brillants, la musique était bonne et la danse passable. Une seule des dames anglaises voulut ou put danser, et celles-ci cessèrent bientôt faute de cavaliers. « Un élégant français dansa une hornpipe avec beaucoup de dextérité. » Quant aux Anglais, la plupart se mirent à boire et à jouer. Cependant, l'institution des bals tomba bientôt, et on voulut essayer des représentations théâtrales. Malheureusement, la division légère, qui avait le monopole du théâtre, était éloignée, et cet essai ne réussit pas *(Journal d'un Subalterne)*.

» Fière de sa devise, *Nunquam Polluta,* fière d'être l'une des douze anciennes bonnes villes de France et d'être toujours restée pure, la ville de Bayonne a la confiance de revoir le bonheur sous votre règne paternel.

» Je suis, Sire, de Votre Majesté le très humble, très soumis et très fidèle sujet,

» *Le Maire de la ville de Bayonne,*
» Signé : Detchegaray. »

Cette question des bonnes villes, qui revient dans cette adresse et qui montre à quel point Bayonne avait été touchée par l'élimination qui l'avait frappée sous le gouvernement impérial, sera étudiée par nous dans un autre ouvrage en préparation depuis longtemps.

Bientôt les troupes alliées se préparèrent à quitter le pays. Comme le passage par le pont de bateaux du Boucau les eût beaucoup retardées, on demanda pour elles la permission de traverser la ville, ce qui fut accordé.

Jusqu'au 31 mai, onze régiments anglais venant du côté d'Anglet avaient traversé la ville, se dirigeant vers l'intérieur, sans doute pour aller s'embarquer à Bordeaux. Nous entrâmes dans la ville, dit un officier anglais, la baïonnette au bout du canon, enseignes déployées, et la musique jouant. Une grande partie de la garnison était sous les armes pour nous recevoir, et les fenêtres, bondées de spectateurs des deux sexes, curieux de contempler des troupes dont peut-être, peu de temps auparavant, ils attendaient une visite d'une nature différente. La scène était certainement assez remarquable, et le passage de l'animosité à la bienveillance aussi singulier que soudain. Je ne crois pas qu'il soit facile de définir les sentiments qui animaient les deux partis mis si étrangement en contact les uns avec les autres. Les femmes, il est vrai, agitaient leurs mouchoirs et, de notre côté, nous nous inclinions et nous envoyions des baisers avec nos doigts, mais il me sembla remarquer une colère contenue sur le visage des militaires. Il est certain que, de quelque façon que la grande masse de la nation considérât le nouvel état des affaires, il n'était pas populaire dans l'armée. Et ils paraissaient regarder le passage des troupes anglaises au milieu de leurs lignes comme l'entrée triomphale d'un ennemi victorieux » (1).

(1) Gleig. — *Journal de campagne en Amérique.* — Trad. de M. Ch. Guiard.

Toutefois, il se produisit un incident relatif à ce passage des troupes alliées que les officiers anglais omettent complètement de mentionner, quoique les relations bayonnaises et les souvenirs des témoins oculaires soient unanimes à en attester la véracité.

D'après l'article IV de la convention qui avait suivi le Blocus, les assiégeants ne pouvaient entrer dans Bayonne. On a vu comment, sur leur demande, on dérogea à cette règle. De forts détachements de la garnison occupèrent les portes, d'autres étaient échelonnés le long des rues, pour que personne ne pût s'écarter de la ligne qu'il fallait suivre.

Lorsque la tête de la colonne se présenta à la porte d'Espagne, les soldats français remarquèrent que les étrangers avaient paré leurs casques ou leurs fusils avec des branches de laurier. Indignés, ils croisèrent la baïonnette et arrêtèrent les Anglais qui se présentèrent décorés du signe de la victoire.

« — Nous avons ouvert les portes en vertu d'un pacte débattu d'accord, mais vous ne nous avez pas vaincus ! » disaient ces braves en frémissant. « — Ainsi, à bas les lauriers ou on ne passe pas ! »

Les autorités militaires accoururent. Elles donnèrent raison aux Français, en faisant enlever les malencontreux lauriers, non conquis par les assiégeants : le corps d'armée put alors traverser la ville. Il y avait urgence, à cette époque, d'éloigner au plus tôt les étrangers du contact de la nation française et surtout des marins qui avaient tous, plus ou moins, tâté des pontons d'Angleterre (1).

Le 31 mai, ce fut le tour des six régiments espagnols qui composaient la division de Blocus du général don Carlos d'España, à Saint-Pierre d'Irube, Villefranque, Mouguerre et Lahonce ; ils traversèrent la ville pour rentrer dans leur pays. Le même jour, la plus grande partie des régiments qui avaient formé la garnison de la ville quittaient Bayonne à leur tour en prenant la route de Hasparren (2).

Le jeudi 9 juin arriva le maréchal de Wellington, venant de Madrid. Il s'arrêta peu d'heures à Bayonne et continua son voyage pour Bordeaux. La conduite des habitants envers Wellington fut

(1) *Courrier de Bayonne*, 1854.

(2) *Archives de Bayonne.*

d'une dignité et d'une correction parfaites. « On remarqua, dit Baïlac, dont l'opinion est ici toute impartiale, la réception qui lui fut faite. Pas un cri d'acclamation ne se fit entendre : les habitants, placés sur son passage, se tinrent respectueusement découverts, sans laisser apercevoir sur leur visage la moindre trace d'étonnement, de crainte ou d'animosité » (1).

Maintenant que les années se sont écoulées et que les rancunes des nations se sont éteintes, nous croyons que l'on peut jeter un regard rapide et dépourvu de tout esprit de parti sur les événements que nous venons de raconter. Il nous semble que la faute principale en revient au maréchal Soult qui, connaissant le général qu'il laissait pourvu de la défense de Bayonne, ne sut pas lui imposer un supérieur capable de mieux se servir des grandes ressources qu'il s'était plu à accumuler. Quant à Thouvenot, il eut le tort de ne pas défendre le passage de l'Adour et de ne pas porter aussitôt toutes les forces de la garnison sur ce point, au moment où les Anglais étaient encore en trop petit nombre pour lui résister. Du 27 février au 14 avril, rien d'important ne fut tenté, et cette sortie intempestive ne peut guère être expliquée que par la fureur des généraux de voir remplacer un régime qui avait fait leur fortune. Ils se furent sans doute contentés d'une régence impériale, mais la venue des Bourbons eut le don de les exaspérer, et ils donnèrent à leurs ennemis le dernier coup de boutoir du sanglier expirant.

L'esprit du général Thouvenot était vacillant et temporisateur ; de là, ce décousu dans les opérations qui s'étaient succédé.

Quant aux Anglais, après le 18 mars, quoiqu'ils se fussent bornés à bloquer la place, ils éprouvèrent de telles difficultés à rassembler les approvisionnements et les munitions nécessaires sur la rive droite de l'Adour, que le siège, bien qu'il eût été résolu depuis, n'était pas même commencé le 14 avril, jour de la sanglante sortie. Quelques auteurs anglais assurent que, si la paix n'était pas venue interrompre les opérations, la ville et la citadelle eussent été prises pour la fin d'avril. Il suffit de se reporter aux événements précédents pour ne voir là qu'une simple théorie : les fortifications irrégulières du château de Burgos et de Saint-Sébastien venaient de démontrer d'une manière surabondante combien

(1) *Nouvelle chronique de Bayonne.*

Troupes de Blocus - Infanterie légère de Brunswick

les troupes anglaises étaient inaptes à l'attaque des places, et il est permis de supposer que les puissants profils de la citadelle et du camp retranché, défendus par cette « turbulente garnison », dont les officiers de l'armée alliée se plaignent si souvent dans leurs mémoires, leur eussent opposé une résistance que l'effectif des troupes de Blocus eût été impuissant à surmonter. Quoiqu'il en soit, la ville de Bayonne joua glorieusement le rôle que le maréchal Soult lui avait laissé et ajouta un fleuron de plus à sa couronne militaire (1).

Après le Blocus, les environs de Bayonne présentaient l'image de la dévastation. Les maisons de plaisance étaient plus ou moins endommagées ; plusieurs, même, avaient été entièrement détruites. A peine apercevait-on dans la campagne environnante quelques arbres épars. Cependant, les Allées Marines et le bosquet de Marrac avaient échappé en grande partie à la hache militaire. On s'occupa, dès les premiers instants, à réparer cet affligeant spectacle. Magistrats, officiers du génie militaire, particuliers, tous rivalisèrent d'émulation. Pendant cette année 1814 et les suivantes, on planta autour de la ville une prodigieuse quantité de chênes, ormeaux, peupliers, acacias, etc. La plupart des maisons de campagne furent restaurées. On renouvela une partie des Allées Marines et entièrement les Allées Boufflers. Celles de Paulmy, qui n'étaient auparavant que deux rangées d'arbres, furent agrandies. Enfin, on fit de nombreuses plantations sur toutes les parties des remparts, des glacis ou des routes publiques (2). Peu d'années après, les traces de la guerre avaient disparu et, de nos jours, son souvenir en serait peut-être oublié si la piété anglaise n'avait édifié des cimetières destinés à rappeler la mémoire de ceux qui étaient venus de si loin verser leur sang pour leur pays.

---

(1) Commandant Clerc.

(2) D'après Baïlac, le gouvernement de Louis XVIII indemnisa les habitants de Bayonne d'une grande partie de leurs pertes matérielles.

CHAPITRE XVI

LES CIMETIÈRES DES ANGLAIS

Situation des cimetières. — Le livre de M. Hurt. — Sites et paysages. — Campement des Coldstream et des fusiliers écossais. — Première érection du cimetière. — Les capitaines Mahon et Holburne. — Générosité de Miss Holburne. — Description du cimetière des gardes. — Inscriptions funéraires. — Coût des travaux. — L'ancien cimetière. — La tombe du général Hay. — Une lacune à combler.

Entre l'Abbaye de Saint-Bernard et le cimetière des Anglais, la campagne est couverte de charmantes habitations qui sont, pour la plupart, d'une grande ancienneté. Nous citerons entr'autres : *Chanda, Biscardy, Niert, Montaigu, Vignau, Le Bridon, Grande-Marie* et *Amade*. Cette dernière propriété appartenait encore en 1899 à M. Ph. Hurt, de nationalité anglaise, mais fixé depuis long-temps à Bayonne dans cette délicieuse résidence. M. Hurt s'est entièrement dévoué à des œuvres diverses, dont les principales sont les cimetières des Anglais et le porche du temple de Biarritz. Ce lettré, à l'esprit distingué, a rassemblé dans une belle bibliothèque des ouvrages de goût et d'érudition et, parmi certaines curiosités, nous devons citer une collection composée des reproductions des écussons de tous les régiments anglais qui servirent sous les ordres de Wellington dans les Pyrénées, et que M. Hurt a fait sculpter dans le marbre, sous le porche du temple de Biarritz. C'est à l'intéressant petit ouvrage de M. Hurt que nous avons emprunté l'historique et la description de ces cimetières qu'il a fait restaurer entièrement et dont lui-même s'est fait le chroniqueur.

C'est par la route tracée qui s'étend du bord de l'Adour à l'embranchement de Toulouse et de Bordeaux, que l'on accède au plus ancien des deux cimetières.

« Sous le canon de la citadelle, dit Morel, et au pied des hauteurs de Montaigu, que le Blocus de 1814 a rendues célèbres, connaissez-vous ce vallon resserré et couvert d'épaisses fougères, qu'il faut chercher péniblement à travers des sentiers glissants et pierreux ? Calme, solitaire et animée seulement par les cris bucoliques des troupeaux et des jeunes pâtres, la vallée s'ouvre, au Nord-Ouest, sur un admirable paysage : les maisons du Boucau étagées au milieu des arbres et des taillis, l'Adour recourbant sa large et rapide nappe d'eau, les pignadars tachetant les dunes de sable de la rive gauche, les toits rouges du Lazaret, la mer au loin comme une écharpe étincelante, et le phare de Biarritz, que les dentelures de la côte placent à l'œil au milieu de la commune d'Anglet. L'ouverture du vallon est si étroite et si habilement ménagée, que le fleuve, le Boucau, les bois de pins et la mer s'alignent, se groupent et s'harmonisent ; au premier plan, ce sont les bruyères épineuses qui déchirent nos pieds, des vaches qui paissent dans les ajoncs et un enfant rose et brun accroupi dans un champ : puis, les navires mouillés en rivière ou quelque voile que le soleil éclaire à l'horizon. »

Vers la gauche du petit vallon s'élevait un magnifique cerisier ; un combat furieux s'éleva sur ce point et l'artillerie de la citadelle couvrait cette pente semée de bruyères de ses feux croisés. Un boulet vint s'encastrer dans le tronc de l'arbre, et on enterra à ses pieds les officiers anglais qui avaient été tués dans cette mémorable journée. Pendant de longues années, des pierres, irrégulièrement taillées, signalaient aux visiteurs la dernière demeure des braves officiers morts pour leur pays. Quant aux soldats, ils étaient enterrés un peu partout, sur les points où ils étaient tombés.

Mais écoutons M. Hurt lui-même nous faire l'historique et la description de ces cimetières, derniers souvenirs du Blocus de 1814 :

« Les Coldstream et les fusiliers écossais ou 3ᵉ régiment des gardes étaient campés sur la côte Nord de deux hauteurs parallèles se dirigeant de la route de Bordeaux à Bayonne vers le Boucau ; les premiers formaient le centre, les deuxièmes l'aile gauche des alliés, de ce côté de l'Adour. Les grenadiers formaient la droite, dans la direction du Boucau. Les officiers de ces régiments, tués dans la sortie, furent enterrés dans leurs camps respectifs. Des pierres grossières, avec les noms, furent placées au pied de chaque groupe de tombes, bientôt après, peut-être même avant que les troupes eussent quitté le pays. Les gardes Coldstream perdirent un lieutenant-colonel, un capitaine et deux enseignes mortellement blessés ; un enseigne du 1ᵉʳ des grenadiers-gardes et un lieutenant du 60ᵉ ou Royal Américain furent aussi blessés mortellement et enterrés avec les officiers des Coldstream. Quatre officiers des fusiliers écossais furent mortellement blessés.

» Le terrain sur lequel reposaient les officiers des Coldstream fut acheté et clôturé, ou en 1814, comme me l'a affirmé un vieil habitant de Saint-Etienne (le terrain aurait coûté 1,500 francs, les murs et les tombes 1,750 francs), ou, suivant d'autres déclarations, en 1830, quand le consul, capitaine Harvey, érigea la tablette commémorative. Il est situé à environ deux kilomètres et demi de Bayonne et à 200 mètres du chemin qui va de Saint-Etienne au Boucau par le moulin d'Esbouc. Une croix grossière fut placée à la tête de la tombe du colonel.

» Une histoire romanesque française, basée sur les événements, et qui donnait les noms des officiers inscrits sur la tablette, appela, il y a quelque trente ans, l'attention de Miss Holburne sur ce qu'elle supposait être le lieu de repos de son frère. Croyant l'histoire réellement exacte, et supposant, d'après son contenu, qu'on prenait des tombes le soin qu'elles méritaient, elle ne pensa pas à s'enquérir davantage, jusqu'au moment de leur restauration récente.

» Loin d'être dans l'état qu'elle supposait, les tombes avaient peu à peu dépéri.

» Déjà, en 1830, le capitaine Harvey, consul à Bayonne, s'était adressé aux gardes pour obtenir les moyens de les entretenir et peut-être, comme nous l'avons dit plus haut, d'acheter et d'enclore le terrain. En même temps, il y plaça à ses frais une tablette commémorative avec les noms des officiers. En 1858 et en 1868, des réparations complètes furent également exécutées par le capitaine Fergus Graham, consul à cette époque, sous la surveillance de l'auteur de cet écrit et aux frais des gardes. A la première de ces dates, les vieilles pierres fendues furent remplacées par des tablettes de marbre et des marbres séparés ajoutés à deux officiers du 3e des gardes, les capitaines Mahon et Holburne. Un lieutenant Holburne figurait sur la tablette et avait une pierre sur le terrain ; les noms des deux autres officiers du 3e des gardes, qui possédaient une belle tombe de marbre, dont l'origine était inconnue, se trouvaient aussi sur la tablette. On conclut, de l'erreur dans le rang d'un officier et de la totale omission d'un autre, que le capitaine Harvey ignorait l'existence des tombes au camp du 3e des gardes. La clôture fut alors placée et l'on accéda désormais au terrain par une porte de fer munie d'une serrure qui remplaça les marches ouvertes qui avaient existé jusqu'alors. Des cyprès furent également plantés à la tête des tombes.

» En 1868, la tablette commémorative, ainsi qu'une deuxième à l'extérieur, donnant la description du terrain, furent réparées et protégées par des grillages en fil de fer. La pierre tombale du major-général Hay, au cimetière de Saint-Etienne, fut en même temps déplacée ; ses restes sont maintenant recouverts par le sanctuaire dont l'agrandissement nécessita ce déplacement. Sur le rapport du consul, d'une date déjà ancienne, le Foreign-Office consentit à payer annuellement 1 livre (25 francs) à un fermier du voisinage pour veiller sur le terrain ; ce paiement continue encore.

» En 1875, malgré ces précautions, si grand était le dommage fait par les vulgaires essais d'ignorants et d'oisifs, pour graver leurs noms à côté de ceux à qui cet honneur était destiné, que le vice-consul, major Trevor Andrews, mort depuis, prit l'initiative d'une souscription pour tout remettre, une fois de plus, dans un état convenable.

» Ce fut alors que Miss Holburne, entendant parler des travaux projetés, envoya une somme de 100 livres pour les réparations immédiates, et quand l'incertitude relative au lieu de repos de son frère eut été dissipée, grâce au lieutenant-général sir Williams Knolleys, qui était présent en qualité de cadet à la sortie et à toutes les funérailles, elle commissionna l'auteur de cet écrit pour obtenir l'autorisation d'enclore le terrain et de placer de nouvelles pierres sur les tombes des autres officiers du 3e des gardes ; elle fit part en même temps de son intention d'envoyer un obélisque d'Aberdeen en souvenir de son frère.

» Jusqu'alors, ces tombes, connues seulement de quelques personnes, étaient restées négligées : une pierre avait été enlevée depuis plus de 35 ans et servait à laver le linge dans une fontaine d'un vallon voisin ; celle du capitaine Holburne était renversée depuis 1874 ; seule, celle du capitaine Mahon conservait sa position première. C'était le désir de Miss Holburne d'acheter le terrain, mais cela n'ayant pas été possible, elle obtint un bail de dix ans, renouvelable, moyennant une rente de dix francs, au nom de ses représentants ci-après désignés. Le terrain se présente actuellement ainsi qu'il suit : il est situé sur la pente Nord-Est d'une colline qui court parallèlement à celle où se trouve le cimetière des Coldstream, à environ un mille au Nord-Est de ce dernier. La situation est très pittoresque, présentant une jolie perspective de bois de pins avec, sur les côtés, une prairie et un marais recouvert de bruyères, et la mer à l'horizon, dans la direction de l'Ouest. Sa surface est d'environ 8 mètres carrés ; le mur qui l'entoure descend en escalier le long de la pente ; il est revêtu d'un couronnement solide et sa façade est couverte d'une mosaïque étrusque ; tout autour court une grille de fer surmontée de chevaux de frise tournants. La partie inférieure de la porte d'entrée est en tôle ; elle est ornée, au centre, d'une guirlande de chêne en relief entourant la date « 14 avril 1814 ». Le sol a été arrangé en trois terrasses sur chacune desquelles est une tombe, comme à l'époque de l'enterrement. Une bordure, plantée de lierre et de pervenches blanches, fait le tour de l'intérieur. Sur la terrasse de l'entrée se trouve un marbre, dans un cadre de pierre blanche, protégé par une épaisse plaque de verre, avec cette inscription en lettres d'or : « Lieu où furent enterrés les officiers du Troisième des Gardes qui succombèrent devant Bayonne le 14 avril 1814. Ce terrain, situé sur l'emplacement où était campé leur régiment, a été clôturé par Miss Holburne, de Bath, A. D. 1876. »

» Derrière est la tombe du capitaine Mahon. Elle se compose d'un solide bloc de pierre de Bidache, formant croupe, avec une arête vive au milieu, coupée au pied en biseau, et repose sur une base formée des mêmes matériaux. Sur les côtés de l'arête, dont une croix occupe le milieu, se trouve l'inscription suivante : « Sous cette pierre repose le corps du capitaine Lake Mahon, du 3ᵉ régiment des gardes à pied » et au pied, sur la partie taillée en biseau, « qui mourut des blessures reçues devant Bayonne, le 14 avril 1814 ». Autour de la base : « Cette pierre a été placée en souvenir de lui, et la pierre tombale restaurée par l'unique sœur survivante de son frère d'armes, le capitaine Holburne, A. D. 1876 ». A l'autre extrémité de la pierre est sculptée une pile de boulets en relief. Au pied de la tombe se dresse la pierre tombale primitive, placée là en 1814, avec l'inscription : « A la mémoire du capitaine Mahon, du 3ᵉ des gardes, qui mourut des blessures reçues devant Bayonne le 14 avril 1814 ». Sur la terrasse du milieu, à la tête de sa tombe, est le bel obélisque de granit, à la mémoire du capitaine Holburne, envoyé d'Aberdeen par sa sœur :

c'est un splendide spécimen de granit rouge et un monument bien exécuté. Sur la base est inscrit en lettres d'or : « Consacré à la mémoire de Francis R. T. Holburne, capitaine et adjudant du 3ᵉ régiment des gardes, fils aîné de sir Francis Holburne, Bart, qui fut grièvement blessé en conduisant bravement ses hommes contre les Français à la sortie de Bayonne, le 14 avril 1814, et mourut de ses blessures le 23 avril 1814. Il repose dans ce cimetière : sa perte fut grandement ressentie par sa famille affligée et par tous ceux qui le connaissaient. Ce monument est érigé comme tribut d'affection par son unique sœur survivante ». La tombe est entourée d'une chaîne et de piliers de fer qui reposent sur des socles de granit ; elle est semée de parcelles de marbre blanc, avec une croix faite de parcelles de marbre noir au centre. La pierre tombale primitive, identique à celle du capitaine Mahon, est au pied. Sur la terrasse inférieure est une tombe de même forme que celle du capitaine Mahon, avec cette inscription : « Sous cette pierre et dans la même tombe reposent les restes mortels du capitaine White, du 3ᵉ régiment des gardes à pied, et du capitaine J.-B. Shiffner, du 3ᵉ régiment des gardes à pied, qui moururent des blessures reçues devant Bayonne, le 14 avril 1814. Cette pierre a été placée en mémoire d'eux, et la pierre tombale restaurée par les parents survivants du capitaine Shiffner, A. D. 1876. » La pierre tombale primitive fut en même temps ramenée de la fontaine où elle était restée si longtemps, comme nous l'avons dit. L'inscription était parfaitement conservée et la pierre aussi lisse que du marbre, par suite de l'usage auquel elle avait servi. Tout auprès se trouve un vieux tronc d'arbre dont une partie, formant les bras de la croix, manque depuis quarante ans ou plus ; il est protégé à présent par une grille de fer. Une plaque de cuivre y est fixée, expliquant que : « Ce chêne, en ce temps-là vivant, et qui avait été frappé par un boulet, fut arrangé en croix rustique, et les initiales des officiers enterrés ici furent gravées sur son écorce par leurs camarades au moment de leur ensevelissement. »

» Le coût des travaux dans ce terrain, y compris l'obélisque, l'accès du monument et les dépenses accidentelles a dépassé 400 livres (10,000 francs). La tombe des capitaines White et Shiffner a coûté 16 livres (400 francs). Le tout est sous la garde du fermier, vieillard qui, comme valet de cantine, fut blessé à la sortie, et se plaît de nos jours à raconter ses souvenirs de l'événement. Il reçoit

annuellement 1 livre pour son emploi qui est une complète siné-
cure. Ainsi a été créé un nouvel objet d'intérêt pour tous ceux qui
se soucient de voir la mémoire des vieux soldats de l'Angleterre
honorée, et on espère qu'elle le sera toujours, grâce au fonds de
réserve.

» La façon admirable dont le cimetière du 3ᵉ des gardes avait
été arrangé, rejeta tellement dans l'ombre le vieux et vénéré cimetière des Coldstream, que Miss Holburne, lorsqu'on lui soumit le
cas, offrit d'y faire les mêmes arrangements si les gardes y con-
sentaient. Son offre fut acceptée avec reconnaissance, et les travaux, commencés immédiatement, furent terminés en 1877. On
procura un nouvel accès au terrain, qui est agréablement abrité
par le feuillage de chênes et de châtaigniers, à la lisière du bois où
avait campé le régiment. Des traces de tentes et de cuisines de
campagne existent encore et permettent de reconnaître le campement. Le mur fut abaissé et on lui donna la forme de celui du
nouveau cimetière ; le terrain fut arrangé en terrasses, mais on ne
toucha ni aux tombes ni aux cyprès plantés en 1858.

» La tablette commémorative est érigée à l'extrémité inférieure,
avec cette inscription : « Consacré à la mémoire des officiers
anglais ci-après nommés, qui succombèrent glorieusement pendant la sortie faite par la garnison de la citadelle de Bayonne, le 14
avril 1814. Coldstream gardes : lieutenant-colonel G. Collier, sir
H. Sullivan, Bart, M. P. ; capitaines : Hon. W. G. Crofton, W.
Burroughs, adjudant ; enseignes : F. Vachell, W. Pitt, 1ᵉʳ régiment
des gardes ; enseigne : W. Vane, 3ᵉ régiment des gardes ; capitaines : C. L. White, J. B. Schiffner ; lieutenant : F. Holburne,
adjudant au 60ᵉ régiment ; lieutenant : J. Hamilton. Cette tablette
a été érigée à la mémoire des officiers ci-dessus par leur ami et
compagnon d'armes à la sortie, J. W. Harvey, ex-capitaine aux
Coldstream gardes et, depuis, consul de S. M. à Bayonne, 1830. »

» A main gauche du visiteur, et sur la même terrasse se trouve
le nouveau marbre, à la mémoire des sous-officiers et soldats, avec
l'inscription suivante en lettres d'or : « Consacré à la mémoire
des sous-officiers et soldats appartenant à la brigade des gardes et
aux 1ᵉʳ, 9ᵉ, 38ᵉ et 47ᵉ régiments de l'armée anglaise, qui tombèrent
devant Bayonne le 14 avril 1814. Leurs corps ayant été enterrés
pour la plupart là où ils ont succombé, leurs tombes sont inconnues maintenant. Ce marbre a été érigé à leur mémoire, lors de la

restauration du cimetière, A. D. 1877. » Vient ensuite le marbre avec les initiales : « Capt. Mahon, 3e Gds. ». Sur le côté opposé est placé celui des capitaines White et Shiffner, dont l'origine est inconnue, avec cette inscription : « Consacré à la mémoire du capitaine C. L. White, âgé de 32 ans, du capitaine J. B. Shiffner, âgé de 25 ans, du 3e régiment des gardes à pied, qui furent tués à la sortie de Bayonne, le 14 avril 1814. » Le marbre qui vient en suite porte : « Au capitaine H. (Holburne), 3e des gardes ». Dans le milieu, devant la tablette commémorative, est une plaque de marbre avec cette note :

« Les corps des officiers du 3e des gardes, capitaines White, Shiffner et M. (Mahon) et celui du capitaine H. (Holburne) (et non lieutenant comme dans la tablette commémorative), ne reposent pas ici, mais sur l'emplacement du camp de leur régiment, à environ un mille à l'est de ce cimetière. Leurs tombes ont été clôturées et de nouvelles pierres élevées à leur mémoire. A. D. 1876 ».

» Au milieu de la seconde terrasse se trouve la tombe du général Hay, primitivement dans le cimetière de Saint-Etienne, avec cette inscription : « Cette tombe est placée par les officiers du 3e bataillon du 1er royal écossais, en témoignage de respect pour la mémoire de feu le major général Hay, commandant la 1re brigade de la 5e division britannique, qui succomba vaillamment en défendant le terrain dans lequel son corps a été déposé, le 14 avril 1814, à l'âge de 52 ans. *N. B.* Cette pierre a été rapportée de l'angle N.-E. du cimetière de Saint-Etienne par suite de l'agrandissement du sanctuaire. A. D. 1868 ».

» Les autres marbres sont ceux des lieutenants-colonels sir H. S. (Sullivan) et G. C. (Collier) et des capitaines C. (Crofton) et B. (Burrough) des Coldstream. Sur une plaque en marbre blanc, fixée sur la vieille croix de pierre, placée en 1814 à la tête des tombes des colonels, on lit ces vers :

<blockquote>
« In hope beneath the Cross
They rest in warfare slain
Wairing the trumpet call,
In peace to rise again. »
</blockquote>

<blockquote>
« Dans l'espoir de la résurrection, sous cette croix,
Ils reposent, tués par la guerre,
Attendant l'appel de la trompette
Pour se relever en paix. »
</blockquote>

» Sur la terrasse d'entrée se trouvent les marbres consacrés aux enseignes V. (Vachel et P. (Pitt), des Coldstream, à l'enseigne V. (Vane), du 1er des gardes et au lieutenant Hamilton, du 60e régiment. Le marbre dédicatoire, jadis placé sur le mur en dehors de l'entrée, est maintenant sur la terrasse (1).

» Il porte l'inscription suivante en anglais : « Lieu où furent ensevelis les officiers anglais, la plupart des gardes Coldstream, qui tombèrent dans l'action qui eut lieu près d'ici, dans la matinée de la sortie de la citadelle de Bayonne, le 14 avril 1814 » ; et en français : « Tombeaux des officiers anglais tués au champ de bataille près de ces lieux, le 14 avril 1814 ».

» A quoi on a ajouté : « Ce terrain fut acheté par les gardes en 1814. Restauré par eux en 1830 et en 1858, il a été mis dans sa forme actuelle par Miss Holburne, de Bath. A. D. 1877 ».

» L'ensemble de ces travaux a coûté 110 livres (2,750 francs). Il a été fait allusion à un fonds d'entretien. Ce fonds consiste en une somme de 420 livres (10,500 francs) en trois pour cent consolidés, déposée par Miss Holburne entre les mains de mandataires qui sont actuellement le chapelain de Biarritz, Rév. A. B. Cross, *ex-officier* ; le colonel Pizot, de Bath, et M. P. A. Hurt, de Saint-Etienne, Bayonne. Le Foreign-Office s'est opposé à ce que le consul fût un des mandataires, mais il a formellement autorisé les consuls de Bordeaux et de Bayonne à veiller à la stricte exécution des travaux d'entretien, et l'acte de dépôt leur donne la faculté d'y procéder eux-mêmes à défaut des mandataires. Il semble donc qu'on ne puisse pas craindre que les pieux désirs de Miss Holburne cessent jamais d'être accomplis » (2).

Nous terminerons ce long et intéressant extrait par les lignes suivantes empruntées à l'ouvrage du commandant Clerc, qui a si

(1) Voici la liste exacte des officiers des armées alliées tués pendant le Blocus de Bayonne :

Major-général Andreus Hay ; Maj. Cap. Baron Fredk. Derchsell ; Cap. Walter Vane et Cr. Sergt W. Yuilli, du 1er régiment de la garde ; Lt Col. sir Henri Sullivan ; Capt. Wm. Geo. Crofton ; Lt Col. Geo. Collier ; Cap. W. Burroughs ; Enseigne W. Pitt, des Coldstream Gardes ; Capt. Jas. Bridges, Shiffner ; Capt. Chass. Larwence White ; Capt. Francis R. T. Holburn ; Capt. Luke Mahon, du 3e régt des gardes ; Lieutenant Hugh Mackay Baillic, du 33e de ligne ; Lieutenant Hamilton, du 60e de ligne ; le Major Paul Cludus ; Capt. Maller ; Lieut. J. Mayler ; Lieut. C. Kohler, de l'artillerie royale.

(2) Hurt. — *Les Cimetières anglais de Saint-Etienne,* Bayonne, 1896, traduction de M. Ch. Guiard. — Toute la notice précédente est empruntée à cet excellent ouvrage, après lequel la question est réellement épuisée.

bien décrit ces sanglantes actions de guerre. C'est un appel aux sentiments patriotiques des Bayonnais, et nous espérons bien que la lacune qu'il signale sera comblée quelque jour :

« Alors que les Anglais, dit-il, entretiennent dans leurs *Cemeterics* des environs de Bayonne la mémoire de leurs morts, de notre côté, *rien ;* aucune plaque commémorative, pas même le nom d'une place ou d'une rue, ne rappellent à l'étranger, à l'habitant, l'immortelle défense du maréchal Soult, des vétérans de l'armée d'Espagne et des conscrits de 1813. » Or, à qui, si ce n'est à eux, Bayonne doit-il de porter encore sa fière devise : *Nunquam Polluta ?*

« Sur la tombe du colonel Lloyd, tué le 11 décembre au passage de la Nive, dans l'église de Bidart est gravée cette phrase : « Lecteur, à quelque nation que tu appartiennes, réfléchis en contemplant ce tribut de l'affection conjugale que l'amour de la patrie, l'honneur et le respect des hommes méritants et valeureux sont naturels dans tous les pays » (1).

---

(1) Commandant Clerc.

APPENDICE

N° 1

PROCLAMATION DU MAIRE DE BAYONNE POUR INVITER LES HABITANTS A DISPOSER DES LOGEMENTS POUR RECEVOIR LES OFFICIERS.

Juin 1813. — (Archives de Bayonne).

Le Maire de la ville de Bayonne aux habitants,

Le nombre considérable de généraux, d'officiers supérieurs, de chefs d'administration de l'armée et autres officiers de tous grades qui se trouvent en ville, ceux qui arrivent à chaque instant, exige que la Municipalité employe tous ses moyens pour que les militaires soient logés convenablement.

Les habitants sont invités à cet effet à destiner les appartements de toute nature qui pourront être nécessaires : on en fera usage avec toute la modération que les circonstances permettent ; mais on ne pourra avoir égard aux réclamations qui seront faites sans être complétement fondées.

Les familles qui sont à la campagne pour jouir de la belle saison sont tenues de laisser quelques personnes de confiance dans leurs maisons de la ville, pour y recevoir les militaires qui y seront envoyés en logement.

Fait à Bayonne, le 28 juin 1813.

Le Maire, Detchegaray.

N° 2

BAYONNE MIS EN ÉTAT DE SIÈGE

4 juillet 1813. — (Archives de Bayonne).

Le Maire aux habitants,

M. le général baron Lhuillier, commandant la 11ᵉ division militaire et celle de réserve à Bayonne, vient d'annoncer à la Mairie que la ville est mise en état de siège, ainsi que la citadelle et autres places des environs. L'acte qui porte cette disposition est ainsi conçu :

« Le général commandant la 11ᵉ division militaire et celle de réserve de
» Bayonne, d'après l'autorisation de S. E. le Ministre de la guerre, déclare qu'il
» met en état de siège les places de Bayonne et de sa citadelle, Saint-Jean-
» Pied-de-Port et Navarreinx, ainsi que les autres places et postes militaires
» sur la frontière de la division.

» MM. les commandants d'armes, les directeurs du génie et de l'artillerie,
» l'ordonnateur de la division, devront, en conformité de cet ordre, armer,
» approvisionner ces places, et faire tout ce qui est prescrit en pareille circons-
» tance par les règlements militaires.

» MM. les commandants des places précitées assembleront chaque jour, et
» plus souvent s'il est nécessaire, les officiers désignés pour former le conseil
» ordonné par la loi, en se conformant au chapitre quatre du décret impérial
» du 24 septembre 1811.

» Chaque jour, il me sera rendu compte des délibérations prises ; il m'en
» sera adressé à cet effet un extrait en double expédition ; le zèle et l'attache-
» ment que j'ai remarqué dans les personnes que je viens de nommer, me per-
» suadent qu'elles feront tout ce qui sera en leur pouvoir pour concourir au
» bien de Sa Majesté.

» En mettant les places frontières de la division en état de siège, j'ai moins
» consulté la nécessité de cette mesure que le désir de faire disparaître les
» craintes de quelques habitants auxquels je ne cesserai de répéter que nos
» forces sont en ligne, que les vivres sont assurés, que les armées, composées
» de vieilles bandes, nous couvrent, qu'elles sont appuyées par les braves gar-
» des nationales qui, à une époque peu reculée, repoussèrent seules toutes les
» armées espagnoles.

» M. l'adjudant commandant Sabès, chef de l'état-major de la 11e division,
» enverra sur-le-champ copie du présent ordre à toutes les autorités qu'il
» concerne.

» Bayonne, le 3 juillet 1813.

» Signé : Baron LHUILLIER.

» Pour copie conforme :
» L'adjudant commandant, chef d'état-major de la 11e division militaire,
» SABÈS. »

Par l'effet de la mesure que vient de prendre M. le général divisionnaire commandant, et la disposition formelle des lois, l'autorité dont les magistrats étaient revêtus pour le service de l'ordre et de la police passe toute entière au commandant d'armes.

Le Maire connoit les bonnes dispositions des habitants, leur dévouement au bien public et leur amour pour l'accomplissement de tous leurs devoirs, a la plus grande confiance qu'ils se conformeront à toutes les règles que l'autorité militaire croira devoir adopter dans cette circonstance pour l'utilité commune.

Fait à Bayonne, à l'Hôtel de Ville, le 4 juillet 1813.

Signé : DETCHEGARAY, maire.

N° 3

ORDRE DU MARÉCHAL SOULT ORDONNANT L'ÉTUDE ET LE TRACÉ DES OUVRAGES QUI DOIVENT COMPOSER LE FUTUR CAMP PETRANCHÉ DE BAYONNE ; L'INONDATION DEVRA ÊTRE TENDUE DANS LES MARAIS A L'AIDE DE BARRAGES ; IL NE SERA FAIT DE DÉMOLITIONS QU'EN VERTU D'ORDRES POSITIFS.

(Commandant Clerc. — *Campagne du Maréchal Soult*).

ORDRE

Bayonne, le 16 juillet.

« Il sera fait un projet de camp retranché en avant des ouvrages de la ville haute, entre l'Adour et la Nive, composé de dix à douze redoutes à lunettes, ayant pour condition de se voir entr'elles et de se flanquer réciproquement, de protéger les barrages à faire sur le ruisseau de l'Aritzague pour obtenir une inondation ou au moins un blanc d'eau dans toute l'étendue du marais.

» Les redoutes existantes entre l'Adour et la Nive du côté de Mousserolles, en avant du front de la ville basse ou Bourg-Neuf, seront relevées de suite et palissadées ; celles qu'il faudra y ajouter pour achever le système des ouvrages qui doivent couvrir le front faible de Mousserolles, seront reconnues et tracées, et l'on y travaillera aussitôt que les emplacements seront fixés ; mais avant de commencer les derniers ouvrages projetés, l'ordre en sera donné.

» Les ouvrages à l'extérieur de la citadelle, jugés indispensables pour la couvrir ainsi que le faubourg de Saint-Esprit, seront examinés avec attention et le projet en sera présenté le plus tôt possible.

» Le général Levy formera une commission pour asseoir le travail que comportent les articles précédents. Il sera toujours observé que, quelques projets qui soient présentés, soit pour ajouter à la défense de la ville, soit dans le système du camp retranché entre l'Adour et la Nive, il ne doit point être fait de démolition à moins d'un ordre positif donné par le ministre de la guerre ou par le maréchal commandant en chef les armées en Espagne ou par le général commandant à Bayonne, dans le cas d'un danger prochain et immédiat.

» La lettre du ministre de la guerre, en date du 12 courant, excepte de tout projet de démolition la ville de Saint-Esprit, l'arsenal de la marine, le palais impérial de Marrac et le séminaire.

Nᵒ 4

LETTRE DU MARÉCHAL SOULT AU MINISTRE DE LA GUERRE, DANS LAQUELLE IL DIT ÊTRE HEUREUX DE SE TROUVER EN CONFORMITÉ D'OPINION AVEC LUI ; IL A DONNÉ ORDRE D'ÉTUDIER LES PROJETS DE DEUX CAMPS RETRANCHÉS QUE PROPOSAIT L'ANCIEN CONSEIL DE DÉFENSE, ILS N'AURAIENT RIEN AJOUTÉ AUX BONTÉS DE LA PLACE ET AURAIENT COUTÉ FORT CHER AU GOUVERNEMENT.

(Commandant Clerc. — *Campagne du Maréchal Soult*).

SOULT AU MINISTRE

Ascain, 8 août 1813.

« Dès les premiers jours de mon arrivée à Bayonne, je sentis la nécessité de donner plus de développement à la défense de cette place et je donnai ordre au commandant du génie de me présenter le projet de deux camps retranchés, l'un sur les hauteurs de Mousserolles, et l'autre sur le front de la route d'Espagne, qui, en embrassant un plus grand système que celui auquel le conseil de défense s'était borné, portât cette défense tout à fait à l'extérieur, et donnât un appui à un corps de troupes destiné à tenir campagne, qui serait trop fort pour s'enfermer dans la ville.

» On s'occupait de ce projet, lorsque je reçus de vous une lettre où vous me préveniez que vous aviez désapprouvé la proposition du conseil de défense qui tendait à faire démolir tous les bâtiments à portée des fortifications qui pouvaient nuire à la défense, y compris le château de Marrac, une partie du faubourg de Saint-Esprit et l'arsenal de la Marine. Je m'applaudis alors d'avoir en quelque sorte prévu ces dispositions, en donnant une autre direction à ce qui devait être entrepris.

» Effectivement, les démolitions que l'on proposait n'auraient point ajouté à la bonté de la place, ni retardé d'un jour le siège. Cependant, il en eût coûté au gouvernement des sommes considérables pour payer des indemnités, et l'armée n'eût trouvé qu'un appui ordinaire à Bayonne, au lieu que, par le projet que je présente, tous les bâtiments que l'on voulait démolir sont nécessairement conservés, les dangers d'un siège sont infiniment éloignés et les dépenses paraissent devoir être beaucoup moindres que ce qu'elles auraient été si le premier système eût été adopté.

» Dès lors, la place de Bayonne pourra être considérée comme de première classe, sans qu'il soit rigoureusement nécessaire d'augmenter de beaucoup sa garnison. Cette ville, par l'importance politique et commerciale qu'elle a acquise, doit nécessairement être mise en état de défense le plus formidable, pour ôter aux ennemis jusqu'à l'idée de l'attaquer, quels que puissent être les événements de la guerre. »

TROUPES DE BLOCUS - INFANTERIE PORTUGAISE

No 5

LE GÉNÉRAL THOUVENOT, GOUVERNEUR DE BAYONNE, A REÇU AVIS DU MARÉCHAL SOULT QU'IL S'ATTENDAIT A ÊTRE ATTAQUÉ LE LENDEMAIN MATIN. — THOUVENOT DONNE ORDRE AU GÉNÉRAL GARBÉ, DU GÉNIE, DE POURSUIVRE LES TRAVAUX COMMENCÉS DU CAMP RETRANCHÉ, ET DE LUI FAIRE SAVOIR QUELLE EST LA QUANTITÉ D'OUVRIERS QU'IL POURRA EMPLOYER UTILEMENT.

(Commandant Clerc. — *Campagne du Maréchal Soult*).

THOUVENOT A GARBÉ

Bayonne, 28 septembre, à minuit.

« Je sors de chez le Maréchal qui m'a prévenu que l'ennemi avait fait des mouvements qui annonçaient le projet de nous attaquer très incessamment et peut-être même aujourd'hui, à 2 ou 3 heures du matin.

» Il m'a ordonné de presser les travaux défensifs de la place et de la citadelle, et de mettre la plus grande activité à ceux du camp retranché du front d'Espagne, sans cependant retarder les autres.

» En conséquence, je vous prie de me faire connaître qu'elle serait la quantité d'ouvriers que vous pourriez employer en augmentation pour les travaux, afin que j'écrive aux préfets des départements qui doivent les fournir de les envoyer dans le plus court délai possible.

» Si l'ennemi n'attaque pas ce matin, M. le Maréchal reviendra ici demain pour visiter les travaux et arrêter définitivement l'emplacement des trois redoutes avancées de la citadelle.

» Je viens de donner des ordres pour la défense du bas de la rivière, le Maréchal m'ayant annoncé que, dans le cas où l'ennemi attaquerait, il serait possible qu'il fît une diversion par mer avec les bâtiments de guerre et de transport qu'il a à Pasages ».

No 6

LE MARÉCHAL SOULT DÉSIRE QUE TOUS LES OUVRIERS SOIENT PORTÉS AU GRAND CAMP RETRANCHÉ. — LA REDOUTE DE BEYRIE DOIT ÊTRE IMMÉDIATEMENT COMMENCÉE ET IL N'EST PAS NÉCESSAIRE DE SE HATER D'ABANDONNER LES CAMPAGNES. — IL COMPTE FAIRE UNE VIGOUREUSE RÉSISTANCE.

(Commandant Clerc. — *Campagne du Maréchal Soult*).

SOULT A THOUVENOT

Saint-Jean-de-Luz, 8 octobre, à midi.

« Je reçois votre lettre de ce jour, à 5 heures du matin ; j'approuve les dispositions que vous avez prises pour l'exécution du grand **camp retranché** ;

j'aurais cependant voulu que les ouvrages de ce camp fussent définitifs avant d'entreprendre les redoutes de la porte de secours de la citadelle, et que la totalité des ouvriers que vous avez réunis fût portée au grand camp retranché ; l'objet est d'une telle importance, que tout le monde doit briguer l'honneur d'y mettre la main.

» Il n'y a pas lieu de faire lever le camp des blessés ni de faire abattre les arbres et haies à portée du camp retranché. Mon intention est cependant que la redoute qui doit être placée sur le plateau de Beyris soit immédiatement entreprise et qu'elle soit éclairée par des redans sur tout le contrefort de cette position.

» Il n'y a pas lieu non plus de faire démeubler les campagnes par les habitants. La mesure de faire filer sur les derrières les habitants des frontières qui arrivent à Bayonne est prématurée.

» Il sera donné plusieurs batailles avant que le canon de Bayonne soit dans le cas de tonner ».

N° 7

LE GÉNÉRAL GOUVERNEUR ANNONCE AU GÉNÉRAL GARBÉ QU'IL A DEMANDÉ A LA POPULATION DE BAYONNE MILLE TRAVAILLEURS ET SIX CENTS A CELLE DE SAINT-ESPRIT ; IL FAUDRA LES EMPLOYER JOUR ET NUIT A LA CONSTRUCTION DU GRAND CAMP RETRANCHÉ.

(Commandant Clerc. — *Campagne du Maréchal Soult*).

THOUVENOT A GARBÉ

Bayonne, 8 octobre.

» J'ai reçu cette nuit l'ordre du Maréchal d'activer les travaux du génie par tous les moyens possibles et d'y faire travailler nuit et jour.

» En conséquence, j'ai ordonné au Sous-Préfet de Bayonne de faire fournir par la population de la ville 1,000 ouvriers terrassiers qui travailleront nuit et jour et qui seront relevés toutes les vingt-quatre heures, et de faire fournir par les communes environnantes des Basses-Pyrénées tout ce que la population de ces communes pourra fournir d'ouvriers en augmentation de ceux que le département fournit déjà.

» J'ai ordonné au maire de Saint-Esprit de fournir journellement sur la population de cette ville 600 ouvriers terrassiers, qui travailleront également jour et nuit et qui seront relevés toutes les vingt-quatre heures.

» Je pense qu'avec cette augmentation d'ouvriers vous pourrez de suite commencer les redoutes en avant de la citadelle et de Saint-Esprit, et mettre des travailleurs dans toute l'étendue du camp retranché de Marrac. Il serait également fort important que vous puissiez mettre des travailleurs pour commencer toutes les redoutes du grand camp retranché ; mais il serait au moins très essentiel que toutes ces redoutes soient tracées de suite, afin que si l'armée ou une partie de l'armée se retire sur nous, on puisse faire travailler sans relâche les soldats à la construction des ouvrages ».

N° 8

LE MARÉCHAL SOULT EST IRRITÉ DE VOIR QUE SES ORDRES NE SONT PAS SUIVIS ; IL INVITE LES GÉNÉRAUX THOUVENOT ET GARBÉ A S'OCCUPER DES REDOUTES DU FRONT D'ESPAGNE ET DE BEYRIS QUI SONT LES PLUS ESSENTIELLES POUR ARRÊTER L'ENNEMI.

(Commandant Clerc. — *Campagne du Maréchal Soult*).

SOULT A THOUVENOT

Saint-Jean-de-Luz, 19 octobre.

« Je ne conçois pas pourquoi vous et le général Garbé vous vous entêtez à ne pas vouloir entreprendre simultanément tous les ouvrages du camp retranché du front d'Espagne, particulièrement ceux qui doivent défendre la grande route et l'inondation supérieure, et que vous persistiez à faire travailler aux redoutes de la citadelle et de Saint-Esprit. Je vous ai cependant adressé divers ordres, et vous auriez dû reconnaître que si l'ennemi se présentait devant Bayonne, tout ce que l'on fait sur le front de Marrac et pour retenir l'inondation inférieure ne servirait de rien si l'on n'était pas en mesure d'arrêter l'ennemi au débouché de la grande route.

» D'après ces considérations, je vous réitère l'ordre de faire entreprendre les redoutes qui doivent défendre la grande route et l'inondation supérieure, ainsi que la ronde avancée sur le plateau de Beyris. Celles de la citadelle et de Saint-Esprit seront reprises ensuite ».

N° 9

LE MARÉCHAL SOULT RÉITÈRE SES ORDRES POUR LE PROMPT ARMEMENT DES REDOUTES ET LA TENSION DES INONDATIONS INFÉRIEURES ET SUPÉRIEURES.

(Commandant Clerc. — *Campagne du Maréchal Soult*).

SOULT A THOUVENOT

Saint-Jean-de-Luz, 2 novembre.

» Je suis d'une impatience extrême d'apprendre que les redoutes qui doivent battre la grande route sont armées, l'inondation inférieure tendue, l'inondation supérieure très avancée et les lunettes du plateau de Beyris entreprises.

» A l'égard de l'ouvrage à cornes du front de Marrac, je le considère comme assez avancé pour recevoir des canons et se défendre sous leur protection. En cas d'événements, on ferait la lunette qui doit être construite en avant. Mais il est aussi important d'entreprendre incessamment les redoutes qui doivent lier l'ouvrage à cornes aux redoutes de la grande route ».

N° 10

IL FAUT PRESSER LES TRAVAUX ET MÊME OCCUPER PROVISOIREMENT LE PLATEAU DE BEYRIS, CETTE POSITION EST DE LA PLUS GRANDE IMPORTANCE.

(Commandant Clerc. — *Campagne du Maréchal Soult*).

SOULT A THOUVENOT

Arcangues, 11 novembre.

« Je puis, d'un instant à l'autre, être obligé de me replier sur Bayonne. Pressez autant que possible vos travaux et faites tendre vos inondations. Vous pouvez même vous rendre maître du plateau de Beyris par de fortes lignes d'abatis. Ensuite, sous la protection de ces lignes, on exécutera les travaux proposés. Cette position me paraît avantageuse à occuper dans le système d'un camp retranché, car elle retarderait longtemps les approches de l'ennemi..... »

N° 11

SUR L'ARMEMENT DES CHALOUPES CANONNIÈRES

(Commandant Clerc. — *Campagne du Maréchal Soult*.

LE COMMISSAIRE DE LA MARINE AU GÉNÉRAL THOUVENOT

Bayonne, 13 novembre.

« J'ai reçu la nuit dernière, de S. E. le Maréchal, une lettre par laquelle, considérant l'urgence, il m'ordonne de préparer de suite l'armement et l'équipement de vingt chaloupes canonnières destinées à concourir à la défense de Bayonne. Je dois vous déclarer que je n'ai pas le premier sou pour faire cette dépense ».

N° 12

IL EST NÉCESSAIRE DE DÉFENDRE PAR DES OUVRAGES LES INONDATIONS SUPÉRIEURES ET INFÉRIEURES, CAR ELLES SONT DE LA PLUS GRANDE IMPORTANCE POUR LA CONSERVATION DU FRONT DU CAMP RETRANCHÉ.

(Commandant Clerc. — *Campagne du Maréchal Soult*).

THOUVENOT A GARBÉ

17 novembre.

« Aucun ouvrage n'est encore entrepris, ni même tracé, pour couvrir la route d'Espagne qui servira de digue à l'inondation supérieure qui couvre une partie du camp retranché d'Espagne.

» En supposant la route exhaussée à la hauteur voulue, l'inondation supérieure tendue, l'ennemi pourrait, dans une ou plusieurs nuits, couper la route et détendre l'inondation. Alors, tout le front du camp, couvert par cette inondation, serait ouvert aux attaques de l'ennemi et bientôt enlevé. L'ennemi pénétrerait entre la ville et le camp retranché, dont la droite et la gauche tomberaient sans résistance, en compromettant les troupes chargées de les défendre et l'artillerie qui s'y trouve.

» Toute la force du camp retranché du front d'Espagne consiste dans les inondations supérieures et inférieures, et la conservation de ces inondations est la chose la plus importante pour la défense dont nous sommes chargés ».

N° 13

SUR LE PONT DE BATEAUX QUE LE MARÉCHAL A FAIT ÉTABLIR AU-DESSUS DE BAYONNE

(Commandant Clerc. — *Campagne du Maréchal Soult*).

SOULT AU MINISTRE

Bayonne, 23 novembre.

« Le pont de bateaux que j'ai fait établir au-dessus de Bayonne sera terminé demain matin.

» Lorsque les ouvrages des camps retranchés des fronts d'Espagne et de Mousserolles seront terminés et les inondations tendues, la place de Bayonne sera une des plus fortes de l'Empire ; elle pourra servir de dépôt à une armée et lui donner protection ».

Nᵒ 14

COMMENCEMENT DE L'INTERRUPTION DE LA NAVIGATION DE L'ADOUR PAR L'ARMÉE ALLIÉE.

(Commandant Clerc. — *Campagne du Maréchal Soult*).

LE COMMISSAIRE DE MARINE AU GÉNÉRAL THOUVENOT

Bayonne, 10 décembre.

« L'officier chargé d'escorter les bateaux chargés de bouches à feu de campagne évacuées sur Dax le 8, vient de me rapporter qu'en revenant ce matin à 11 heures il s'est arrêté à Urt, où l'ennemi s'est présenté. Comme en cet endroit la rivière est très resserrée, que les courants y sont très forts et que les canons ne peuvent guère avoir d'effet sur ce village placé sur un tertre, il a cru devoir descendre à Bayonne afin de prévenir les bateaux qui ont l'habitude de s'arrêter devant ce village.

» Je lui permis de rallier les chaloupes canonnières de sa section et de forcer ce passage, afin que la navigation puisse continuer ».

Nᵒ 15

ÉVACUATION D'URT PAR L'ENNEMI.

(Commandant Clerc. — *Campagne du Maréchal Soult*).

LE COMMISSAIRE DE LA MARINE AU GÉNÉRAL THOUVENOT

Bayonne, 11 décembre.

« A 5 heures du matin, le capitaine L'Ordon, commandant d'une chaloupe canonnière, est arrivé avec un convoi de douze gros bateaux chargés de subsistances. L'ennemi avait évacué Urt ».

Nᵒ 16

LES HABITANTS DE BAYONNE SONT INVITÉS A PORTER SECOURS AUX BLESSÉS

(Archives de Bayonne).

Le Maire de Bayonne aux habitants,

L'armée française se bat à une petite distance de la ville, du côté de Mouguerre. Des blessés sont portés dans les ouvrages avancés de Camp-de-Prats, mais il manque des bras pour les conduire dans l'hôpital en ville.

Tous les habitants sont invités à se rendre sur-le-champ à Camp-de-Prats pour remplir l'honorable devoir de conduire et de soutenir les braves que le sort des combats a frappés.

Fait à Bayonne, à l'Hôtel de Ville, le 13 décembre 1813.

DETCHEGARAY.

N° 17

LA DIVISION FOY EST PLACÉE SUR LA RIVE DROITE DE L'ADOUR DANS LE BUT DE PROTÉGER LA NAVIGATION.

(Commandant Clerc. — *Campagne du Maréchal Soult*).

SOULT AU MINISTRE

Bayonne, 14 décembre.

« J'ai ordonné à la division Foy de s'établir sur la rive droite de l'Adour, depuis le confluent du gave de Pau jusqu'à une demi-lieue au-dessus de Bayonne. Elle protégera la navigation de l'Adour. Le général Foy doit aussi examiner si le village d'Urt ne pourrait pas être occupé comme tête de pont ; le lit de la rivière est très resserré sur ce point, et si l'ennemi s'y établissait, il nous incommoderait beaucoup.

N° 18

LE MARÉCHAL SOULT DONNE L'ORDRE DE BRISER LES CLAPETS ET DE DÉTRUIRE LES BARRAGES QUI RETIENNENT LES EAUX DU HAUT ADOUR.

(Commandant Clerc. — *Campagne du Maréchal Soult*).

SOULT A THOUVENOT

Bayonne, 16 décembre.

« Pour ôter à l'ennemi l'idée de jeter des ponts sur l'Adour, il est convenable de détruire les digues pour la retenue des eaux qui sont à la rive gauche de cette rivière, soit en faisant des coupures, soit en brisant les clapets. Il est même nécessaire que les points où l'ennemi aurait le plus de facilité pour l'établissement d'un pont soient bien reconnus, afin d'étendre, vis-à-vis, l'inondation à la rive droite et de rendre l'entreprise impraticable. Vous donnerez des ordres en conséquence, de concert avec le général Garbé ; mais comme le général Foy est établi sur l'Adour, vous le préviendrez des dispositions qui seront faites.

Nᵒ 19

LE GÉNÉRAL GOUVERNEUR VA FAIRE CONSTRUIRE UNE BATTERIE DE GROS
CALIBRE SUR LA RIVE DROITE DE L'ADOUR. — L'EXPÉDITION POUR LA
DESTRUCTION DES CLAPETS ET DES BARRAGES N'A RÉUSSI QU'EN PARTIE.

(Commandant Clerc. — *Campagne du Maréchal Soult*).

THOUVENOT AU MINISTRE DE LA GUERRE

Bayonne, 18 décembre.

« D'après une reconnaissance que j'ai faite ce matin avec M. le Maréchal sur
la rive droite de l'Adour, je vais faire construire, d'après ses ordres, une batterie de trois pièces de gros calibre près de la maison de campagne de Hayet,
vis-à-vis de Saint-Pierre d'Irube, pour protéger la navigation et contrebattre
une batterie que l'ennemi construit sur la rive gauche.

» Le lieutenant de vaisseau Bourgeois est rentré de son expédition. L'ennemi ayant des postes tout le long de la rivière, depuis nos avant-postes du
front de Mousserolles jusqu'à Urt compris, il n'a pas été possible de rompre
les digues sur cette partie de la rivière ; mais elles l'ont été depuis Urt jusqu'à
l'embouchure de la Bidouze ».

Nᵒ 20

LA NAVIGATION DE L'ADOUR SE TROUVE INTERROMPUE ; DÉSORMAIS, IL
SERA MIS DES SOLDATS DANS CHACUN DES BATEAUX QUI FONT LE
SERVICE ENTRE BAYONNE ET DAX.

(Commandant Clerc. — *Campagne du Maréchal Soult*).

LE COMMISSAIRE DE MARINE AU GÉNÉRAL THOUVENOT

Bayonne, 20 décembre.

« Les équipages de plusieurs bateaux de l'Adour, gagnés par la terreur, ont
abandonné au port de Lannes leurs bateaux chargés de subsistances. Dès que
j'en ai été instruit, j'ai ordonné aux syndics de la marine de les contraindre à
regagner leur bord, et à l'officier qui commande la station de chaloupes canonnières en avant d'Urt, de prendre à la remorque les dits bateaux pour les conduire à Bayonne. Cet ordre eût été exécuté sans le temps affreux qui a régné
la nuit dernière.

» Les ordres les plus précis ont été donnés pour faire naviguer en convoi
les bateaux qui montent et descendent de Mont-de-Marsan et de Dax. Je pré-
viens le commissaire de la marine de Dax de placer à l'avenir, dans chaque
bateau, quatre soldats pour contenir les équipages ».

N° 21

LE MARÉCHAL DONNE L'ORDRE D'ÉTABLIR DES BATTERIES SUR LA RIVE
DROITE DE L'ADOUR, AU-DESSUS DE LA VILLE, AFIN DE POUVOIR
S'OPPOSER AU PASSAGE DU FLEUVE.

(Commandant Clerc. — *Campagne du Maréchal Soult*).

SOULT A THOUVENOT

Peyrehorade, 22 décembre.

« Je vous ai écrit d'aller reconnaître avec le général Garbé le plateau
d'Arrance, situé à droite du moulin de Bacheforêt, pour y faire établir une
forte batterie. Il n'y a pas de temps à perdre, quand bien même les mouvements de terre ne seraient point terminés. Je vous ai prévenu que cette batterie est destinée à battre le bassin de l'Adour dans la direction de Lahonce,
ainsi que le contrefort qui descend de Mouguerre dans cette direction, conjoin-
tement avec la batterie de Hayet, que je suppose terminée.

» Comme il est vraisemblable que si l'ennemi entreprend le passage il en
fera la démonstration à partir de Bacheforêt, il est indispensable que vous
fassiez rendre les communications qui aboutissent à votre position d'une
grande facilité pour l'artillerie, afin que nous puissions y déployer beaucoup
de canons et y former plusieurs divisions.

» Il est encore nécessaire de rendre les abords de la rive droite de Bayonne,
depuis Bacheforêt jusqu'à Bayonne, absolument inabordables, soit par des
coupures et des abatis ou soit en escarpant la rive, de manière que tout débarquement soit impossible ».

***

N° 22

ORDRE EST DONNÉ AU GÉNÉRAL REILLE DE SE METTRE EN MARCHE AVEC
SES QUATRE DIVISIONS POUR S'OPPOSER AUX EFFORTS DES ENNEMIS,
TOUT EN PRENANT LES PRÉCAUTIONS NÉCESSAIRES POUR QUE LE CAMP
RETRANCHÉ DE BAYONNE NE SOIT PAS PRIS AU DÉPOURVU.

(Commandant Clerc. — *Campagne du Maréchal Soult*).

INSTRUCTION DU MARÉCHAL A REILLE

Peyrehorade, 23 décembre.

« Hier, j'ai eu l'honneur de vous prévenir que l'ennemi faisait des préparatifs pour passer l'Adour, et je vous ai annoncé que si cela arrivait vous deviez
laisser trois bataillons pour augmenter la garnison de Bayonne et défendre les
camps retranchés, en même temps que vous partiriez rapidement avec les
quatre divisions d'infanterie et les quatre batteries sur le point attaqué.

» Vous feriez rentrer dans les camps du front d'Espagne et du plateau de Beyris tout ce qui est en avant, ne laissant que de simples postes d'observation.

» Vous feriez aussi rentrer dans le camp de Mousserolles les troupes qui sont sur le plateau de Saint-Pierre d'Irube, en ordonnant cependant au général Thouvenot de faire garder les ouvrages construits en avant de Mousserolles.

» Le général Thouvenot devrait aussi, au moyen des troupes à sa disposition, pourvoir à la défense du front d'Espagne et du plateau de Beyris.

» Ces dispositions faites, vous vous mettriez en marche avec vos quatre divisions et les quatre batteries de campagne pour vous porter avec toute la célérité possible sur le point d'attaque de l'ennemi, où il aurait entrepris et effectué son passage, afin de concourir, avec les autres divisions qui lui feront tête, à le repousser et à le rejeter sur la rive gauche de l'Adour ; mais votre mouvement devrait être successif, de manière que par la tête de votre colonne vous puissiez participer à cette attaque et que la gauche soit à portée de secourir les troupes qui seront dans le camp retranché de Bayonne si elles sont trop vivement pressées lorsque votre mouvement sera aperçu ».

Nᵒ 23

WELLINGTON INTERDIT LE PILLAGE AUX TROUPES ESPAGNOLES ET INDIQUE LES MOYENS DISCIPLINAIRES POUR POUVOIR S'Y OPPOSER.

(Dépêches de Wellington).

AU GÉNÉRAL DON MANUEL FREYRE

A Saint-Jean-de-Luz, le 24 décembre 1813, à 11 heures du soir.

Mon cher général,

J'ai reçu votre lettre d'aujourd'hui ; et j'avais déjà donné ordre le 22 de rappeler celui que j'avais donné le 18, à la division du général Morillo, de se tenir sous les armes.

La question entre ces messieurs et moi est s'ils pilleront ou non les paysans français. J'ai écrit et fait écrire plusieurs fois au général Morillo pour lui marquer ma désapprobation sur ce sujet, mais en vain ; et enfin j'ai été obligé de prendre des mesures pour m'assurer que les troupes sous ses ordres ne feraient plus de dégâts dans le pays. Je suis fâché que ces mesures soient de nature à déplaire à ces messieurs ; mais je vous avoue que je trouve que la conduite qui les a rendues nécessaires est bien plus déshonorante que les mesures qui en sont la conséquence.

Je vous prie de croire que je ne peux avoir aucun sentiment sur votre lettre que celui de la reconnaissance ; et aussitôt que j'aurai lu toutes celles incluses dans lettre officielle, je vous enverrai réponse. En attendant, je vous dis que je suis, et de toute ma vie ai été, trop accoutumé aux libelles pour ne pas les mépriser ; et si je ne les avais pas méprisés, non seulement je ne serais pas où je suis, mais le Portugal au moins, et peut-être l'Espagne, seraient sous la domination française. Je ne crois pas que l'union des deux nations dépend des libellistes ; mais si elle en dépend, pour moi je déclare que je ne désire pas un commandement ni l'union des nations si l'un ou l'autre doit être fondé sur le pillage. J'ai perdu 20,000 hommes dans cette campagne et ce n'est pas pour que le général Morillo ni qui que ce soit puisse venir piller les paysans français ; et où je commande, je déclare hautement que je ne le permettrai jamais. Si on veut piller, qu'on nomme un autre à commander, parce que moi je déclare que, si on est sous mes ordres, il ne faut pas piller.

Vous avez des grandes armées en Espagne, et si on veut piller les paysans français, on n'a qu'à m'ôter le commandement et entrer en France. Je couvrirai l'Espagne contre les malheurs qui en seront le résultat ; c'est-à-dire que vos armées, quelque grandes qu'elles puissent être, ne pourront pas rester en France pendant quinze jours.

Vous savez bien que vous n'avez ni argent ni magasins, et rien de ce qu'il faut pour tenir une armée en campagne, et que le pays où vous avez passé la campagne dernière est incapable de vous soutenir l'année prochaine.

Si j'étais assez scélérat pour permettre le pillage, vous ne pouvez pas croire que la France (toute riche qu'elle est) puisse soutenir votre armée si le pays est pillé. Pour ceux qui désirent vivre des contributions du pays (ce qui, je crois, est votre objet dans la campagne prochaine), il paraît essentiel que les troupes ne soient pas autorisées à piller. Mais, malgré tout cela, on croirait que je suis l'ennemi au lieu d'être le meilleur ami de l'armée, en prenant des mesures décisives pour empêcher le pillage, et que ces mesures la déshonorent !

Je pourrais dire quelque chose aussi en justification de ce que j'ai fait qui regarderait la politique ; mais j'ai assez dit et je vous répète qu'il m'est absolument indifférent de commander une grande ou une petite armée ; mais, qu'elle soit grande ou petite, il faut qu'elle m'obéisse et surtout qu'elle ne pille pas.

Agréez, etc.

Wellington.

En vérité, je ne peux pas m'empêcher de me moquer des plaintes du général Morillo. Le jour que je lui ordonnai de se mettre sous les armes, il entreprit de lui-même (sans mes ordres ni ceux d'aucun autre), une reconnaissance sur l'ennemi ; les routes étaient dans un tel état qu'il ne pouvait faire marcher son infanterie ; et le résultat a été que la cavalerie anglaise, qui l'a accompagnée et faisait son avant-garde, a beaucoup souffert. Puis, il vient me dire qu'il n'a pas de souliers ! Comment a-t-il pu faire cette reconnaissance sans souliers ? Et puis, la malheureuse troupe, sans souliers et sans vivres pour se tenir sous les armes, comment le général Morillo a-t-il pu la faire marcher ?

Demandez au général Alava et au général O'Lalor combien de fois j'ai mis les troupes anglaises et portugaises sous les armes, en Espagne, pour sauver les villes et les campagnes espagnoles, et vous verrez que je suis au moins impartial.

N° 24

SI LE PILLAGE DES TROUPES ESPAGNOLES CONTINUE, LES PAYSANS FRAN-ÇAIS NE MANQUERONT PAS DE SE SOULEVER ET DÉJA MINA A ÉTÉ SURPRIS A BAÏGORRY.

(Dépêches de Wellington).

AU GÉNÉRAL DON MANUEL FREYRE

Saint-Jean-de-Luz, le 26 décembre 1813, à midi.

Mon cher général,

Je viens de recevoir votre lettre du 26. Il paraît, par les lettres du général Morillo que vous m'avez envoyées, que j'avais averti le général Morillo au moins quatre fois et de différentes manières, des plaintes que j'avais reçues sur ses troupes. Quoique le général nie que ses troupes aient fait du mal, il a lui-même dit au général Hill que « c'était impossible de l'empêcher, parce qu'il n'y avait ni un soldat ni un officier qui ne reçût des lettres de sa famille en Espagne pour lui dire que, se trouvant en France, il devait faire fortune ». Cela étant, il me reste à moi à tâcher de l'empêcher.

Ce n'est pas de la demande des rations dont je me plains, tant que du pillage et du désordre des soldats. Cependant, quand je donnai ordre au général Morillo de prendre des rations dans les magasins, je lui fis défendre de les demander au pays.

J'ai reçu sur ces désordres toutes les preuves que je pouvais avoir, et je vous dis que de trois endroits différents j'ai reçu l'avertissement que je devais prendre garde à la division du général Morillo, parce que les paysans basques commençaient à parler de vengeance et que, si une fois ils avaient les armes à la main, il serait difficile de les leur faire mettre bas. C'est-à-dire à Ustaritz, à Herrauritz et à Saint-Jean-de-Luz.

Il était donc de mon devoir d'arrêter ces désordres ; et tout ce que je regrette et que ces messieurs ne sentent pas assez, c'est que sûrement je ne l'aurais pas fait d'une manière qui eût été désagréable pour eux si cela n'avait pas été nécessaire.

Demandez à Mina la jolie manière avec laquelle les paysans de Baïgorry l'ont attaqué par surprise dans leur village, et vous verrez que l'inimitié des paysans n'est pas à mépriser quand les troupes sont en cantonnement.

Agréez, etc.

WELLINGTON.

TROUPES DE BLOCUS - CHASSEUR PORTUGAIS

No 25

LE MARÉCHAL SOULT CROIT QUE LE GÉNÉRAL THOUVENOT SERA INSUFFI-
SANT POUR LE COMMANDEMENT DE BAYONNE, ET IL DÉSIRE, EN
S'ÉLOIGNANT, LAISSER LA PLACE SOUS LES ORDRES DU GÉNÉRAL COMTE
REILLE.

(Commandant Clerc. — *Campagne du maréchal Soult*).

SOULT AU MINISTRE

Bayonne, 17 janvier 1814.

« Je vous ai instruit hier que, considérant que la garnison de Bayonne est trop forte pour n'y laisser qu'un général de division, je donnerais ordre au général Reille d'en prendre le commandement supérieur et même de s'enfermer dans la place au cas où elle serait investie.

» J'ai effectivement donné des ordres en conséquence à Reille, mais il vient de me représenter que le général Thouvenot ayant reçu des lettres patentes de l'Empereur qui le nommait commandant supérieur à Bayonne, ce général, se considérant comme seul responsable, pourrait, en cas de siège, méconnaître son autorité et n'avoir égard aux ordres qu'il donnerait qu'autant qu'ils au-raient rapport à la police des troupes qui seraient directement sous son commandement.

» Cette observation, que tout autre m'eût faite à la place du général Reille, peut être fondée. Cependant, comme je crois devoir laisser 14 ou 15,000 hom-mes à Bayonne pour défendre la place et les camps retranchés qui en dépen-dent, il me paraît utile au service de Sa Majesté qu'indépendamment du géné-ral Abbé, que je ferai entrer en supplément à Bayonne, il y ait un des lieute-nants généraux de l'armée revêtu du commandement supérieur sur le tout. Ainsi je vous prie de vouloir bien prendre à ce sujet les ordres de l'Empereur... Mais Reille m'a montré un si grand éloignement pour s'enfermer dans Bayonne si les circonstances l'exigeaient... D'après cela, je craindrais de le proposer ».

No 26

LES BATEAUX DE CONVOI PEUVENT ENCORE PASSER SOUS L'ESCORTE DES
CHALOUPES CANONNIÈRES

(Commandant Clerc. — *Campagne du Maréchal Soult*).

LE COMMISSAIRE DE LA MARINE AU GÉNÉRAL THOUVENOT

Bayonne, 8 février.

« Malgré que les eaux soient encore fortes, je pense que nous pourrions avoir demain une évacuation de quatre bateaux qui se continuerait après-demain avec quatre autres. Je me suis déterminé à faire deux convois, après avoir pris l'avis des meilleurs pratiques de la rivière, qui pensent tous qu'un trop grand nombre d'embarcations se nuiraient réciproquement beaucoup au passage d'Urt. J'aurai assez de chaloupes canonnières pour former les deux escortes.

» Je vous prie de prescrire aux employés des hôpitaux de disposer de la paille au fond des embarcations, de donner au moins cinq jours de vivres et d'avoir par bateau quelqu'un pour en faire la distribution ».

N° 27

ÉCHOUAGE D'UNE CHALOUPE CANONNIÈRE PRÈS L'ILE DE BÉRENS.

(Commandant Clerc. — *Campagne du Maréchal Soult*).

LE COMMISSAIRE DE MARINE AU GÉNÉRAL THOUVENOT

Bayonne, 10 février.

« A l'instant, je reçois les deux rapports suivants :

« Ile de Bérens, 9 février.

» Hier, à 6 heures du soir, j'expédiai la canonnière n° 16 et le bateau chargé d'effets d'hôpitaux, voulant profiter d'un temps très noir et d'une belle brise. Le flot ne se faisait pas sentir, mais le jusant était presque nul et les bateaux refoulaient parfaitement. Arrivé près de la maison Jouanic, la canonnière toucha ou plutôt monta sur des pieux qui s'avançaient beaucoup dans la rivière. Le bateau qu'elle avait à la remorque la largua, continua sa route et dépassa Pitres, après avoir essuyé vingt et quelques coups de canon dont deux ont frappé en plein bois et blessé plusieurs hommes. Ce bateau avait pour patron le nommé André, canonnier, homme intrépide, et c'est à sa valeur et à celle de l'équipage que l'on doit le passage de ce bateau (1).

---

(1) On se servait pour les transports de gabares et de bateaux bastingués. Six hommes armés les montaient pour contenir l'équipage. Douze bateaux suffisaient pour le service de Bayonne et chacun pouvait charger 200 mètres cubes. La navigation de Mont-de-Marsan à Bayonne et vice versa demandait trois jours : l'aller et le retour d'un bateau entre Bayonne et Port-de-Lannes, le même temps.

« Dans la crainte d'un passage en amont de Bayonne, le maréchal avait ordonné de construire au Port-de-Lannes ou à Saubusse un grand radeau qui serait lancé pour entraîner le pont de l'ennemi (Voyez *Correspondance du commissaire de la marine avec le général Thouvenot, avec le capitaine de vaisseau Depoge*, etc.).

» Le défilé entre Port-de-Lannes et Bayonne était si dangereux qu'il n'y pouvait passer de bateaux que la nuit et couverts.

» Enfin, en cas de tentative de passage en amont de la place, la flottille de-

» J'ai fait tous mes efforts pour relever la canonnière ; ils ont été sans succès ; à la marée, elle a chaviré. J'en avais retiré son armement, excepté sa pièce. Envoyez-moi un appareil pour la relever ; je protégerai le travail avec mes autres canonnières.

» Le lieutenant de vaisseau, Durand ».

« Hayet, 10 février.

» Hier soir, à 8 heures, on a vu passer 2 canonnières escortant 5 bateaux couverts, dont 4 chargés de malades. A 9 heures 1/4 nous avons entendu une vive fusillade et quelques coups de canon. Je pense que c'était devant l'île de Rolle.

» Churrito ».

N° 28

LE GÉNÉRAL EN CHEF DONNE SES ORDRES POUR LA PRÉPARATION DES ENGINS NÉCESSAIRES POUR L'ÉTABLISSEMENT DU PONT SUR L'ADOUR.

(Dépêches de Wellington).

WELLINGTON A L'AMIRAL PENROSE

Saint-Jean-de-Luz, 7 février 1814.

Monsieur,

En examinant les moyens de continuer nos opérations et d'avoir une communication à travers l'Adour, il m'a paru que le plus praticable et celui qui nous procurera le plus d'avantages, est de jeter un pont au-dessous de la ville. La conséquence de cette mesure serait de faire usage du port et d'avoir une

---

vait se rallier et s'embosser devant le point de passage choisi par l'ennemi (*Thouvenot au commissaire de la marine*, 11 février).

» L'embouchure de l'Adour avait alors plusieurs passes, très tortueuses, où il n'y avait pas plus de 13 pieds d'eau dans les hautes marées. On avait compté que la fonte des neiges produirait des crues qui redresseraient les passes, mais elles furent presque nulles (*Commissaire de la marine au Ministre*, 8 juillet).

» Dans l'hiver échouèrent, sur la côte des Landes : 2 décembre, un bâtiment anglais chargé de morue (avariée) ; le 6, une goélette portugaise chargée de 400 barriques de rhum et eau-de-vie ; le 30 janvier, un sloop anglais chargé d'orge (avariée) et deux bricks dont un se brisa à la côte ; l'autre, chargé de foin en balles, fut en partie sauvé. Dans les premiers jours de janvier, le maréchal ordonna que toutes les prises seraient remises à l'administration pour les besoins de l'armée » (*Archives de la Marine, Bayonne* — Note du commandant Clerc).

meilleure voie de communication avec lui de ce côté, et une également bonne de l'autre.

Je propose de construire le pont avec des vaisseaux de 15 à 30 tonneaux, à deux mâts, chacun bien lesté, et pourvus d'ancres et de câbles, ancrés à l'avant et à l'arrière. J'ai ordonné au commissaire général de fournir quarante ancres et câbles, et je vous serais très obligé si vous vouliez aider M. Wright, du commissariat, à Pasages, et user de votre influence pour fournir ces navires lorsque le cas en sera requis. Leurs propriétaires seront pour le moment aux gages du commissariat et envoyés ici avec une cargaison de vivres.

Je propose d'étendre des câbles en travers de ces vaisseaux d'une rive à l'autre, ce qui, nous avons raison de le croire, fait une longueur de 400 yards, et sur les câbles nous étendrons des planches desquelles nous sommes amplement fournis.

Je vous serais très obligé si vous vouliez vous occuper de rassembler à Pasages dix câbles de 4 pouces et demi de diamètre, que je souhaite de voir envoyer ici sur les transports.

Vous vous munirez aussi de quelques petits bateaux, etc., ce qui, je crois, ne fera aucune difficulté.

La manière dont je proposerais d'accomplir cette opération est la suivante :

Le jour où tous vos préparatifs seront complétés, je mettrai nos pontons en marche sur l'Adour, et j'en ferai des radeaux que j'enverrai avec un corps de troupes suffisant prendre possession de l'ouvrage qui se trouve sur la rive droite du fleuve, et vous faire ainsi l'entrée libre ; j'établirai sur la rive gauche une batterie de gros canons qui tirera à boulets rouges de la gauche de la rivière sur la frégate, et la mettra, je l'espère, en feu.

Je propose alors que vos canonnières entrent et mouillent au-dessus du point fixé pour le pont afin de couvrir sa formation. Elles seront suivies par les vaisseaux qui doivent le former, chacun chargé de sa proportion de planches.

Dès que les canonnières et autres auront jeté l'ancre, ils formeront une estacade en travers du fleuve, faisant tête eux-mêmes, afin de se couvrir, ainsi que le pont, contre toutes les tentatives que l'ennemi pourrait faire pour les détruire par l'incendie.

La sorte de formation que je propose pour cette estacade serait de la former d'espars de 50 à 60 pieds de long, attachés l'un à l'autre par des chaînes, si l'on en peut trouver, sinon par des câbles qui laisseraient entre chaque espar un intervalle d'environ dix pieds. J'évalue la largeur du fleuve au-dessus du point où nous jetterons le pont à environ 520 yards ; et il nous faut à peu près environ 600 yards d'estacade, ancrée par six ancres, c'est-à-dire trente longueurs d'estacade en chaînes ou cordages.

Vous ferez le possible pour faire ici même dix longueurs d'estacade, et je vous serais très obligé de vous procurer les vingt autres longueurs à Pasages. Celles-ci pourraient être transportées par les canonnières et autres.

Pour les ancres de l'estacade, six petits câbles ou haussières sont nécessaires, et je vous serais obligé si vous vouliez les envoyer par les transports.

J'envoie ces lettres par le major Todd, qui vous expliquera la nécessité de quelques poulies qui ne seront pas, je pense, difficiles à procurer.

Il est à désirer que cette opération soit faite le plus tôt possible après la préparation nécessaire, et j'espère que le temps ne sera pas assez mauvais pour
empêcher la navigation des petits navires sur cette côte.

WELLINGTON.

N° 29

LE GÉNÉRAL HOPE REND COMPTE A LORD WELLINGTON DES PRÉPARATIFS
FAITS POUR LE PASSAGE DE L'ADOUR.

(Dépêches de Wellington)

LE LIEUTENANT-GÉNÉRAL SIR JOHN HOPE AU FELD-MARÉCHAL
MARQUIS DE WELLINGTON

Dunes de l'embouchure de l'Adour, 23 février, 5 heures soir.

Mon cher lord,

Je prends la liberté de vous annoncer qu'hier matin, quoique le vent n'eût
point été aussi favorable qu'il eût été à désirer, l'amiral Penrose se détermina
à tenter de mettre la flottille à la mer. Aussitôt que je fus informé de sa déci-
sion, toutes les mesures furent prises pour mettre en mouvement l'artillerie,
les pontons et les troupes.

L'extrême difficulté causée par les sables devait empêcher de transporter les
pontons et les pièces de 18 sur leur emplacement avant la matinée. Voyant cet
état de choses, je résolus d'occuper l'attention de l'ennemi en ouvrant le feu
sur la frégate et en menaçant d'une attaque divers points du camp retranché,
et lancer quelques bateaux que j'avais sur un ponton pour passer un petit
nombre d'hommes qui s'empareraient du point opposé de l'embouchure (1).

Cette dernière entreprise a été accomplie aujourd'hui à midi sans opposition
de l'ennemi. En ce moment, il n'y a pas la moindre apparence que la flottille
puisse entrer : un pilote est venu vers nous pour m'informer que, comme il y
a maintenant de la houle sur la Barre, aucun vaisseau ne peut la franchir.

Malgré ce contretemps, et quoique je manque de moyens navals, j'espère
pouvoir, ce soir, à l'aide de radeaux ou ponts volants que nous pourrons
construire ou qui sont déjà construits, passer assez de forces pour me maintenir pendant quelque temps sur la rive droite et demain matin jeter le reste.
Le plus que je puisse enlever de ce côté au Blocus est 10,000 hommes ; si les
circonstances nous favorisent, je me mettrai en marche demain matin. Je sais
qu'en passant outre la coopération navale qui maintiendrait ma communication, j'encours une grave responsabilité, mais le but est important, je suis
déterminé à y procéder ; vous jugerez s'il y a lieu ou non de me renforcer.

---

(1) Hope ne disposait que de 18 pontons et de 6 barques. L'Adour, au point
où le pont devait être jeté, avait environ 600 mètres de largeur.

15

Je me suis vu dans la nécessité de rappeler une brigade de la 5e division au pont d'Urdains. Le général Freyre établira son corps sur deux lignes : la première occupera le terrain du château de Bellevue, à Anglet ; la seconde s'étendra d'Arcangues à la maison du Maire. Je me propose de placer la brigade Aylmer au bas Anglet, vu l'extrême importance de faire échec à toute tentative que l'ennemi pourrait faire de la droite de son camp retranché contre notre communication par la rivière.

L'ennemi paraît avoir beaucoup de chaloupes canonnières dans l'Adour, mais j'espère les tenir à distance, en faisant occuper les deux rives par de l'artillerie.

J'ai l'honneur d'être, mon cher lord, votre très fidèle,

JOHN HOPE.

No 30

LE PASSAGE DE L'ADOUR S'EFFECTUE MALGRÉ TOUTES LES DIFFICULTÉS. L'ENNEMI A ATTAQUÉ, MAIS IL A ÉTÉ REPOUSSÉ.

(Dépêches de Wellington).

LE LIEUTENANT-GÉNÉRAL SIR JOHN HOPE AU FELD-MARÉCHAL MARQUIS DE WELLINGTON

Dunes de l'embouchure de l'Adour, 24 février, 4 heures du soir.

Mon cher lord,

Je vous ai informé la nuit dernière que nous étions en possession de l'embouchure de l'Adour ; environ 600 hommes de la 2e brigade des gardes ont été passés et établis sur les sables de la rive droite, sous le commandement du major-général Stopford. Assez tard dans la soirée, ce corps a été attaqué par des forces supérieures de l'ennemi, qui paraît être sorti de la citadelle dans ce but, mais qui a été repoussé vigoureusement. L'artillerie a profité de cette occasion pour essayer l'effet des fusées ; elles ont beaucoup contribué à repousser l'ennemi.

Ainsi que je le prévoyais, l'amiral a trouvé impossible de faire sortir la flottille et l'état de la Barre ne permettra probablement pas l'entrée des navires.

L'opinion que je vous ai donnée hier de la facilité de passer des troupes se basait sur les premières opérations des radeaux. Cependant il a été reconnu qu'à la marée le courant était si rapide et si indomptable, que les radeaux ne devenaient d'aucun service, par suite de cette circonstance, ainsi que par l'extrême fatigue que les hommes ont supportées en les manœuvrant et, par la rareté des moyens, le passage a été matériellement retardé. Tout ce que nous avons pu faire jusqu'à ce moment a été de passer la 2e brigade des gardes, à peu près les 5 bataillons de la légion germanique, deux pièces et quelques dragons. Je suis heureux pourtant de vous apprendre qu'en ce moment la flottille traverse la barre avec succès.

Nos patrouilles ont été poussées en avant de la rive droite et n'ont point rencontré l'ennemi.

J'ai l'honneur d'être, mon cher lord, votre fidèle,

JOHN HOPE.

N° 31

L'AMIRAL PENROSE REND COMPTE A LORD WELLINGTON DES DIFFICULTÉS DU PASSAGE DE LA BARRE.

(Dépêches de Wellington).

AMIRAL PENROSE AU FELD-MARÉCHAL MARQUIS DE WELLINGTON

Sur la *Porcupine*, devant l'Adour, 24 février, 6 heures soir.

Dans ma dernière lettre, j'ai eu l'honneur de donner à Votre Seigneurie les motifs qui m'ont amené à mettre à la voile au moment où je l'ai fait et des retards vexatoires qui ont ajourné l'accomplissement de mes désirs.

Cependant, j'ai profité d'une brise favorable qui m'a permis d'être devant l'Adour ce matin à la pointe du jour, et la vue des troupes en possession des deux rives a été un puissant stimulant pour tenter de suite de seconder le passage du fleuve qui avait été si habilement commencé.

Dans cette tentative, le bateau du capitaine O'Reilly et notre meilleur pilote ont été malheureusement submergés, et je n'ai point encore appris quelles étaient les pertes que nous avions à supporter ; mais j'espère que le capitaine O'Reilly et la plupart de ses hommes sont sains et saufs.

Vers midi, j'ai été informé par sir John Hope de la situation des troupes et, quoique la Barre ne fût pas sûre, le sujet était trop important pour en calculer les risques, et j'envoyais préparer et encourager les maîtres des vaisseaux.

Le soir, j'arborai mon pavillon sur le *Gleaner*, tout près de la Barre, et je revins après avoir vu tous les vaisseaux de l'autre côté ; je ne puis dire sans beaucoup d'accidents, bien qu'ils aient été moindres que je ne m'y attendais, mais je ne sais point encore les particularités.

Si le temps continue à être propice, je tenterai de nouveau, demain, d'entrer en communication ; mais il a été impossible, aujourd'hui, de faire passer le plus petit vaisseau. J'ai été toute la journée devant la Barre.

Avoir passé tout le matériel du pont et de l'estacade a dépassé toutes mes espérances. C'est une bien grande satisfaction pour l'époque à laquelle nous nous trouvons, car le vent ne nous aurait pas permis d'approcher de la Barre une heure plus tôt.

J'ai l'honneur d'être, milord, de Votre Seigneurie, le plus obéissant et le plus humble serviteur,

G.-J. PENROSE.

N° 32

LE GÉNÉRAL HOPE INFORME LE MAJOR-GÉNÉRAL MURRAY DES DIFFICULTÉS
DU PASSAGE DE L'ADOUR ET DE LA SITUATION DES TROUPES ALLIÉES
AUTOUR DE LA VILLE.

(Dépêches de Wellington).

LE LIEUTENANT-GÉNÉRAL SIR JOHN HOPE AU QUARTIER-MAITRE GÉNÉRAL

Au Boucau, rive droite de l'Adour, 25 février 1814.

Mon cher Murray,

J'ai rendu compte, le jour précédent, de mes opérations ici à lord Wellington. Cela a été d'abord, je puis vous l'assurer, une difficile opération. Le premier jour, nous fûmes surpris en voyant que les pontons s'enfoncèrent dans
le sable, et nous ne pûmes les monter qu'à dix heures du matin. Ce jour-là,
nous ne pûmes faire marcher seulement que cinq petits bateaux appartenant
aux pontons, et ils ne pouvaient prendre chacun que six ou huit hommes à la
fois. La rapidité de la marée fut telle, pendant une grande partie de la journée,
que les radeaux ne rendirent aucun service. De tout le jour, nous ne vîmes
point la flottille. Heureusement, nous n'avons rencontré aucune opposition au
passage, car la garde de la batterie s'enfuit sans tirer un coup de canon et les
pièces avaient été emmenées. Dans la soirée, les 8 compagnies de la 2e brigade
des gardes, qui avaient passé le fleuve, furent attaquées par 1,200 à 1,400 hommes, et les repoussèrent immédiatement. Les fusées furent mises en usage en
cette occasion contre les chaloupes canonnières et produisirent un très bon
effet. Il m'a semblé qu'elles produisent plus d'effet sur l'eau que sur terre,
mais alors il faut leur donner une plus grande élévation. Toutefois, ce sont
des engins incertains.

Hier, nous sommes parvenus à faire entrer dans la rivière quelques bateaux
et des matelots de Biarritz : le passage alla mieux. Dans l'après-midi, la majeure partie du pont de bateaux entra avec quatre chaloupes canonnières, et
une de ces dernières s'échoua. Vous pouvez difficilement vous faire une idée
de la houle sur la Barre, même lorsque le temps est beau. Plusieurs bateaux
furent submergés et bon nombre d'officiers et d'hommes perdus. J'ai peine à
croire qu'on puisse compter sur la ville, soit pour obtenir des vivres, soit
comme point d'où l'on puisse poursuivre de futures opérations.

Nous avons fait traverser la 1re division ; les brigades portugaises de Wilson
et Bradfort traversent. Don Carlos passera demain matin. Deux escadrons de
cavalerie sont de l'autre côté avec deux canons. La position que nous occupons
est forte, mais très étendue, trop pour notre nombre, si nous avions quelque
danger sérieux à redouter. Il y a environ quatre milles du point de l'Adour où
le pont est projeté à l'extrême gauche. La ligne court du front du Boucau à la
route de Bordeaux, près du château de Matignon, et traverse la route de Port-
de-Lannes au château de Saint-Etienne, du côté opposé au Vieux-Mouguerre.
Sur cette partie de la ligne, nous ne pouvons jusqu'à présent que nous mettre
en observation et placer quelques postes.

TROUPES DE BLOCUS - INFANTERIE ESPAGNOLE, GRENADIERS

Je vous informe qu'à la gauche les troupes sont ainsi réparties : une brigade anglaise et la brigade portugaise de la 5e division sont entre l'Adour et la Nive. J'ai dû porter au pont d'Urdains l'autre brigade anglaise de la division. Le corps de Freyre forme le blocus depuis Urdains jusqu'à Anglet, et lord Anglesea est à Anglet. Je n'ai point voulu confier entièrement aux Espagnols le soin de couvrir la route de Saint-Jean-de-Luz, d'autant plus que je n'ai jamais pu savoir quel était leur nombre. J'ai l'intention de faire passer de l'autre côté de l'Adour, en outre de ce qui s'y trouve actuellement, la 1re division, les brigades Wilson, Bradfort, don Carlos et Vandeleur, et les troupes d'artillerie à cheval de Weber, Smith et Caisne. J'ai arrêté avec le colonel Dickson que les pièces de 18 seraient placées à la rive gauche pour tenir en échec les chaloupes canonnières de l'ennemi, ce qui est indispensable pour la sécurité du pont, car nous n'avons seulement que quatre chaloupes canonnières pour le défendre, et il faut, en outre, de l'artillerie et de la mousqueterie. Je pense que si l'ennemi est actif, le pont sera exposé au feu des vaisseaux ; la marée est si forte que rien ne peut les arrêter.

Un grand nombre de rapports que j'ai reçus m'apprennent que les forces de l'ennemi à Bayonne s'élèvent en tout à 10,000 hommes.

Je suis, mon cher Murray, votre toujours très fidèle,

John Hope.

No 33

LE GÉNÉRAL COMMANDANT EN CHEF L'ARMÉE DE BLOCUS CONTINUE A RENDRE COMPTE DES OPÉRATIONS DU PASSAGE DE L'ADOUR ET DES LIGNES OCCUPÉES PAR SES TROUPES.

(Dépêches de Wellington).

LE LIEUTENANT-GÉNÉRAL SIR JOHN HOPE AU FELD-MARÉCHAL MARQUIS DE WELLINGTON

Au Boucau, rive droite de l'Adour, 25 février, 3 heures soir.

Je suis heureux d'avoir à vous annoncer que, hier soir, une grande partie du pont de bateaux et trois ou quatre chaloupes canonnières ont franchi la Barre, et le passage de l'Adour a continué cette nuit avec une telle activité que ce matin plus de 5,000 hommes étaient sur la rive droite. Aussi, à 10 heures du matin, me suis-je trouvé en mesure de marcher sur la citadelle et la ville de Bayonne, et les troupes qui ont passé sont maintenant sur leur terrain et se composent de toute la 1re division, de la brigade portugaise de Wilson, environ un escadron de cavalerie et deux pièces de canon. La brigade commandée par le général Bradfort et le corps de don Carlos d'Espagne passeront dès qu'il y aura un peu plus de cavalerie.

La position que j'ai prise s'appuie à droite de l'Adour, un peu en avant du village du Boucau et, traversant la route de Bordeaux à trois quarts de mille devant l'église de Tarnos, prend la direction de la route de Peyrehorade et du haut Adour, du côté opposé du Vieux-Mouguerre. Aussi loin que j'ai vu le terrain, et qu'il est actuellement occupé par nos troupes, il est très fort, mais extrêmement étendu. A notre gauche, je ne crois pas qu'il me soit possible de terminer l'investissement avec le corps que je proposais de passer ; pour le moment du moins, je ne puis que l'observer avec des postes et des patrouilles.

Tous les préparatifs sont faits pour jeter le pont et l'estacade, et le premier, du moins on l'espère, sera prêt à servir demain à l'entrée de la nuit. Il m'est impossible d'exprimer mes sentiments pour la bravoure des officiers de marine en cette circonstance qui a été très malheureuse pour quelques-uns d'entr'eux. La persévérance de l'amiral, en gardant la flotte réunie et en saisissant le moment favorable et l'action intrépide du capitaine O'Reilly, de la *Lyra,* et des officiers et des marins sous ses ordres, en bravant le plus effrayant ressac, sont tels que je désire attirer là-dessus l'attention de Votre Seigneurie. Le lieutenant ...., chargé des transports, donna un excellent exemple, et rendit ensuite les plus grands services. Plusieurs braves officiers et marins ont péri dans cette action, et le capitaine O'Reilly a été difficilement sauvé après que son bateau eut naufragé.

Jusqu'ici, l'ennemi n'a montré que de légers piquets sur notre front ; je ne le crois point en force. On assure que Reille est parti il y a quelques jours avec un corps de troupes, et on dit que le général Thouvenot commande la place. Des patrouilles de cavalerie sont sur les routes de Bordeaux et de Peyrehorade, mais je n'ai encore reçu aucun rapport.

J'ai l'honneur d'être, mon cher lord, votre fidèle et humble serviteur,

JOHN HOPE.

P.-S. — Je suis fâché de ne pouvoir vous donner le nom du lieutenant des transports, mentionné plus haut, mais je vais le demander pour l'envoyer à Votre Seigneurie ; c'est un homme du plus grand mérite.

J. H.

N° 34

LE GÉNÉRAL HOPE ANNONCE L'INVESTISSEMENT DE LA CITADELLE ET ENVOIE UN RAPPORT D'UN DÉSERTEUR DU 34° DE LIGNE SUR LA FORCE DE LA GARNISON.

(Dépêches de Wellington).

LE LIEUTENANT-GÉNÉRAL SIR JOHN HOPE AU FELD-MARÉCHAL MARQUIS DE WELLINGTON

Boucau, 25 février 1814, 8 heures soir.

Mon cher lord,

Il y a environ une heure que j'ai eu l'honneur de recevoir votre lettre de ce

matin par lord George Lennox. Je venais justement de vous adresser une dépêche pour vous informer que nous avions poussé plus avant l'investissement de
la citadelle avec environ 5,000 hommes de la 1re division et une partie de la
brigade portugaise du général Wilson. Nous occupons un terrain très fort,
mais très étendu. Je pense qu'il y a plus de quatre milles du point où la construction du pont a été proposée jusqu'à notre extrême gauche. Je vous ai déjà
dit les opérations de la flottille. Je ne crois pas qu'aucun navire soit entré cette
après-midi, et je ne pense pas qu'ils puissent entrer maintenant à cause de la
force du courant. Il est cependant possible de communiquer avec l'amiral,
mais les petits navires ne peuvent affronter la Barre, et ceux qui s'y sont aven-
turés hier ont été perdus. Je ne doute pas que vous ne receviez le rapport de
l'amiral sur ce sujet ; mais je crains que vous ne soyez désappointé sur l'usage
que vous espérez pouvoir faire de cette rivière comme port, car, ainsi que je
l'ai supposé, la plupart du temps la Barre est impraticable. Les ponts volants
et les radeaux ne peuvent continuer à nous servir à cause de la marée, et le
pont de bateaux ne pourra pas être établi et mis en usage avant demain soir.

J'ai eu le soin de donner à de Lancey et à Elphinstone les instructions que
vous m'aviez envoyées pour eux.

Je puis maintenant vous donner le nom de l'agent des transports dont le
concours a été hier si utile. C'est le lieutenant Debenham, ainsi que vous le
verrez par la note ci-incluse qui m'a été envoyée par le lieutenant-colonel
Burgoyne.

Ceci n'a point été une opération remarquable par les efforts qu'ont pu faire
les ennemis pour s'y opposer, mais c'est une œuvre considérable par le travail
lui-même et, afin de rendre justice à tous ceux qui se sont occupés de cette
opération du passage de la rivière, je dois mentionner à Votre Seigneurie le
lieutenant-colonel Elphinstone pour les préparatifs qu'il a fait faire, et les
lieutenants-colonels Burgoyne et Sturgeon, ainsi que les officiers employés
sous leurs ordres, pour le zèle qu'ils ont déployé. Le lieutenant-colonel Dickson et les officiers de l'artillerie royale se sont montrés très zélés pour le transport des canons et de tout ce qui dépendait de leur service.

Je suis heureux de pouvoir vous féliciter du succès complet de l'expédition.

J'ai l'honneur d'être, mon cher lord, votre très fidèle,

John Hope.

Je joins ici le rapport du déserteur sur la garnison et la force de la place.

ANNEXES

I

Le lieutenant-colonel J.-F. Burgoyne au lieutenant-général sir John Hope.

25 février 1814.

Monsieur,

Le nom de l'agent des transports qui s'est montré si dévoué et si actif dans
la présente opération est le lieutenant Debenham, de la marine royale, un très
vieil officier et second lieutenant dans cette station.

Je prends aussi la liberté de vous recommander la manière avec laquelle se sont conduits le lieutenant Tapp, des ingénieurs royaux, et un petit corps de pontonniers portugais ; le zèle, l'activité qu'ils ont déployés en cette affaire ont été si grands qu'il est impossible qu'il soit surpassé.

J'ai l'honneur d'être, Monsieur, votre très humble et obéissant serviteur,

J.-F. BURGOYNE.

II

L'aide de camp Darmouth au lieutenant général sir John Hope.

Au Château, sur la grande route, 25 février 1814.

Louis Dubois, du 34e régiment de ligne, a déserté aujourd'hui de Bayonne et a donné l'état suivant des régiments composant la garnison : 5e légère, 85e de ligne, 34e de ligne, 66e de ligne, environ 800 hommes chacun, dans la ville et le camp retranché. Dans la citadelle, le 82e et trois autres bataillons et aussi un grand nombre de conscrits, dont l'effectif est au moins égal à celui des vieilles troupes, formant environ 10,000 hommes pour la ville et la citadelle.

Ils disent que le Maréchal a emmené toutes ses troupes hors de Bayonne et qu'ils ont été abandonnés par lui et ne paraissent pas devoir faire beaucoup de résistance.

Il n'y a pas d'apparence qu'ils reçoivent des renforts.

DARMOUTH.

Nº 35

RAPPORTS DE L'AMIRAL PENROSE SUR L'ÉTAT DE LA BARRE.

(Dépêches de Wellington).

LE LIEUTENANT-GÉNÉRAL SIR JOHN HOPE AU FELD-MARÉCHAL MARQUIS DE WELLINGTON

Boucau, 26 février 1814, 6 heures du soir.

Mon cher lord,

Depuis que je vous ai écrit la nuit dernière, j'ai reçu deux notes de l'amiral, que je vous envoie directement parce qu'elles vous donnent son opinion sur l'état de la Barre.

J'ai l'honneur d'être, milord, votre toujours très fidèle,

JOHN HOPE.

ANNEXES

I

Le contre-amiral G.-J. Penrose au lieutenant-général sir John Hope.

24 février, 1 heure du matin.

Mon cher Monsieur,

Cette Barre est plus mauvaise qu'on ne nous l'avait dépeinte, car le temps que nous avons est très favorable pour la saison ; sans la houle de ce matin, lorsque le capitaine O'Reilly a exécuté sa tentative, je suis persuadé qu'aucun navire sur cinq n'aurait péri.

J'espère que le pont de bateaux passera ce soir même et que notre bonne fortune nous permettra d'y coopérer.

Deux équipages de bateaux sont déjà réunis aux troupes et peuvent être de quelque secours.

Très fidèle, mon cher Monsieur, à vos ordres,

G.-J. PENROSE.

II

Le contre-amiral G.-J. Penrose au lieutenant-général sir John Hope.

24 février 1814, 6 heures et demie du soir.

Mon cher Monsieur,

Je suis revenu de la Barre, après avoir vu tout le matériel (je crois) du pont et de l'estacade, ainsi que plusieurs officiers de marine, en sûreté de l'autre côté. Si forte que fût la houle sur la Barre, les accidents ont été moins graves que je ne le craignais. Mais c'est avec un grand regret que j'ai pu constater qu'il n'y avait pas assez d'eau pour admettre le plus petit de nos vaisseaux de guerre.

J'espère que demain le temps sera encore plus favorable, mais cela a été un grand ennui pour moi de voir que nos moyens nautiques ne seront d'aucun usage.

Plusieurs navires sont perdus, mais je crois que peu d'hommes ont péri ; sur cela, cependant, vous serez mieux informé que moi, car le retour sur la Barre est en ce moment impraticable.

Votre toujours très fidèle,

G.-J. PENROSE.

Nº 36

AFFAIRE DU 27 FÉVRIER ET NOUVELLE POSITION DE L'ARMÉE DE BLOCUS. LA CAVALERIE ANGLAISE POUSSE DES RECONNAISSANCES.

(Dépêches de Wellington).

LE LIEUTENANT-GÉNÉRAL SIR JOHN HOPE AU FELD-MARÉCHAL MARQUIS DE WELLINGTON

Boucau, 27 février.

J'ai eu l'honneur de recevoir vos lettres hier matin et ce matin, et j'ai donné des ordres relatifs aux mouvements des canons des Portugais et de la brigade d'artillerie de 18, et j'envoie immédiatement la lettre adressée au général Freyre. Lorsque le corps espagnol sera en marche, je crois qu'il nous sera difficile de faire un blocus rigoureux, ayant une ligne aussi étendue. Toutefois, je ferai tous mes efforts pour prendre les meilleures dispositions possibles sur ce point.

Cette après-midi, en vue de permettre aux officiers du génie de reconnaître la citadelle et de s'emparer d'un terrain qui paraissait très important à occuper, les avant-postes de l'ennemi ont été refoulés, et nous sommes demeurés maîtres des hauteurs et de l'église de Saint-Etienne, à notre gauche, point de la plus grande importance et, en fait, clef de tout le terrain, que l'ennemi, en peu de jours, aurait rendu extrêmement fort. Nous avons aussi occupé à notre droite une hauteur au-dessus de la rivière, d'où il ne paraissait pas improbable que l'ennemi n'essayât d'inquiéter notre pont avec ses obus.

La possession de ces points nous sera très utile dans nos futures opérations : par là, notre ligne est considérablement raccourcie et la place très étroitement investie. Les troupes se sont conduites aussi bien que possible et, quoique la résistance de l'ennemi ait été plus grande que je ne m'y attendais, j'espère que notre perte n'est pas grande. Je suis désolé cependant de dire que le général Hinuber a été blessé.

Je suis heureux d'avoir à annoncer à Votre Seigneurie que cette après-midi le pont de bateaux a été ouvert à la cavalerie et à l'artillerie.

Le 16e dragons légers s'est avancé à Saint-Jean-de-Marsac, sur la route de Peyrehorade, et hier une de ses patrouilles a communiqué à Peyrehorade avec la 7e division.

Le 12e dragons s'est porté à Saint-Vincent, sur la route de Bordeaux, et hier le lieutenant-colonel Ponsonby a patrouillé à Saint-Paul, en face de Dax.

L'ennemi avait un poste d'infanterie à Saint-Paul, et Ponsonby a été informé qu'il travaillait à une tête de pont, à Dax.

Je donnerai des ordres à la cavalerie de communiquer avec vous directement. Je n'ai rien reçu de sir Georges Murray, relativement à la cavalerie allemande.

J'ai l'honneur d'être, mon cher lord, votre fidèle et obéissant serviteur,

JOHN HOPE.

N° 37

NOUVELLES POSITIONS DE L'ARMÉE DE BLOCUS.

(Dépêches de Wellington).

LE LIEUTENANT-GÉNÉRAL SIR JOHN HOPE AU QUARTIER-MAITRE GÉNÉRAL

Boucau, 27 février 1814.

Mon cher Murray,

L'ennemi travaille à force à l'église de Saint-Etienne et sur la hauteur sur le front de notre gauche, et de très forte a rendu cette position formidable. C'est la clef, si je puis dire, du terrain sur lequel la citadelle est située, et il m'était indispensable de l'occuper. Du côté opposé, sur notre droite, est une autre hauteur, occupée par l'ennemi, et d'où il aurait pu avoir les moyens d'inquiéter notre pont par ses obus. Afin de prendre possession de ces positions, et pour donner à nos ingénieurs la facilité d'avoir une vue sur la citadelle, nous avons repoussé les ennemis cette après-midi et, après quelque résistance, nous nous sommes établis sur les points que nous désirions occuper. Saint-Etienne est un point très important et aurait été plus tard difficile à obtenir. J'espère que nous nous y maintiendrons et que notre ligne en sera raccourcie.

Lord Wellington a ordonné à Freyre de venir le rejoindre. Lorsqu'il sera parti, nous aurons une grande étendue à garder, et je crains que nous ne soyons pas assez forts. Il me semble que le meilleur arrangement que je puisse prendre, c'est d'envoyer le corps de don Carlos à Villefranque, et de placer la totalité de la 5e division sur le terrain qui s'étend depuis Urdains, par Belhoue, jusqu'à Anglet, en gardant lord Aylmer au bas Anglet. Je suis disposé à placer presque toute la 5e division ainsi que lord Aylmer sur ces points importants, plutôt que les Espagnols, et je pense qu'il sera égal à don Carlos d'être à Villefranque, qui est beaucoup plus fort que le terrain qui doit être occupé par la 5e division.

Le pont a été ouvert cette après-midi.

Notre cavalerie a poussé ses patrouilles jusqu'à Saint-Paul, en face de Dax. Sur ce dernier point l'ennemi avait hier un piquet d'infanterie. De même à Peyrehorade où elle a communiqué hier avec la 7e division. Le 16e dragons légers est à Saint-Jean-de-Marsac et le 12e dragons légers à Saint-Vincent, sur la route de Dax. Lord Wellington dit qu'il a donné des ordres pour la grosse cavalerie allemande.

Je reste, mon cher Murray, votre très fidèle,

JOHN HOPE.

N° 38

ÉTAT ET SITUATION DE LA BARRE DE L'ADOUR.

(Dépêches de Wellington).

LE CONTRE-AMIRAL G.-J. PENROSE AU FELD-MARÉCHAL MARQUIS DE WELLINGTON

Pasages, le 27 février 1814, 5 heures du matin.

Milord,

Par suite des courants et vents variables, la lettre de Votre Seigneurie, du 25, 7 heures du matin, ne m'est parvenue qu'au moment où j'entrais dans ce port.

L'état de la Barre de l'Adour est tel qu'il n'est pas possible d'y compter en un temps donné. Les transports qui ont à bord les équipages du train peuvent seulement se présenter devant la Barre en prenant les circonstances les plus favorables qui puissent arriver, et j'appréhende qu'elle ne soit en ce moment plus mauvaise que de coutume. Avant la prochaine pleine lune (6 mars) aucun navire ou gros bâtiment ne pourra passer la Barre. Le meilleur moyen, si Votre Seigneurie désire que son artillerie soit prête à être renvoyée, sera de la charger sur des navires d'un faible tirant d'eau. Le 24 dernier, lorsque nos navires y ont passé, il n'y en avait pas qui eussent plus de huit pieds de tirant d'eau. On pourrait se servir d'un grand nombre de bateaux ou navires en usage dans ce pays, et ayant le Socoa comme port, les faire entrer dans l'Adour lorsque cela sera possible. Mais je vais faire de nouvelles recherches et je vous en enverrai le résultat.

Par un très beau temps, ce qui a été le cas du 24, nous avons perdu un capitaine, un chirurgien et quatorze hommes ; le capitaine O'Reilly et deux autres ont été blessés ; trois vaisseaux de transport et leurs équipages ont aussi souffert.

Je ne doute pas cependant que lorsque nous aurons trouvé les pilotes pour nous aider, nous n'aurons pas à courir autant de risques que la dernière fois.

Je félicite sincèrement Votre Seigneurie de ses progrès continuels et je suis heureux de penser que nos faibles secours peuvent y contribuer.

J'ai l'honneur, d'être, milord, votre toujours très fidèle,

G.-J. PENROSE.

TROUPES DE BLOCUS - INFANTERIE ESPAGNOLE, CHASSEURS

N° 39

RAPPORT DES OPÉRATIONS DE LA BRIGADE DE LA LÉGION ROYALE
ALLEMANDE DANS LE COMBAT DU 27 FÉVRIER.

(Dépêches de Wellington).

LE LIEUTENANT-GÉNÉRAL SIR JOHN HOPE AU FELD-MARÉCHAL LE MARQUIS DE WELLINGTON

Boucau, 4 mars 1814.

Milord,

J'ai l'honneur de vous transmettre un rapport que j'ai reçu du major-général Howard, et de vous dire que je suis entièrement de la même opinion que le major-général, relativement à la bonne conduite des troupes de la légion royale allemande.

J'ai l'honneur d'être, milord, votre obéissant et humble serviteur,

JOHN HOPE.

ANNEXES

I

Le major-général Howard au lieutenant-général sir John Hope.

Château de Matignon, 2 mars 1814.

Monsieur,

J'ai l'honneur de vous transmettre ci-inclus un rapport que j'ai reçu du major-général Hinuber, relativement à la part prise par les bataillons de ligne de la légion royale allemande dans l'opération du 27 dernier contre le village et la position de Saint-Etienne. J'ai seulement à ajouter à cela que le plus grand exemple leur a été donné par le major-général ; les officiers, les sous-officiers et les hommes se sont conduits avec la plus grande bravoure, le major général lui-même leur donnant l'exemple.

Les deux bataillons légers de cette brigade, sous le commandement du lieutenant-colonel Bussche, ont coopéré à cette attaque sur la droite des bataillons de ligne, et ont matériellement pris part à la prise et successivement à la défense de ce village. D'ailleurs, dans chaque occasion, le lieutenant-colonel Bussche et la brigade légère se sont comportés d'une manière très distinguée.

J'ai reçu, pendant cette affaire, une aide efficace du lieutenant-colonel Daswood et du lieutenant-colonel Honorable Arthur Upton, adjoint à l'adjudant-général et adjoint au quartier-maître général de la division, ainsi que de mon aide de camp, le capitaine Batterby.

J'ai l'honneur d'être, Monsieur, votre obéissant et humble serviteur,

W. HOWARD.

II

Major-général Hinuber au major-général Howard.

Devant Bayonne, 1er mars 1814.

Monsieur,

Permettez-moi de vous rendre compte des particularités de l'attaque faite le 27 par la brigade de ligne de la légion royale germanique contre la position fortifiée de l'ennemi au village de Saint-Etienne.

Après avoir reçu vos ordres pour l'attaque de ce village, le lieutenant-colonel Bodaker, avec 6 compagnies du 1er bataillon, chargea le village et emporta bravement le cimetière et l'église, où l'ennemi était fortement établi, et qui paraissaient être la clef de la position. En même temps, les riflemen des 1er et 5e bataillons, commandés par les lieutenants Brandeis et Willaing, et soutenus par les compagnies Bortelle et Holle, du 1er bataillon, s'étendirent à droite, vers la route de Bayonne à Dax, où l'ennemi s'était couvert d'un retranchement dans lequel il avait placé une pièce de campagne. Les maisons contiguës étaient crénelées, ce qui rendait la position très forte.

Tout cela fut immédiatement attaqué et enlevé avec l'aide du 2e bataillon, sous les ordres du lieutenant-colonel Beck. On fit quelques prisonniers et la pièce tomba entre nos mains, mais il fut impossible de l'emmener en ce moment, parce qu'un feu très violent, partant des ouvrages avancés de la citadelle de Bayonne et dirigé sur elle, nous empêcha de l'emmener en avant.

Vers cinq heures du soir, une colonne considérable déboucha de la citadelle et, après avoir ouvert sur nous un feu très vif, avança au pas de charge pour reprendre la pièce. On la vit venir et aucun instant ne fut perdu. Une partie des riflemen et le 5e bataillon, sous le commandement du colonel Ompteda, chargèrent la colonne ennemie et parvinrent à la refouler, soutenus à droite par les riflemen des 1er et 5e bataillons et une compagnie du 2e bataillon, commandés par le capitaine Winkstern.

Une demi-heure plus tard, cependant, l'ennemi, s'étant rallié, se reporta en avant pour faire une seconde attaque. Il fut de nouveau chargé et rompu. Ayant été poursuivi plus loin que la première fois, la pièce fut, dans l'intervalle, conduite en arrière et emmenée. L'objet du combat étant en notre possession, le feu des ennemis diminua et les Français se retirèrent dans leurs formidables retranchements. A la tombée de la nuit, le feu cessa des deux côtés.

Durant toute l'action, aussi bien qu'après, en maintenant les positions qu'ils avaient emportées, les bataillons de la brigade se sont conduits avec les plus grandes bravoure et persévérance, les officiers donnant l'exemple le plus louable : aussi les pertes sont-elles considérables.

Je dois rendre justice au major de la brigade de Drechsell et mon aide de camp, lieutenant Heimburg, qui m'ont assisté dans cette circonstance d'une manière digne des plus grands éloges.

Comme cette attaque, Monsieur, s'est effectuée sous vos yeux, je crois pouvoir me flatter que la conduite de la brigade obtiendra votre approbation, et en conséquence je vous prierai de vouloir la recommander au lieutenant-général sir John Hope.

J'ai l'honneur d'être, Monsieur, votre très obéissant et humble serviteur,

HINUBER.

N° 40

LETTRE AU PRÉFET DES LANDES. — RAPPORT SUR LE PASSAGE DES TROUPES ANGLAISES AU BOUCAU ET DE L'ORDRE QUE M. LASSARADE AVAIT DE NE POINT SE FAIRE BLOQUER.

(Archives de Bayonne).

Monsieur le Préfet,

Les événemens fâcheux croissent ici de moment en moment. On établit hier matin, ou durant la nuit précédente, plusieurs pièces d'artillerie à Blancpignon, en face de Saint-Bernard, et pendant toute la journée il dirigea ses boulets sur *La Sapho,* qui était au milieu de la rivière, à l'extrémité des Allées Marines. Ce bâtiment, qui était protégé par plusieurs canons, fut atteint à plusieurs reprises, et malheureusement M. le capitaine a eu un bras enlevé d'un boulet ; il mourut dans la journée. Il y a eu également plusieurs blessés. Mais tandis que l'entreprise des ennemis se dirigeait sur le bâtiment qui ne pouvait malheureusement bouger à cause du descendant de la marée, tandis que des brûlots, des flèches à la hongroise, des boulets à la congrève se dirigeaient sur d'autres, plusieurs colonnes tentaient le passage de la rivière du Boucaud : 3 à 400 hommes débarquèrent sur les 10 heures et demie ; ils étaient protégés par une assez forte artillerie.

M. le Maire de Tarnos s'empressa de sonner le tocsin, afin de rallier les habitans. Il y en eut peu qui se soient empressés de répondre, et ceux qui y ont condescendu en ont été empêchés par le cri de leurs familles. C'est l'assurance que m'en a donnée M. le Maire de Tarnos, par sa lettre d'hier au soir, en ajoutant qu'il avait seu, ainsi que M. Bourgeois, que les péniches transportaient du monde sur la rive du Boucaud et qu'il devait en être passé considérablement. M. Bourgeois a fait brûler le stationnaire et enclouer les canons. M. le Maire m'assure, en terminant sa lettre, qu'il y avait plus de 30 bâtimens devant la Barre.

On se bat aujourd'hui près Marrac ; je n'ai pu savoir quel en était le résultat. On m'assure que le débarquement s'est continué (1).

---

(1) La signature manque.

N° 41

LE GÉNÉRAL EN CHEF DE L'ARMÉE DE BLOCUS MENTIONNE UNE TEMPÊTE QUI A INTERROMPU LE PASSAGE DU PONT DE BATEAUX. LES ESPAGNOLS ÉPOUVANTENT LES PAYS QU'ILS TRAVERSENT.

(Dépêches de Wellington).

LE LIEUTENANT-GÉNÉRAL SIR JOHN HOPE AU FELD-MARÉCHAL MARQUIS DE WELLINGTON

Boucau, 4 mars 1814, 10 heures du matin.

Mon cher lord,

La nuit dernière, j'ai eu l'honneur de recevoir vos lettres par Wederburn. Je vous envoie, par l'entremise de sir John Murray, un rapport plus détaillé du lieutenant-colonel Elphinstone, relatif à l'attaque de la citadelle.

Nous avons eu deux jours d'un vent très violent, lequel a quelque peu endommagé notre pont, et jusqu'à ce que la tempête se modère, ce dont il y a quelque apparence, le passage pourrait être interrompu.

Je crois que les pièces de 18 sont prêtes à se mettre en marche, ainsi que les pontons. Des délais considérables sont arrivés à cause du mauvais temps, et nous avons été obligés de nous servir de radeaux pour passer diverses voitures.

Je suis fâché d'avoir à dire que les Espagnols répandent l'effroi par leur conduite partout où ils passent.

J'ai l'honneur d'être, mon cher lord, votre très fidèle,

JOHN HOPE.

N° 42

FÉLICITATIONS AU GÉNÉRAL EN CHEF ANGLAIS POUR L'OPÉRATION DU PONT DE BATEAUX.

(Dépêches de Wellington).

DUC D'ANGOULÊME A WELLINGTON

Saint-Jean-de-Luz, 27 février.

J'ai eu un grand plaisir à être témoin de l'exécution du plus beau et du plus hardi projet qu'il fût possible de concevoir, je veux dire le passage de l'Adour à son embouchure par le général Hope. La postérité ne pourra le croire qu'en pensant aux grands talents de celui qui l'a conçu et à toute la gloire qu'il s'est acquise. Les troupes se sont montrées dignes du chef qui les mène de victoire en victoire.

Nouvelles félicitations sur la victoire d'Orthez.

Sir JOHN HOPE

COMMANDANT EN CHEF LES TROUPES DE BLOCUS

(D'APRÈS UNE PEINTURE ANGLAISE)

N° 43

SUR LE COMBAT DU 27 FÉVRIER. — SIR JOHN HOPE CROIT QU'IL SE RENDRA AUSSI VITE MAÎTRE DE LA VILLE PAR UN BLOCUS QU'EN PROCÉDANT A UN SIÈGE.

(Dépêches de Wellington).

LE LIEUTENANT-GÉNÉRAL SIR JOHN HOPE AU FELD-MARÉCHAL MARQUIS DE WELLINGTON

Boucau, 16 mars 1814.

Mon cher lord,

Depuis que je vous ai écrit tout dernièrement, je n'ai eu rien d'important à vous communiquer.

L'ennemi s'est tenu tranquille presque partout, faisant feu seulement sur quelques-uns des points occupés par la brigade Aylmer et sur des ouvrages construits dans le sable, mais sans obtenir aucun résultat appréciable.

Il y a deux jours, le major-général Colville trouva nécessaire d'occuper quelques maisons sur le front de la ligne des piquets, et qui pouvaient donner quelque avantage à l'ennemi, qui ouvrit aussitôt un feu de mousqueterie, mais cela fut effectué sans perte. Cependant, le lieutenant-colonel Thornton, du 85e, qui, en cette occasion, commandait les piquets de la brigade de lord Aylmer, a reçu une légère blessure.

Les désertions, du côté de la garnison, continuent sur le pied d'environ trois à cinq par jour. Il y a trois jours, un officier subalterne a déserté, venant du camp retranché du front de la citadelle.

Chacun des rapports que je reçois me fait croire que les habitants commencent à sentir les effets du manque de vivres et que les classes riches appréhendent la même chose. Quelques-uns disent que la garnison avait pour trois mois de vivres, d'autres pour six : ce qui est certain, c'est que la ration des troupes a été diminuée et qu'elles ne reçoivent plus de vivres frais. Une perquisition très exacte a été faite tout dernièrement dans les magasins de farine et de grains, de ceux qui ont des provisions à Bayonne, et prenant en considération la situation dans laquelle se trouve la place, mon opinion est que sa reddition serait effectuée aussi vite par un blocus que par un siège.

La Barre de l'embouchure de la rivière a été dernièrement très favorable, et les vaisseaux que nous employons ont pu apporter les objets nécessaires de Socoa et de Pasages. Malheureusement, tous ceux du Socoa n'étaient pas prêts à venir ici, ainsi que l'amiral l'a écrit, et il lui a fallu en faire venir quelques-uns de Pasages.

Ma dernière lettre sur le colonel Hartman, de Pasages, est du 24. On a pu se procurer un très petit nombre de navires par réquisition, le dernier ouragan en a détruit plusieurs, et l'état du temps et du courant ont donné beaucoup à faire. Je serais heureux d'avoir des instructions lorsque je pourrais mettre en mouvement le parc de siège.

Pendant que j'écrivais, le lieutenant-colonel Hartman est arrivé de Pasages pour faire part des progrès de son travail. Comme il m'informe qu'il a envoyé tous les détails qui y sont relatifs au lieutenant-colonel Dixon, je vous prie de vous en informer auprès de celui-ci.

J'ai l'honneur d'être, mon cher lord, votre fidèle et humble serviteur,

John Hope.

N° 44

RAPPORT DU GÉNÉRAL COLVILLE SUR LA SORTIE DU 14 AVRIL.

(Dépêches de Wellington).

AU FELD-MARÉCHAL MARQUIS DE WELLINGTON, R. C.

Le Boucau, 14 avril 1814.

Milord,

C'est avec un regret infini, dû à la malheureuse circonstance qui a fait tomber le lieutenant-général sir John Hope au pouvoir de l'ennemi, que je viens remplir le devoir qui m'incombe d'informer Votre Seigneurie d'une sortie qui a été faite ce matin, à trois heures, du camp retranché devant la citadelle de Bayonne, avec de fausses attaques sur les postes de la cinquième division, etc., à Anglet et à Bellevue.

Je suis heureux de pouvoir dire que le terrain perdu de ce côté a été repris et les piquets replacés, à sept heures, dans leurs positions primitives.

Le mal causé à nos retranchements est aussi petit qu'il puisse être après une attaque faite en force, et sera, je l'espère, en grande partie réparé dans le cours de la nuit prochaine. Ce que nous avons le plus à regretter, ce sont les pertes que le lieutenant-colonel Macdonald estime en nombres ronds à 400 hommes.

Je déplore grandement d'avoir à regretter la mort du major-général Hay, officier général de service, cette nuit. Ses dernières paroles, une minute avant de tomber, ont été pour donner l'ordre de garder jusqu'à la dernière extrémité l'église de Saint-Étienne et une maison fortifiée avoisinante.

Le major-général Stopford est blessé, peu grièvement, j'espère. Je regrette d'avoir à dire que parmi les tués se trouvent le lieutenant-colonel sir Henri Sullivan et le capitaine Crofton, des gardes. Le lieutenant-colonel Townsend est prisonnier, ainsi que le capitaine Herries, député assistant quartier-maître général, et le lieutenant Moore, aide de camp de sir John Hope. Ne voulant pas perdre une minute pour envoyer ce rapport, et m'étant trouvé moi-même pendant tout le combat avec la cinquième division, j'ai requis le major-général Howard de détailler, pour en placer l'information sous les yeux de Votre Seigneurie, les circonstances de l'attaque et de la résistance.

Le cheval de sir John Hope est tombé sur lui, ce qui n'a pas permis de le dégager. On dit qu'il est blessé au bras, mais un officier français parle aussi d'une blessure à la cuisse. Il est à présumer qu'il confond. La botte de son pied gauche a été trouvée sous le cheval. On a refusé au lieutenant-colonel Macdonald la permission de le voir, ce qu'il avait fait demander par un parlementaire. Nous attendons à présent le capitaine Wederburn, et il aura l'assistance de toutes les personnes qu'il désirera, sous la condition pour celles-ci de ne pas revenir dans nos lignes.

J'ai l'honneur d'être, etc., etc.

C. COLVILLE.

N° 45

RAPPORT DU GÉNÉRAL HOWARD SUR LA SORTIE DU 14 AVRIL.

(Dépêches de Wellington)

AU MAJOR-GÉNÉRAL HONORABLE C. COLVILLE

Monsieur,

Par suite de l'événement qui a fait tomber aux mains de l'ennemi le lieutenant-général sir John Hope, l'honneur me revient de vous donner le détail d'une attaque faite contre nos positions devant la citadelle de Bayonne, le 14 courant, afin que vous en informiez Son Excellence le commandant en chef de l'armée.

Hier matin, longtemps avant le jour, l'ennemi a fait une sortie et a attaqué avec de grandes forces la gauche et le centre de nos positions à Saint-Etienne, devant la citadelle. La gauche était gardée par des piquets de la brigade du général Hay ; la brigade elle-même servait provisoirement de ce côté de l'Adour, ayant pour instructions de se former, en cas d'attaque, près du village du Boucau. Le centre était occupé par les piquets de la deuxième brigade des gardes, et la droite par ceux de la première brigade du même corps. Le major-général Hay était l'officier général du jour dans le commandement de la ligne des avant-postes. Il a été tué, j'ai grand regret à le dire, quelques instants après l'attaque, au moment où il venait de donner l'ordre de défendre l'église de Saint-Etienne jusqu'à la dernière extrémité. L'ennemi, cependant, grâce à la grande supériorité de ses forces, était parvenu à pénétrer dans le village par la gauche ; il s'en empara, à l'exception d'une maison occupée par un piquet du 38ᵉ régiment, commandé par le capitaine Fowter, qui s'y maintint jusqu'à l'arrivée du major-général Hinuber, qui attaqua et reprit le village avec le bataillon de seconde ligne de la légion allemande du roi, commandé par le lieutenant-colonel Beck.

L'ennemi attaqua également le centre de nos positions avec de grandes forces et, en se portant de tout son poids sur un seul point, obligea l'un de nos piquets à battre en retraite après une vive résistance. Il put alors enfiler une route sur les derrières de la ligne des piquets du centre, obligeant ainsi les autres piquets de la deuxième brigade des gardes à reculer jusqu'à l'arrivée des renforts. Il fut alors chargé, et la ligne des postes réoccupée comme auparavant.

Le major Stopford a été blessé, je regrette de le dire, et la brigade est passée sous le commandement du colonel Guise.

L'ennemi s'était emparé de quelques maisons occupées par des piquets du centre, et le colonel Maitland le trouva maître du terrain sur le derrière de sa gauche. Il avança rapidement par une hauteur qui court parallèlement à la route avec le troisième bataillon du 1er des gardes, commandé par le lieutenant-colonel Honorable W. Steward, et le lieutenant-colonel Woodford, des Coldstream, gravissant en même temps la colline, ces deux corps délogèrent l'ennemi par une charge simultanée et réoccupèrent tous les postes perdus. L'ennemi, à partir de ce moment, ne fit plus mine de renouveler l'attaque.

Le colonel Maitland a exprimé sa satisfaction de la conduite de ses soldats, ainsi que son obligation envers le lieutenant-colonel Woodford, pour le concours qu'il lui a prêté dans le mouvement ci-dessus mentionné. Sir John Hope a été fait prisonnier sur la droite. En s'efforçant d'amener quelques troupes pour soutenir les piquets, il tomba inopinément, dans l'obscurité, au milieu d'un parti ennemi. Son cheval fut tué ; il se trouva engagé sous lui et, dans l'impossibilité de se dégager, il resta entre les mains des assaillants. Je regrette de vous dire que, selon une lettre que j'ai reçue de lui, il a été blessé en deux endroits, quoique peu grièvement. Vous croirez aisément, Monsieur, qu'un seul sentiment, celui d'un grand regret, règne dans toutes les troupes en présence de la mauvaise fortune du lieutenant-général. L'ennemi ayant commencé l'attaque entre deux et trois heures du matin, une partie considérable de l'action s'est passée avant le lever du jour, ce qui lui a donné un grand avantage à cause de son nombre ; mais, quelle que soit la fin qu'il se proposait, je suis heureux d'ajouter qu'il a été complètement frustré dans son espoir, car il n'a réussi qu'à mettre le feu dans une maison du centre de la position. Cette maison, qui est à 300 yards seulement du canon de la place, avait reçu précédemment tant de boulets qu'elle était intenable. Vous pouvez présumer, d'après la quantité de projectiles de toute sorte lancés par l'ennemi, que nos pertes ne sont pas médiocres. Le service de Sa Majesté a perdu dans le major-général Hay, qui vous était bien connu, un officier des plus zélés et des plus capables, qui a servi longtemps avec distinction dans cette armée. Les pertes de l'ennemi doivent être sensibles, car nous avons observé qu'il a enterré un grand nombre de morts, et il en a laissé beaucoup derrière lui. Par suite de la facilité qu'il avait de se retirer immédiatement sous le canon de la place, nous n'avons pu faire aucun prisonnier.

Je vous prie d'adresser mes sincères remerciements aux majors-généraux Hinuber et Stopford et au colonel Maitland, commandants des brigades, ainsi qu'au colonel Guise qui prit le commandement de la seconde brigade des gardes, après que le général Stopford eut été blessé, pour leurs efforts durant l'affaire et la rapidité de leurs mouvements. Je ne dois pas oublier non plus le lieutenant-colonel Daswood, assistant adjudant-général, qui m'a parfaitement secondé, de même que le capitaine Battersby, mon aide de camp, jusqu'à ce qu'il fût blessé. J'exprime encore ma reconnaissance au lieutenant-colonel

Vue Générale de Bayonne

D'APRÈS UNE GRAVURE ANGLAISE DU TEMPS

Macdonald, assistant adjudant-général de la colonne de gauche, pour les services qu'il m'a rendus quand il m'eut rejoint après la capture du lieutenant-général sir John Hope. Toutes les troupes, je dois le reconnaître, se sont conduites avec la plus grande vaillance.

J'ai l'honneur d'être, etc.

R. A. HOWARD,
Commandant de la 1re division.

P. S. — J'oubliais de dire que le major-général Bradfort a fait avancer un bataillon du 24e régiment portugais de sa brigade pour soutenir la légion allemande du Roi, quand le major-général Hinuber chassa l'ennemi du village de Saint-Étienne. Le colonel Maitland m'informe également des grands services qu'il a reçus du lieutenant-colonel Burgoyne, du génie royal, qui a été chargé de la construction des différents points de défense sur la droite de la position.

No 46

CAPTURE DE SIR JOHN HOPE.

(Dépêches de Wellington).

WELLINGTON A LORD BATHURST

Toulouse, le 19 avril 1814.

Je suis très peiné d'avoir à placer sous les yeux de Votre Seigneurie les rapports ci-inclus du major-général Colville et du major-général Howard sur la sortie de Bayonne, le 14 de ce mois, dans laquelle le lieutenant-général sir John Hope, ayant été malheureusement blessé et son cheval tué sous lui, a été fait prisonnier. J'ai toutes raisons de croire que ses blessures ne sont pas sérieuses, mais je dois regretter que la satisfaction généralement ressentie dans l'armée devant la perspective de l'honorable fin de ses travaux, soit assombrie par la mauvaise fortune et les souffrances d'un officier si hautement estimé et respecté de tous.

Je ressens sincèrement aussi la perte du major-général Hay, dont j'ai eu de fréquentes occasions d'exposer à Votre Seigneurie les services et les mérites.

No 47

SUSPENSION D'ARMES CONCLUE LE 27 DE CE MOIS PAR M. LE GÉNÉRAL
COLVILLE, COMMANDANT LES TROUPES ALLIÉES DEVANT BAYONNE, ET
M. LE GÉNÉRAL DE DIVISION BARON THOUVENOT, COMMANDANT SUPÉ-
RIEUR DE CETTE PLACE.

(Archives de Bayonne).

M. le général de division baron Thouvenot, commandant supérieur de
Bayonne, et M. le général l'Honorable Charles Colville, commandant les troupes alliées devant Bayonne, désirant conclure une suspension d'armes entre
les troupes alliées, sous les ordres du général Colville, et la garnison de
Bayonne, sous les ordres de M. le général de division baron Thouvenot, et se
conformer, à cet égard, à la suspension d'armes qui a été conclue, le 18 de ce
mois, entre les maréchaux duc de Dalmatie, duc d'Albuféra, et le feld-maréchal
marquis de Wellington, ont nommé, pour cet objet, les officiers ci-après
désignés :

De la part de M. le général de division baron Thouvenot, M. Gougeon, colonel
du 94e régiment de ligne, et de la part de M. le général l'Honorable Charles
Colville, M. Burgoyne, lieutenant-colonel du corps royal du génie au service
de S. M. B.

Ces officiers, après avoir échangé leurs pleins pouvoirs, ont convenu les articles suivants :

Article 1er. — A compter de la date de la présente convention, il y aura une
suspension d'armes entre la garnison de Bayonne, sous les ordres de M. le
général baron Thouvenot, et les armées alliées, sous les ordres de M. le général
Colville.

Art. 2. — Les hostilités ne pourront recommencer, de part et d'autre, que
cinq jours après la notification de la rupture de la présente convention ; mais
vingt-quatre heures après cette notification, les deux parties contractantes
pourront rétablir leurs avant-postes comme ils feront au moment de la signature de la présente suspension d'armes.

Art. 3. — Les avant-postes des deux parties contractantes resteront dans
leurs positions actuelles, mais en les portant, de part et d'autre, en arrière,
autant que les localités le permettront, pour augmenter l'espace neutre entr'eux. Cet objet sera arrêté sur les lieux par des commissaires que délègue-
ront MM. les généraux Thouvenot et Colville, et qui feront planter des jalons
sur les points principaux.

Art. 4. — MM. les généraux Thouvenot et Colville prendront des mesures
pour que les troupes respectivement sous leurs ordres ne fassent aucune
incursion dans le terrain reconnu neutre pendant la durée de la suspension
d'armes.

Art. 5. — A dater de la ratification de la présente convention, la garnison de
Bayonne aura la faculté de se procurer à l'extérieur, dans un rayon de huit

lieues, dont les villes de Dax et de Peyrehorade font partie, la quantité de vivres et de denrées portés en l'état annexé à la présente convention. Ces vivres et denrées devront être fournis par des réquisitions frappées sur des communes, d'après les bons qu'elles recevront à cet effet des commissaires de guerre de la place de Bayonne qui seront chargés de cette opération.

Les villes de Saint-Jean-de-Luz et de Cambo ne seront pas soumises à ces réquisitions.

Si cependant on trouve des entrepreneurs qui veuillent faire la fourniture des subsistances journalières, ce moyen sera préféré, et il leur sera fourni par les troupes alliées les passeports et autorisations nécessaires pour faire leurs achats dans le pays.

Art. 6. — MM. les Maires de Bayonne et de Saint-Esprit auront la faculté, pendant la durée de la suspension d'armes, de faire entrer dans ces villes des vivres et autres denrées journellement nécessaires pour la subsistance de leurs habitants. La ville de Bayonne sera calculée sur une population de douze mille âmes et celle de Saint-Esprit sur une population de cinq mille.

La circulation des habitants de la campagne sera libre pour entrer à Bayonne et à Saint-Esprit et pour en sortir, les jours des marchés ordinaires, avec des légumes frais et autres denrées qui se portent journellement sur le marché ; les mêmes habitants pourront retourner chez eux avec les objets qu'ils auraient achetés à Bayonne et à Saint-Esprit.

Art. 7. — Les denrées qui seront destinées pour Bayonne pourront y arriver par terre et par eau, et il sera délivré des passeports en conséquence.

Art. 8. — Les courriers et estafettes destinés pour Bayonne pourront y entrer et en sortir librement lorsqu'ils seront munis de passeports valables.

Art. 9. — Les habitants étrangers à la population ordinaire de Bayonne et de Saint-Esprit auront la faculté de retourner immédiatement dans leurs foyers, conduisant avec eux leurs bestiaux et emportant leurs effets, et les habitants de Bayonne et de Saint-Esprit qui avaient quitté ces villes à raison des circonstances, auront la faculté d'y rentrer avec leurs effets et marchandises.

Art. 10. — Dans le cas où il y aurait des déserteurs, de part et d'autre, pendant la durée de la présente suspension d'armes, ils seront arrêtés et respectivement rendus s'ils sont réclamés.

Art. 11. — Les propriétaires qui se trouvent dans les terrains désignés pour être neutres pourront librement s'occuper de la culture de leurs propriétés et seront, au besoin, protégés par les troupes alliées et par celles de la garnison de Bayonne.

Art. 12. — M. le général gouverneur, commandant la garnison de Bayonne, consent à ce que les troupes alliées puissent faire transporter par eau, à travers la place de Bayonne, les vivres et autres effets qui leur sont nécessaires, à condition que les barques qui serviront à ces transports ne seront pas armées et que les troupes alliées s'abstiendront de réquisition de vivres dans le rayon de huit lieues, assigné par l'article 5 à la subsistance de la garnison de Bayonne.

Art. 13. — La présente suspension d'armes sera ratifiée par les deux parties contractantes dans le délai de 6 heures, à compter d'aujourd'hui à midi, et recevra son exécution immédiatement après sa ratification.

Fait à la maison de La Trille, près Bayonne, le vingt-sept avril mil huit cent quatorze.

Signés : GOUGEON, colonel du 94e régiment ;

J.-F. BURGOYNE, lieut.-col. R. E.

Confirmé :   *Approuvé :*

Ch. COLVILLE.   Baron THOUVENOT.

Pendant la durée de la suspension d'armes, les communications par terre pour les habitants de Bayonne, de Saint-Esprit et de la campagne ne pourront avoir lieu que par les grandes routes de Bayonne à Peyrehorade, de Bayonne à Saint-Jean-Pied-de-Port et de Bayonne à Saint-Jean-de-Luz.

MM. les généraux commandant les troupes et M. le colonel commandant d'armes de Bayonne feront exécuter, chacun en ce qui le concerne, les dispositions contenues dans ces deux suspensions d'armes.

MM. les Maires de Bayonne et de Saint-Esprit prendront des mesures pour que les habitants de ces villes soient journellement approvisionnés des denrées nécessaires à leur subsistance, conformément à ce qui a été réglé à cet égard dans la convention faite avec S. E. le général Colville.

Bayonne, le 28 avril 1814.

Le général de division, commandant supérieur,

Signé : Baron THOUVENOT.

Pour copie conforme :

L'ADJOINT-COMMANDANT, CHEF D'ETAT-MAJOR DU GOUVERNEUR DE BAYONNE.

N° 48

CONVENTION POUR LA LEVÉE DU BLOCUS DE BAYONNE.

(Archives de Bayonne).

M. le général de division baron Thouvenot, commandant supérieur de Bayonne, et M. le général l'Honorable Charles Colville, commandant en chef les troupes alliées devant cette place, prenant en considération et voulant mettre à exécution, dans ce qui les concerne, la convention passée à Paris, le 24 avril 1814, entre S. A. R. Monsieur, fils de France, frère du Roi, lieutenant-général du royaume, et chacune des puissances alliées, laquelle convention porte entr'autres articles que :

« *Toutes hostilités, sur terre et sur mer, sont et demeurent suspendues entre les puissances alliées et la France.*

« *Le blocus des places en France sera levé sur-le-champ par les armées alliées,* etc., etc. »

L'ADOUR AU-DESSOUS DE BAYONNE

D'APRÈS UNE GRAVURE ANGLAISE

Ont nommé, de la part de M. le général Thouvenot, M. Gougeon, colonel du 94e régiment ; et de la part de M. le général Colville, M. le lieutenant-colonel du génie Burgoyne, pour traiter d'une nouvelle convention sur cet objet.

Ces officiers, après avoir échangé leurs pleins pouvoirs, sont convenus des articles suivants :

Article 1er. — L'article 2 de la convention passée entre les deux parties contractantes, le 27 du mois dernier, et qui rend la suspension d'armes conditionnelle, est rapporté ; et à dater du jour de la ratification de la présente convention, la suspension d'armes entre la garnison de Bayonne et l'armée des alliés devant cette place est absolue et indéfinie.

Art. 2. — Le blocus de Bayonne et de son port sera levé par les armées alliées, par terre et par mer, immédiatement après la ratification de la présente convention, et le pont de bateaux du Boucau sera ouvert toutes les fois qu'un bâtiment se présentera pour monter à Bayonne ou sortir de la rivière.

Art. 3. — Les postes des troupes alliées seront immédiatement éloignés de la place, de manière cependant à couvrir, pour les troupes alliées, la communication de la route de France au Boucau et du Boucau à Bidart.

Art. 4. — Toutes les routes seront libres pour les troupes à l'usage des deux parties contractantes ; mais les troupes alliées ne pourront, dans aucun cas, entrer à Bayonne et dans ses ouvrages extérieurs, ni les traverser, et les troupes de la garnison de Bayonne ne pourront passer par les communications de Tarnos au Boucau et du Boucau à Bidart.

Art. 5. — Les postes de la garnison de Bayonne resteront établis comme ils le sont maintenant ; cette garnison aura de plus un poste de police établi au carrefour des routes de Toulouse et de Bordeaux, en avant de la citadelle.

Art. 6. — L'hôpital militaire de Dax sera mis immédiatement à la disposition de la garnison de Bayonne qui a besoin de faire des évacuations de malades sur cet hôpital, afin de désencombrer ceux de Bayonne et de ne point compromettre la salubrité publique.

Son Exc. M. le général Colville promet ses bons offices pour procurer le plus tôt possible à la garnison de Bayonne la disposition de l'hôpital de Mont-de-Marsan pour le même usage.

Art. 7. — MM. les généraux Thouvenot et Colville prendront des mesures pour que les troupes respectivement sous leurs ordres n'aient aucune communication entr'elles, afin d'éviter tous les désordres qui pourraient en résulter.

Art. 8. — Les articles 5 et 6 de la suspension d'armes du 27 du mois dernier sont rapportés, et la garnison, ainsi que les habitants de Bayonne et de Saint-Esprit, auront la faculté de se procurer des vivres et autres objets en telle quantité qu'ils jugeront convenable, et sans limites de territoire, tant par terre que par les rivières et la mer.

Art. 9. — La navigation de l'Adour et de la Nive sera libre pour les armées alliées, à condition que les bateaux qui serviront pour cette navigation ne pourront s'arrêter sur les rivières entre les chaloupes stationnaires qui sont placées sur la Nive et sur l'Adour, au-dessus et au-dessous de Bayonne.

Art. 10. — MM. les généraux Thouvenot et Colville étant dans l'intention d'établir, entre la garnison de Bayonne et les troupes alliées, des rapports pacifiques aussi étendus que le leur permettent les traités et conventions passés entre leurs souverains respectifs, se promettent de se faciliter réciproquement tout ce qui est relatif aux mouvements de leurs troupes, à leur subsistance, etc.

Art. 11. — La convention passée le 2 du courant pour l'échange des prisonniers est annulée ; les deux parties contractantes se conformeront, pour cet objet, à l'article 7 de la convention passée à Paris, le 23 avril dernier, entre les souverains alliés et S. A. R. Monsieur, lieutenant-général du royaume de France.

Art. 12. — La présente convention sera ratifiée dans les vingt-quatre heures et plus tôt si faire se peut.

Fait à Bayonne, en double expédition, le cinq mai mil huit cent quatorze.

Signés : Gougeon, colonel du 94ᵉ régiment ;
J.-F. Burgoyne, lieut.-col. R. E.

Confirmé :
Ch. Colville.

Approuvé :
Baron Thouvenot.

N° 49

ORDRE DU JOUR DU GÉNÉRAL DE DIVISION BARON THOUVENOT, COMMANDANT SUPÉRIEUR DE BAYONNE.

(Hurt. — *Histoire des cimetières anglais*).

Ce qui suit est la traduction de l'ordre du jour du général Thouvenot, gouverneur de Bayonne, communiqué, il y a quelques années, par un officier d'état-major français, petit-fils, par sa mère, du lieutenant-colonel Woodfort, qui commandait les Coldstream pendant la sortie et fut ensuite feld-maréchal et gouverneur de l'hôpital de Chelsea :

Bayonne, le 15 avril 1814.

C'est au nom de l'Empereur que je m'empresse d'exprimer aux troupes de la garnison ma satisfaction de la valeur qu'elles ont déployée dans l'action d'hier, dont les splendides résultats vont augmenter le nombre des brillants faits d'armes qui, dans tous les temps, ont illustré l'armée française. L'ennemi, attaqué simultanément, à trois heures, sur tous les points de la ligne d'investissement, a été battu et repoussé partout. Cette sortie générale avait pour but d'obliger l'ennemi à montrer sa force dans les différentes positions, de reconnaître ses travaux, de détruire les plus rapprochés du camp retranché de la citadelle, de porter nos avant-postes à l'intersection des routes de Bordeaux et de Toulouse, bref, de faire tout le mal possible à l'armée assiégeante. Ces avantages ont été complètement obtenus.

Le lieutenant-général baron Abbé a dirigé avec succès les fausses attaques en avant du camp retranché placé sous son commandement. Les généraux baron Beuret, Delorme et le lieutenant-colonel Gougeon, major-général des brigades de la division Abbé, ont emporté les positions principales de l'ennemi qui a souffert des pertes considérables en tués, blessés, prisonniers. Les dispositions du général Abbé ont été conçues et exécutées avec un talent et une vigueur caractéristiques.

Le général Maucomble, chargé de l'attaque principale, a su inspirer à ses troupes une ardeur à laquelle l'ennemi n'a pu résister : les positions ont été emportées d'un élan, et à la pointe de la baïonnette, avec une unité et une bravoure qui font honneur aux officiers et aux soldats composant les trois colonnes d'attaque.

L'ennemi avait été mis sur ses gardes par le bruit nécessairement fait pour détruire les estacades qui devaient livrer passage aux troupes et par un déserteur passé dans ses rangs une heure avant l'attaque ; il était partout sous les armes, ses retranchements garnis de troupes. Son premier feu a été très vif, mais, dirigé trop haut, il a fait peu de mal et n'a servi qu'à augmenter l'ardeur de nos soldats.

La colonne de droite, commandée par M. de Lasalle, lieutenant-colonel du 95e, était composée du deuxième bataillon du 64e et du premier bataillon du 95e. Elle est partie au pas de course, a renversé les nombreux obstacles qui se trouvaient sur sa route, s'est emparée de l'église de Saint-Etienne et a pris un canon que malheureusement les tranchées qui coupaient la chaussée et autres difficultés l'ont forcé d'abandonner.

Le centre, commandé par le lieutenant-colonel Raynet, du 94e, était composé du premier bataillon du 5e d'infanterie légère et des premier et deuxième bataillons du 94e. Il s'est avancé par la route de Saint-Esprit et les approches de la citadelle, a détruit tous les travaux qui obstruaient ces chemins et s'est emparé, à la pointe de la baïonnette, de l'embranchement des routes et des nombreuses maisons dans lesquelles l'ennemi s'était retranché.

La colonne de gauche, sous le commandement du lieutenant-colonel Vivien, du 82e, était composée du premier bataillon du 26e, du premier bataillon du 70e et du premier bataillon du 82e. Cette colonne, après avoir débouché par la route de Basterrèche, a franchi d'un élan le ravin qui la séparait de l'ennemi, et s'est emparée de la maison Basterrèche et des hauteurs qui la relient à la maison Montaigut. Ces hauteurs étaient couvertes d'une ligne ininterrompue de retranchements qui ont été enlevés au pas de course et à la baïonnette. Une fusillade à bout portant s'est engagée dans les tranchées avec l'ennemi qui a été contraint de les abandonner en laissant le terrain couvert de ses morts et de ses blessés. Les colonnes de droite et de gauche se sont maintenues sur les positions conquises, conformément aux ordres qu'elles avaient reçus. La colonne du centre s'est avancée le long de la route de Bordeaux, franchissant les fossés et les travaux protégés par des estacades, et poursuivant l'ennemi qui s'est enfui en désordre, abandonnant ses dernières lignes.

Le lieutenant-général baron Garbé, commandant en chef du génie, a fait avancer en ce moment la neuvième compagnie de sapeurs et la première compagnie des pionniers de Bayonne, sous le commandement du capitaine Jary, du génie. Ces compagnies, arrivées à l'embranchement des routes, se sont mises à l'œuvre, suivant les ordres du général Maucomble, pour brûler les maisons qui avaient servi d'abri et de défense à l'ennemi, combler les tranchées et détruire la route et les estacades.

Ces opérations ont été effectuées avec courage et la plus grande activité, sous un feu très vif de l'ennemi qui gênait beaucoup les sapeurs dans leur travail. Le général Maucomble a fait avancer pour les soutenir la compagnie des grenadiers du 26ᵉ et deux compagnies du 94ᵉ, sous le commandement du capitaine Lesmont. J'ai donné l'ordre en même temps au capitaine Romagné, par l'entremise du général Berge, commandant l'artillerie, d'avancer jusqu'à l'embranchement des routes avec quatre pièces de campagne. Ce brave officier s'est posté au point indiqué et s'y est maintenu, bien qu'il n'ait pu faire mettre en action qu'une seule pièce, par suite de la position de nos propres troupes. Ces dispositions, en tenant l'ennemi en échec, ont permis aux sapeurs et aux pionniers de continuer leur travail sans être interrompus davantage.

Les Anglais commençaient à fléchir dans leurs retranchements, quand un corps de troupes fraîches, venant de la direction de Hayet, par la route de Toulouse, s'est avancé sur notre flanc droit au moment où les brigades de réserve du Boucau attaquaient notre gauche. Ces renforts renouvelèrent et multiplièrent le feu de l'ennemi : le premier bataillon du 95ᵉ n'en résista pas moins bravement au choc des troupes qui s'avançaient par la route de Toulouse, et la gauche garda sa position contre les renforts venant du Boucau. L'objet de la sortie était alors complétement atteint ; j'envoyai, par un de mes aides de camp, l'ordre de battre en retraite, et le général Maucomble fit rentrer ses hommes et son artillerie dans la citadelle, ramenant les morts, les blessés et les prisonniers. Le feu a cessé partout entre sept et huit heures du matin ; nous avons repris nos positions sur la droite et sur la gauche, et les postes avancés du centre ont été poussés jusqu'à l'embranchement des routes où ils se trouvent encore. Le premier bataillon du 64ᵉ, la compagnie de grenadiers du 95ᵉ et les deux bataillons du 119ᵉ, qui occupaient les ouvrages du camp retranché, ont admirablement secondé les mouvements des colonnes d'attaque et envoyé continuellement des détachements pour ramasser nos blessés et les ramener à la citadelle. L'artillerie, établie avec une grande habileté et un grand jugement par le général Berge, a appuyé avec succès toutes les manœuvres de la sortie générale. Les chaloupes canonnières, commandées par le commandant Depoge, embossées de façon à harceler les flancs droit et gauche de l'ennemi, ont largement contribué aux brillants succès de la sortie. Les conscrits de l'artillerie et de l'infanterie, qui voyaient le feu pour la première fois, ont rivalisé de bravoure et d'ardeur avec les vieux soldats.

Toutes les troupes, officiers et soldats, ont fait leur devoir dans cette sortie mémorable. Nous avons malheureusement à regretter la mort de beaucoup de braves, et nos pertes en tués, blessés et prisonniers, s'élèvent au chiffre de 910 hommes, dont 7 officiers et 103 sous-officiers et soldats tués ; 49 officiers

Pont de Bateaux du Boucau

D'APRÈS UNE EAU FORTE ANGLAISE

et 741 sous-officiers et soldats blessés ; 2 officiers et 8 sous-officiers et soldats prisonniers.

Parmi les officiers tués se trouve le lieutenant-colonel du 95e, officier d'un mérite supérieur, universellement estimé de ses chefs, aimé de ses collègues et respecté de ses subordonnés.

Près de la moitié de nos blessés le sont légèrement, et la plus grande partie d'entr'eux retournera bientôt dans les rangs.

La colonne de gauche a eu l'honneur et la gloire de faire prisonnier le général Hope, commandant en chef des forces assiégeantes, et deux officiers de son état-major, tous les trois blessés. Ils se sont rendus à M. Pigeon, adjudant-sergent-major au 70e, au sergent Beregeot et au voltigeur Bonemère, du 82e. J'ai nommé M. Pigeon sous-lieutenant sur le champ de bataille.

Le major-général Hay, officier général du jour, a été tué ; un autre officier général, dont nous n'avons pu savoir le nom, est blessé, ainsi que plusieurs officiers de marque.

Cet ordre du jour sera envoyé à Son Excellence le ministre de la guerre, ainsi qu'au maréchal duc de Dalmatie, avec le vœu qu'il soit soumis à l'Empereur pour prier Sa Majesté d'accorder les récompenses si bien méritées par les braves qui se sont plus particulièrement distingués dans cette sortie générale.

Le général de division, commandant en chef,
Baron THOUVENOT.

N° 50

RÉCIT DE SOUTHEY

(Histoire de la Guerre de l'Indépendance, p. 891).

Dans la nuit du 13, deux déserteurs donnèrent avis d'une sortie que la garnison devait faire en grande force le matin de bonne heure. La première division fut mise sous les armes à trois heures et, quelques minutes après, une fausse attaque eut lieu contre les avant-postes, à Anglet. Mais il parut bientôt que l'effort principal serait fait sur la rive droite de l'Adour. Des troupes, sorties de la citadelle, gravirent la colline sur laquelle se tenaient les piquets, les prirent presque par surprise et, sitôt après, deux colonnes s'élancèrent en avant en poussant de grands cris et brisèrent par leur nombre la ligne des piquets entre Saint-Etienne et Saint-Bernard ; une troisième colonne s'avançait en même temps contre le premier de ces villages. La ligne des avant-postes à travers ce village et le long des hauteurs qui s'étendent vers le Boucau était marquée par une route formant dans quelques endroits un chemin creux profond, et bordée dans d'autres par des murs de jardins élevés, en sorte qu'il n'était pas aisé d'en sortir, si ce n'est là où des ouvertures avaient été pratiquées pour le passage des troupes, et les piquets furent ainsi facilement coupés de leurs soutiens. On y combattit, de part et d'autre, avec le dernier acharnement, et des monceaux de cadavres anglais et français, tués à coups de baïonnette, y furent trouvés. Sir John Hope, en se dirigeant en toute hâte vers Saint-Etienne, où l'attaque avait commencé, prit cette route qui était le plus court chemin ; il ignorait que l'ennemi en occupait la plus grande partie et que les piquets du flanc droit avaient reculé lorsque la ligne d'avant-postes avait été percée. Sitôt qu'il s'en aperçut, il s'efforça de se retirer, mais il se trouvait en avant avec ses aides de camp, le lieutenant Moore et le capitaine Herries, du département du quartier-maître général ; ils furent conséquemment les derniers à se retirer et, avant qu'ils aient pu gagner la sortie du chemin creux, les Français arrivèrent et commencèrent à tirer à quelques yards en arrière d'eux. Le cheval de sir John Hope reçut trois balles et tomba, entraînant son cavalier. Le capitaine Herries et le lieutenant Moore mirent pied à terre pour venir à son secours, car son pied était resté engagé sous sa monture, mais le premier de ces officiers fut grièvement blessé et le deuxième eut le bras droit fracassé. Le général lui-même reçut une blessure au bras et, les Français survenant, tous les trois furent faits prisonniers. Pendant qu'on les emportait à Bayonne, sir John Hope reçut une seconde et grave blessure d'une balle qu'on supposa être venue de ses propres avant-postes. Le major-général Hay commandait les avant-postes cette nuit ; il venait de donner l'ordre de défendre l'église de Saint-Etienne jusqu'à la dernière extrémité, quand il fut tué, presque au commencement de l'action. L'ennemi, qui avait de ce côté une grande supériorité numérique, entra par la gauche dans le village, dont il s'empara, à l'exception d'une seule maison où le capitaine Fowter, du 38e, résista bravement avec son piquet, bien que la plus grande partie de ses hommes fussent tués ou blessés, jusqu'à l'arrivée d'une brigade de la légion allemande qui reprit le village.

On avait supposé que le but principal des Français était de détruire le pont, ce qui était, en effet, le seul objectif raisonnable pouvant justifier une telle sortie à ce point du siège, quand ni les canons n'étaient en position, ni les munitions prêtes, ni les travaux commencés. Pour se garder contre l'attaque, lord Saltoun avait fortifié le couvent de Saint-Bernard qu'il convertit avec une grande habileté en une petite forteresse respectable ; le colonel Maitland avait également massé la première brigade des gardes sur les hauteurs au-dessus du couvent, afin d'arrêter l'ennemi dans le cas où il s'avancerait vers le pont, mais aucune tentative ne fut faite contre lui, bien que les canonnières eussent descendu la rivière et ouvert un feu de flanc très vif, et il parut bientôt qu'il ne serait pas attaqué non plus par terre, les efforts de l'ennemi étant uniquement dirigés contre le centre des contrevallations opposées à la citadelle. Le major-général Howard donna alors l'ordre à Maitland de soutenir le flanc droit et dirigea le major-général Stopford, avec la deuxième brigade des gardes, en avant pour coopérer à la reprise du terrain entre ce fleuve et Saint-Etienne ; cet officier général fut blessé bientôt après et remplacé dans le commandement de la brigade par le colonel Guise.

La nuit était très sombre, mais les Français, par des fusées lancées de la citadelle, s'éclairaient assez pour diriger leurs canons, dont près de soixante-dix soutenaient l'attaque en tirant constamment. Quelques-unes de leurs bombes tombèrent sur le dépôt des fascines et brûlèrent aussi plusieurs maisons. Ces lueurs partielles rendaient l'obscurité plus noire là où la lumière ne s'étendait pas, et les gardes, en approchant de la ligne française, la reconnaissaient seulement au feu de mousqueterie dirigé à l'abri des haies et des murs. Ils reçurent l'ordre de se coucher et d'attendre le mouvement des Coldstream Gardes, commandés par le lieutenant-colonel Woodfort, qui devaient charger simultanément avec eux pour recouvrer l'ancienne position dans le chemin creux. Ils restèrent étendus à plat ventre, car la hauteur sur laquelle ils se trouvaient était si exposée au feu de la citadelle qu'ils auraient été bientôt détruits s'ils s'étaient tenus debout quelques minutes. Aussitôt que le signal fut donné, ils se levèrent et s'élancèrent en avant ; les Coldstream chargèrent en même temps du côté opposé, et la lutte fut décidée sur cette partie de la ligne par cette attaque bien combinée. Craignant de voir leur retraite coupée, les Français s'enfuirent à toute vitesse, sous un feu destructif que les deux bataillons faisaient pleuvoir sur eux, à mesure qu'ils gagnaient le glacis de la citadelle. Ceux que la légion allemande avait refoulés de Saint-Etienne se retirèrent à Saint-Esprit par la grande route. On fit avancer un canon et ils reçurent dans leur retraite treize décharges de mitraille qui firent des ravages terribles dans leurs rangs. La lune se leva vers la fin de l'action et, quand le jour parut, les morts et les blessés français ou anglais étaient étendus partout, tellement mêlés qu'il semblait qu'aucune ligne distincte n'avait existé entre les deux partis. Les pertes étaient sensibles des deux parts : pour les alliés, 143 tués, 452 blessés et 231 prisonniers ; celles des Français s'élevaient à 913, dont 20 prisonniers seulement.

N° 51

UNE LÉGENDE.

(G. de Lavigne. — *Autour de Biarritz*).

M. Hurt, dans sa curieuse et instructive histoire des cimetières anglais, parle d'une histoire romanesque française qui, basée sur les événements, et donnant les noms des officiers inscrits sur la tablette, attira, il y a plus de trente ans, l'attention de Miss Holburne, sœur de l'un des officiers morts dans la sanglante sortie du 14 avril. Cette légende, que nous avons retrouvée, paraît avoir été publiée pour la première fois dans une revue devenue très rare. Nous la reproduisons ici, seulement à titre de curiosité, car on ne peut ajouter aucune croyance à ce récit par trop fantaisiste :

Il y a bientôt quarante ans, vivait, au milieu de l'active colonie du Boucau, une jeune fille qu'on appelait Marianotte ou « petite Marianne », par un de ces diminutifs gracieux, familiers à l'idiome gascon. Dès sa naissance, Marianotte avait été frappée de la main de Dieu, qui l'avait privée des facultés de l'intelligence, et, comme si cette affliction n'eût pas été suffisante, l'enfant avait perdu de bonne heure sa mère, enlevée par une épidémie, et son frère, naufragé sur l'Océan. Tout le monde aimait Marianotte au Boucau, et tout le monde s'était partagé le soin de son existence. Elle était aimante et dévouée, elle recherchait les malades et s'installait les mains jointes à leur chevet. Elle ne savait faire autre chose, la simple fille ; mais, en cédant au penchant de sa nature, elle prouvait une fois de plus que le don de la femme ici-bas est l'amour et la charité. Elle n'était pas utile, mais elle apportait la bénédiction d'en haut. Fille de matelot, la rivière était son élément, et on la voyait souvent sur la rive, seule dans un canot qu'elle dirigeait avec adresse. Elle portait chaque jour, comme l'avait fait sa mère, des provisions fraîches et de l'eau-de-vie aux équipages des navires en partance. Marianotte était jolie, mais jamais elle n'avait été exposée à une inconvenance ; les marins respectaient en elle la main de Dieu, et c'était sans doute pour la mieux protéger que la Providence lui avait donné ces instincts saints et nobles qui la faisaient aimer de tous.

En avril 1814, lord Wellington assiégeait Bayonne et occupait le Boucau. Le village avait été abandonné par ses habitants, sauf quelques familles de pilotes retenus par l'ennemi, et avec lesquelles Marianotte était restée. Elle vivait au milieu de cette population nouvelle avec le même abandon qu'au milieu des amis de son enfance. Savait-elle d'ailleurs, la pauvre fille, quelle était cette différence entre Anglais et Français.

D'abord, elle faillit être maltraitée par ces soldats installés en maîtres sur notre sol ; les grossièretés, dites dans une langue étrangère, s'émoussaient contre ce faible entendement si inhabile déjà dans sa langue native. Puis la simplicité de son esprit s'imposa aux passions mauvaises, et les plus sages prirent l'idiote sous leur protection.

L'armée se composait d'Espagnols, de Portugais et d'Anglais. Marianotte eut bientôt une préférence pour les derniers, par la seule raison, d'abord, que tout ce qui a de l'éclat séduit les natures débiles ; et on la vit, le tonnelet en sautoir, circuler librement au milieu des baraquements des habits rouges.

On s'aperçut bientôt de cette préférence dans la petite colonie du Boucau, et les bonnes femmes s'en occupèrent. Elle avait d'ailleurs une autre cause que celle que nous venons de dire, cause bien simple, mais qui devait agir sur l'esprit de Marianotte et décider du reste de sa vie.

Dès les premiers jours de l'occupation, l'idiote s'était trouvée exposée, d'une manière critique, au mauvais accueil des soldats alliés. Un groupe, où se confondaient les uniformes de toutes nuances, s'était emparé d'elle : les uns lui avaient enlevé son tonnelet et s'en partageaient à la ronde le contenu ; les autres assaillaient la jeune fille de hideuses plaisanteries dans toutes les langues, et les accompagnaient de gestes peu rassurants. Marianotte, ignorante du danger, mais effrayée de ces manifestations brutales, cherchait à sortir du cercle qui se resserrait autour d'elle et faisait entendre quelques cris anxieux que couvraient les éclats de la grosse joie de ses persécuteurs.

Tout à coup, une voix domina le tumulte, le cercle s'ouvrit, et les soldats,

Vue de la Cathédrale de Bayonne

(D'APRÈS UNE EAU FORTE DU CAPITAINE BATTY DU 1er RÉG^t DE LA GARDE ANGLAISE)

silencieux et la tête basse, se retirèrent, laissant Marianotte surprise de sa subite délivrance. Un officier anglais, portant l'habit des régiments de la garde (1), avait interposé son autorité, fait remettre à l'idiote son tonnelet vide, largement payé le tort qu'elle avait souffert, et l'avait prise hautement sous sa protection.

Marianotte n'avait plus oublié ce service dont elle ne comprenait cependant pas toute l'importance. Son protecteur s'occupait d'elle avec bonté, chaque fois qu'il la rencontrait au quartier anglais, et la pauvre enfant n'avait de souvenir que pour ce bel uniforme qui l'avait vivement frappée.

— Marianotte est amoureuse, disaient les bonnes femmes ; tant mieux ! c'est par là que l'esprit vient aux filles.

— Tant pis ! disaient d'autres, il n'y a rien de bon à aimer un Anglais ; cela lui portera malheur.

Simple fille ! Son affection pour l'officier des gardes se borna d'abord à une contemplation muette, lorsque le hasard la rapprochait de lui. Bientôt, elle éprouva à chaque instant du jour le besoin de le rencontrer, de l'admirer, et elle se mettait à le chercher dans tout le village, à le suivre partout comme un chien fidèle.

Quand le deuxième régiment des gardes sortait pour une reconnaissance, Marianotte le suivait de loin ; quand il avait quelque engagement avec les troupes françaises, la pauvre fille était dans des transes mortelles : elle courait jusqu'à ce qu'elle aperçût son protecteur et, s'il lui eût été permis, elle eût cherché à lui faire un bouclier de son corps. Il reçut un jour une légère blessure : Marianotte ne quitta pas le seuil de sa chambre et pleura tant qu'il y fut retenu.

Un matin, il y eut une prise d'armes générale. Des ordres donnés sans bruit, avant le jour, et portés dans tous les postes, mirent sur pied en un clin d'œil la division alliée ; on marcha vers la citadelle, qu'on espérait surprendre. De ce côté, la vigilance n'était pas en défaut, le mouvement des troupes anglaises avait été entendu et elles s'ébranlaient à peine, que les ponts s'abaissaient et nos colonnes s'élançaient au pas de charge.

Sujet bien grave dans la touchante histoire de l'idiote du Boucau.

L'engagement devint sérieux, le canon tonna, et quelques corps de l'armée ennemie furent vivement débusqués.

Au pied de la citadelle, et sous l'enfilade de ses canons, s'ouvre un vallon planté de fougères, de genêts épineux, de cerisiers, qui débouche vers le Boucau par une étroite issue. Là furent refoulés trois régiments anglais et, parmi eux, le deuxième de la garde. Sur cette masse d'hommes en désordre, pressés dans un espace restreint, les batteries de la citadelle ouvrirent un feu terrible, les boulets tombèrent sans relâche au milieu des bataillons, ricochant sur le sol, sur le revers du plateau, coupant et renversant les arbres au milieu des débris humains.

Un groupe d'officiers s'était placé au pied d'un cerisier et là, appuyés sur

____

(1) Coldstream Guards.

leurs cannes, l'épée dans le fourreau, ils recevaient avec un calme stoïque les coups qui les décimaient. Parmi eux était le protecteur de Marianotte.

L'idiote avait suivi les troupes, selon sa coutume, et on l'avait vue courant à travers la fusillade, toujours à quelques pas de l'officier, et partout respectée par les balles. Mais, séparée de lui pendant la déroute, et retenue par les Français, elle était maintenant au milieu d'un groupe de prisonniers, sur un plateau qui domine le vallon. De là, elle assiste à ce spectacle affreux ; de là, elle cherche ses habits préférés ; de là, elle découvre les officiers du régiment des gardes : elle les voit succomber l'un après l'autre. Un seul est encore debout, elle le reconnaît et, sous les derniers boulets qui partent de la citadelle, il roule et tombe au milieu des mourants. A ce moment terrible, Marianotte poussa un grand cri et tomba elle-même comme frappée par le même coup.

Des parents que la pauvre fille avait à Saint-Etienne, village situé derrière la citadelle, vinrent la réclamer et la transportèrent chez eux. Pendant deux jours, Marianotte fut dans un état voisin de la mort ; mais dès qu'elle fut revenue à elle, elle s'échappa et courut vers la citadelle.

Dix officiers des régiments de la garde avaient été ensevelis dans un vallon, au pied de l'arbre qui avait vu leur mort. Dix tombes se comptaient côte à côte : Marianotte, muette et abattue, se prosterna sur chacune d'elles, comme si elle eût voulu lui demander son secret, puis elle marcha vers le cerisier, sous lequel avaient été rassemblés des débris d'armes et des vêtements recueillis çà et là.

Parmi ces débris était une poignée d'épée. Marianotte s'en empara précipitamment ; elle savait qui en avait été le maître et, souriant à ce triste trophée, elle s'assit au pied de l'arbre et demeura immobile tout le reste du jour. Lorsque le soir fut venu, elle reprit lentement le chemin de Saint-Etienne, tenant entre ses mains la poignée d'épée ; et le lendemain, dès la pointe du jour, elle revint s'agenouiller sur chacune des tombes et reprit sa place de la veille.

Ainsi fit la triste Marianotte tant que dura le blocus. Un seul jour, elle alla au Boucau, toujours muette et morne, paraissant demander aux murs, aux arbres, au sol, quelque souvenir de son ami, puis elle revint au pied du cerisier qui fut désormais son poste quotidien.

Lorsque parvint la nouvelle de l'abdication de Fontainebleau, un armistice fut conclu, le blocus fut levé, les prisonniers échangés et, dans les premiers jours du mois de mai, les alliés quittèrent le pays et s'embarquèrent. Le Boucau, que la présence du quartier général avait transformé en une ville élégante et riche, redevint l'humble village des lamaneurs, et bientôt il ne resta plus de traces de l'occupation ennemie, si ce n'est, dans le vallon de Montégut, des tertres surmontés de croix de bois et protégés par quelques plantations.

Marianotte s'en était constituée la gardienne et, pendant seize années, il ne se passa pas un jour, quel que fût le temps, sans que la pauvre idiote vint, avant le lever du soleil, avec son tronçon d'épée, s'asseoir, jusqu'à la nuit close, au pied du cerisier.

Ses parents essayèrent maintes fois de la détourner de ce rôle pénible ; les prières furent inutiles. On tenta de la retenir, de la séquestrer ; mais la violence n'eut aucun succès, elle se serait laissé mourir de faim si on eût prolongé l'épreuve.

— Je le garde, dit-elle un jour ; il dort, et si je le laissais seul, les autres le réveilleraient.

On voulut lui faire comprendre que « son ami » pouvait ne pas être parmi ceux qu'elle gardait.

— Si fait, répondit-elle, je l'ai vu se coucher là ; il m'a donné son épée, et j'attends qu'il s'éveille pour la lui rendre.

En 1830, un ancien capitaine du régiment des gardes, M. Harvey, fut envoyé à Bayonne comme consul. Par ses soins, une souscription s'ouvrit en Angleterre et le montant en fut consacré à l'achat du terrain où reposaient les dix officiers frappés le 14 avril 1814. Un mur entoura ce terrain, quelques arbres y furent plantés, et on y érigea un monument commémoratif. Tout cela ne se fit pas sans une vive résistance de la part de Marianotte ; elle poussa de grands cris, elle pleura, elle joignit les mains. Cet arbre, ces tombes étaient bien à elle : elle les avait acquis par seize années d'assiduité et de souffrance. Pauvre fille ! qui s'en inquiétait ? Elle assista à tous les travaux, elle occupa le pied du cerisier et garda ses tombes jusqu'à ce que la clôture fut terminée.

Du moment où elle se vit expulsée, Marianotte, douloureusement atteinte par le seul point où elle fût sensible, perdit toute énergie et tomba malade. Rien ne l'arrêta cependant et, quoique s'affaiblissant davantage, elle continua de se traîner jusqu'à la porte du champ de repos, près de laquelle elle se blotissait dans l'attitude la plus navrante. Elle attendait que la porte s'ouvrît et, lorsque venait un visiteur, elle se glissait doucement jusqu'aux tertres.

Ce fut ainsi qu'un jour elle vit placer sur le monument une table de pierre qui rappelait les noms des dix officiers et l'époque de leur mort. Cette pierre devint l'autel où Marianotte courait s'agenouiller. Ces inscriptions, bien qu'elle ne sût pas les lire, donnaient une forme à sa douleur ; il semblait qu'elle retrouvât quelque chose de son ami en pensant que son nom était devant elle. Et cependant, nous devons dire qu'elle avait été sans objet, cette douleur de vingt années ; qu'elle avait été sans but, cette longue et touchante fidélité, car, parmi les dix noms de la table de pierre, n'était pas celui de sir William Stanley, l'officier aux gardes (1).

Or, voici comment se termina cette histoire :

Un 14 avril, Marianotte, plus affaiblie que de coutume, mais qui savait par instinct que ce jour était celui de l'anniversaire d'une matinée néfaste, était agenouillée devant la porte et pleurait. Vers midi, un groupe d'étrangers, conduits par M. Harvey, le consul, vint visiter le monument. Dans ce groupe se trouvaient plusieurs dames vêtues de deuil et, au milieu d'elles, marchait un homme d'une cinquantaine d'années, d'une taille élevée, d'une tenue grave et digne. Il paraissait décrire à ses compagnes le site qui se déroulait autour d'elles et leur raconter les événements auxquels, sans doute, il avait assisté vingt ans auparavant.

____

(1) Nous avons recueilli ces noms : G. Collier, H. Sullivan, lieutenants-colonels du 2⁰ régiment des *Coldstream Guards* ; W.-G. Crofton et W. Burroughs, capitaines ; F. Vachell et W. Pitt, enseignes ; W. Vane, enseigne au 1ᵉʳ régiment ; G.-L. White et J.-B. Shiffner, capitaines, et H. Holburne, lieutenant au 2⁰ régiment.

Au bruit que firent les visiteurs, Marianotte se rangea pour leur livrer passage, et continua de pleurer. L'étranger, dont le visage portait l'expression d'une bienveillance extrême, s'approcha d'elle, tira une pièce d'argent et la lui tendit.

Marianotte tenait entre ses mains son tronçon d'épée, usé et bruni par un contact quotidien. Cette arme frappa la vue de l'étranger et réveilla chez lui des souvenirs éteints. Il s'approcha davantage, se pencha vers l'idiote et, sous ces traits flétris, sous cette beauté anéantie, il la reconnut.

— Marianotte ! lui dit-il ; pauvre Marianotte !

A ces mots, à cette voix, elle dressa la tête, se leva en chancelant et regarda. Sa figure s'illumina d'un sourire.

— Pauvre Marianotte ! répondit-elle.

Puis elle poussa un grand cri : elle avait reconnu sir William.

Elle fit un pas vers lui, tendit les bras ; elle essaya de parler, un sanglot étouffa sa voix. L'émotion était trop forte ; la pauvre femme s'affaissa sur elle-même et tomba, la face contre terre, tuée par la surprise et par le bonheur.

Ce petit espace, clos de murs, qu'on nomme le *Cimetière anglais*, occupe, d'une manière toute pittoresque, un coin du joli vallon de Montégut ; des groupes d'arbres l'entourent et le cachent à moitié, et quelques peupliers, qui s'élancent dans sa triste enceinte, guident au loin le visiteur. Quoique bien près de la ville, le vallon est désert ; aucun bruit ne trouble le sommeil de ces braves que la mort a condamnés, loin de leur patrie, à un éternel exil.

N° 52

EXTRAIT D'UN REGISTRE D'ORDRE DE LA CITADELLE.

(Notes communiquées par M. le Dr C. Delvaille).

23 février 1814. — L'ennemi passe l'Adour ; à tout moment il peut, dès à présent, se présenter. Les régiments seront tous aujourd'hui complétés à 60 cartouches par homme (Maucomble).

24 février 1814. — Hier, après-midi, partie des 5e et 82e régiments ont été chargés de reconnaître l'ennemi débarqué à la pointe Nord de l'embouchure de l'Adour. Ses tirailleurs et ses postes ont été culbutés et forcés de se retirer avec pertes.

24 février 1814. — Demain, à 4 heures du matin, les compagnies du 95e, logées à la citadelle, prendront les armes, se porteront au pied des glacis de la porte de secours, derrière les lunettes des cohortes. A la même heure, le 5e léger sera en bataille à l'embouchure des routes de Bordeaux et de Toulouse. Les voltigeurs resteront dans leur maison pour la défendre. Le 82e sera sous les armes dans l'enclos de la maison Montégut. On y attendra l'ennemi.

25 février 1814. — Toute communication est interdite entre la place et la campagne. On ne pourra passer sans ordre du général Thouvenot.

25 février 1814. — La conduite des habitants de Bayonne, par l'empressement qu'ils ont mis à communiquer avec l'ennemi, a été aujourd'hui déshonorable pour eux et affligeante pour les amis de la France et de son Empereur. Voulant prévenir le retour de pareils scandales, et remplir les intentions de M. le général de division, commandant supérieur, il est ordonné aux chefs de corps de prescrire pour consigne à leurs avant-postes de faire feu sur tout individu qui, venant du côté de l'ennemi, voudrait passer nos avant-postes, et sur ceux qui chercheraient à passer du côté de l'ennemi sans permission. Cet ordre a été signifié ce soir à M. le Maire de Saint-Esprit.

26 février 1814. — Malgré les ordres sévères, il y a eu communication. Il faut redoubler de vigilance.

2 mars 1814.— Les travaux du génie n'ont pas été poussés aujourd'hui. Cette insouciance devient condamnable. C'est par l'achèvement des travaux définitifs que nous rendrons plus forte une résistance honorable.

18 mars 1814. — M. Noël, adjudant-major au 5e léger, et M. Perm, lieutenant, se sont mal conduits, étant allés aujourd'hui en parlementaires : au lieu de se borner à recevoir les lettres qu'on leur remettait et de donner un reçu, ils se sont permis de s'entretenir de sujets tout à fait étrangers à la mission qu'ils remplissaient, et ont ainsi manqué aux dispositions du règlement sur le service des places en état de siège et aux ordres de M. le général de division commandant supérieur.

25 mars 1814. — 10 hommes ont été empoisonnés en mangeant une plante ressemblant au céleri.

27 mars 1814. — A Bayonne, depuis quelques jours, plusieurs soldats des différents corps de la garnison sont passés à l'ennemi. Tous reçoivent des vivres. Cette désertion ne peut être que le produit de la séduction de la part de l'ennemi. — Ordres sévères : « MM. les chefs de corps feront en outre connaître à leurs soldats qu'en désertant ils s'exposent, à la première démarche, à des maux inévitables et que le sort qui les attend est d'être incorporés dans des bataillons que les Anglais envoient dans leurs colonies, et perdent l'espoir de rentrer dans leur patrie et de donner de leurs nouvelles à leurs familles ». (Baron Thouvenot).

28 mars 1814. — Total des travailleurs du 5e léger, 64e, 70e, 82e, 94e, 95e, 119e : 274 hommes.

31 mars 1814. — Ordre à Bayonne : « Plusieurs soldats ont été trouvés cachés chez les habitants. Ordre à ceux-ci de n'en pas recevoir et de déclarer ceux qu'ils ont, dans les 24 heures, sous peine de 9 ans de détention ».

7 avril 1814. — Ordre de Thouvenot : « Les habitants de Saint-Esprit qui se sont réfugiés à Bayonne en sortiront pour retourner dans leurs domiciles, du 1er au 12, sous peine d'y être contraints par la gendarmerie et d'avoir leurs meubles confisqués ».

8 avril 1814. — Ordre : « On a condamné à mort les déserteurs Lapeigue (Bernard), Maze (Pierre), Monet (Jean), Jougeton (Joseph), du 66ᵉ ».

11 avril 1814. — Citadelle : « Les communications entre Bayonne, St-Esprit et la citadelle sont rétablies comme par le passé ».

15 avril 1814. — « C'est au nom de l'Empereur que je m'empresse de témoigner aux troupes de la garnison ma satisfaction sur la bravoure qu'elles ont montrée dans la journée d'hier, dont les brillants résultats ajoutent aux nombreux faits d'armes qui ont, dans tous les temps, illustré les armées françaises ».

17 avril 1814. — On fera immédiatement rétablir les meubles de ce palais (Marrac) dont l'entrée sera désormais interdite au public. On fera fermer également les barrières, portes et grilles de l'enclos, et les dégradations qui pourraient y exister seront immédiatement réparées par les ouvriers du génie.

19 avril 1814. — Ordre du Maréchal, duc de Dalmatie, quartier général de Castelnaudary, sur la déchéance de l'Empereur et le rétablissement de Louis XVIII.

27 avril 1814. — Ordre du général Thouvenot d'arborer le nouveau drapeau.

28 avril 1814. — Revue. Remise du drapeau.

2 mai 1814. — Relever la garde nationale de Bayonne et les pompiers de Saint-Esprit de leurs postes. On remercie la garde nationale, et surtout son colonel Milhet, « pour la discipline qu'il a établie dans cette garde et le bon esprit qu'il y a maintenu en ne s'écartant jamais de ce qu'exigeait la dignité nationale ».

6 mai 1814. — Il sera chanté après-demain dimanche, 8 de ce mois, à 11 heures du matin, dans la cathédrale de Bayonne, un *Te Deum* en action de grâces de l'heureux avènement de Louis XVIII au trône de France. Cette cérémonie religieuse sera célébrée avec toute la pompe digne de cet objet.

4 juin 1814. — Dans un ordre du jour du duc d'Albuféra, on signale encore des désertions « qui ternissent en quelque sorte la gloire qu'ils se sont acquise (les corps) pendant le blocus de la place ».

11 juin 1814. — Le baron Thouvenot, lieutenant-général : A la procession de la Fête-Dieu, 21 coups de canon. « Il sera tiré demain, à la parade du jour, 200 coups de canon pour l'heureuse occasion de la signature de la paix, conformément à l'ordre de Son Excellence le ministre de la guerre ».

12 juin 1814. — Citadelle. — MM. les officiers des deux compagnies du 6ᵉ régiment d'artillerie à pied et ceux de la compagnie des pionniers, au mépris de l'ordre d'hier, ne se sont trouvés à la procession du Saint-Sacrement qui a eu lieu aujourd'hui, de 3 à 5 heures du soir. En conséquence de la négligence des dits officiers, au nombre de huit, les arrêts simples leur seront ordonnés pour 48 heures.

Le colonel, commandant la citadelle.

16 juin 1814. — Service funèbre pour Louis XVI, Marie-Antoinette, Louis XVII et Elisabeth.

Ordre du 15 juin, date du 19. — Il y aura messe militaire le dimanche, à midi, à Bayonne. Les généraux et officiers supérieurs se trouveront chez moi pour aller à la messe. D'après les nouvelles dispositions de M. le lieutenant-général, il n'y aura pas de messe à Saint-Esprit jusqu'à nouvel ordre. Le commandant Magendie s'entendra avec le maire et le curé.

Le colonel.

Ordre du..... — S. A. le duc d'Angoulême arrivera à Bayonne le 19 de ce mois. Les autorités civiles et militaires concourront à la réception de ce prince, digne rejeton de Henri IV. Nous devons tous nous empresser de prouver à S. A., par une allégresse générale, que nous sommes animés par les sentiments les plus purs d'amour, de dévouement et de respect pour l'auguste famille des Bourbons. Les tambours battront aux champs, etc.

20 juillet 1814. — On dit que le duc d'Angoulême a été satisfait, qu'il a accordé des décorations du lys à la garde nationale et aux officiers. Ordre de terminer par : Vive le Roi ! Vivent les Bourbons ! Vive le duc d'Angoulême !

24 août 1814. — Ordre de la citadelle. — Fête du Roi. — Rien arrivé à Saint-Esprit.
Signé : *Le commandant de la citadelle.*

20 janvier 1815. — La garnison est prévenue qu'il doit être célébré demain, 21 courant, dans l'église paroissiale de Saint-Esprit, un service solennel en commémoration de la mort du plus vertueux de nos rois.

3 avril 1815. — Ordre du jour de Bordeaux : « Ordre de retirer les drapeaux blancs et de mettre des cocardes tricolores ».

17 avril 1815. — Ordre de la place. — Le maréchal de camp, commandant d'armes : « M. le lieutenant-général vient de recevoir l'agréable nouvelle que Marseille a arboré les couleurs nationales le 12 du courant. Il a ordonné, d'après les instructions de M. le général gouverneur de la division, qu'il soit tiré demain, au point du jour, cent coups de canon de la place et citadelle de Bayonne, en réjouissance de cet heureux événement ».

18 avril 1815. — Ordre du général Clausel : « Les habitants de Marseille, dégagés de l'influence des agents du dernier gouvernement, ont arboré, le 12, le drapeau tricolore. Cent coups de canon, tirés demain dans la ville de Bordeaux et dans les places de la 11ᵉ division, annonceront cette importante nouvelle qui dissipe les craintes des bons Français et anéantit l'espoir de ceux qui calculaient d'établir leur fortune sur la ruine et les divisions de la grande famille, réunie en un instant sous le chef de son choix, sous le prince vraiment national, protecteur de notre liberté et de l'indépendance de notre patrie ».

27 août 1815. — Conformément aux instructions du général Thouvenot, procession de la Fête-Dieu.

N° 53

OUVRAGES DU CAMP RETRANCHÉ DE BAYONNE, ARMEMENT ET GARNISONS NÉCESSAIRES EN 1814.

(Commandant Clerc. — *Campagne du Maréchal Soult*).

OUVRAGES	Bouches A FEU	Garnisons	*Observations*
I. — FRONT D'ESPAGNE			
Avancée de Beyris.....................			
Fort de Beyris........	19	1.800	
Batterie intermédiaire.................	2		
» de l'Adour.....................	6	500	Dite aussi batterie de Pitrac.
» de la pointe supérieure	2		
» des Fusiliers..................	4		
» des Grenadiers.................	4	1.000	
» du Séminaire.................	3		
» des Sapeurs	5		
Ouvrages de Marrac et avancées........	27	2.200	
II. — FRONT DE MOUSSEROLLES			
Batterie des Auxiliaires...............	5	100	
» des Canonniers	6	200	
» de Vespalis...................	4	100	
Ouvrage à couronne, dit *Camp-de-Prats*.	35	2.000	
Avancée de Mousserolles	»	600	
III. — FRONT DE LA CITADELLE			
Redoutes des cohortes n°s 1 et 2........	40	1.400	
Redoute de Saint-Esprit	»		
Citadelle............................	37	700	
Corps de place de Bayonne............	67	1.000	
Réserve d'artillerie...................	14	»	
Réserve d'infanterie	»	3.400	
TOTAL..	280	15.000	

NOTA. — En 1814, ce qu'on appelait *avancée de Mousserolles* était, dans la réalité, un ensemble de trois lignes successives, savoir :

Ligne des avant-postes. — Maison Lucia et lisière du plateau de Jupiter.

Ligne de recueil. — Grand Lissague, Monho, Mauledou (maison ou groupe de maisons fortifiées et reliées par des tranchées).

Ligne de résistance définitive. — En avant de l'ouvrage à couronne, batterie de Fortune, groupe de l'Eglise, batterie Sallenave.

BLOCUS DE BAYONNE

D'APRÈS UNE GRAVURE ANGLAISE EN COULEUR

En avant de Marrac et de la redoute des Voltigeurs, bordant le côté Ouest de la route, s'étendaient de longues files de tranchées parallèles et précédées de trous de loup. Elles flanquaient les ouvrages de Beyris, de l'autre côté du vallon de l'Aritzague.

Sur le front de la porte d'Espagne, entre la batterie des Sapeurs et l'Adour, le vallon de l'Aritzague, naturellement marécageux, avait été inondé à l'aide des chaussées de la route d'Espagne et des chemins des Capucins (Balichon) et de la Barre (Moulin de Sabalce) qui le traversent et transformés en digues. Le fort de Beyris couvrait l'inondation supérieure ; les batteries du Séminaire à celles de l'Adour défendaient les approches de l'inondation inférieure.

Plus tard, enfin, on créa une *avancée de la citadelle ;* elle englobait l'église de Saint-Etienne et un cimetière fortifié, ainsi que le nœud des routes de Bordeaux et de Toulouse.

N° 54

ÉTAT DE LA GARNISON DE BAYONNE.

(Commandant Clerc. — *Campagne du Maréchal Soult*).

Les 21 bataillons dont se composait la garnison de la forteresse furent embrigadés et, par un remaniement de troupes, le corps de défense forma 4 brigades, attachées chacune à un secteur.

I. — ÉTAT-MAJOR

Général de division Thouvenot, commandant supérieur ;
Général de brigade Sol-Beauclair, état-major de la place ;
Général de division Abbé, état-major de la garnison ;
Général de brigade Berge, état-major de l'artillerie ;
Général de brigade Garbé, état-major du génie ;
Sous-inspecteur aux revues, Morel ;
Chef de bataillon Chautel, com' l'artillerie au camp de la porte d'Espagne ;
Chef de bataillon Lespagnol, command' l'artillerie au camp de Mousserolles ;
Chef de bataillon Weingartner, directeur de l'artillerie ;
Colonel Bordenave, directeur du génie.

II. — TROUPES

Génie : 2 compagnies du 2e bataillon de sapeurs ; 1 compagnie de pionniers de Bayonne ;
Artillerie : 7 compagnies des 3e, 5e, 6e et 8e régiments, dont 2 à la citadelle avec la compagnie de pionniers ;
4 compagnies d'ouvriers ;
1 compagnie du train d'artillerie ;
Infanterie : 21 bataillons.

BRIGADES

Colonel Saint-Martin : 1 bataillon à Bayonne, avec la gendarmerie à pied et à cheval, 546 hommes ;

1° Général Beuret : 5 bataillons. — Droite du front d'Espagne, avec un détachement du 16e chasseurs à cheval pour la correspondance, 3.057 hommes ;

2° Colonel Gougeon : 5 bataillons. — Gauche du front d'Espagne, 3.214 hommes ;

3° Général Delorme : 5 bataillons. — Front de Mousserolles, 2.947 hommes ;

4° Général Maucomble : 5 bataillons. — Citadelle et camp retranché, avec un détachement de chasseurs à cheval pour la correspondance, 2.411 hommes ;

Total : 21 bataillons, 12.175 hommes.

N° 55

SITUATION DE LA PLACE DE BAYONNE LE 1er DÉCEMBRE.

(Commandant Clerc. — *Campagne du maréchal Soult*).

	Bataillons	Officiers	Troupes	Emplacements
9e léger	4e	15	597	A la Citadelle.
31e léger	3e, 4e	18	696	Id.
1er de ligne	1er	22	590	Id.
26e de ligne	4e	19	602	Mousserolles.
66e de ligne	4e	25	685	Id.
82e de ligne	4e	22	558	Id.
70e de ligne	1er	22	620	Logés en ville.
118e de ligne	4e	19	245	A la Citadelle.
119e de ligne	2e, 3e	33	1.141	Id.
120e de ligne	3e	17	732	Au Boucau.
Cohorte des Basses-Pyrén.	1er	13	377	Logés en ville.
Cohorte des Landes	1er	13	388	Id.
Artillerie (9 compagnies)	»	23	1.046	1 comp. au Château-Vieux, 3 front d'Espagne, 3 front de Mousserolles, 1 Réduit, 1 Citadelle.
Ouvriers d'artil. (1 comp.)	»	5	254	Au Réduit.
Ouvriers d'artil. (1 comp.)	»	4	240	
Sapeurs (1 compagnie)	»	3	120	Du 2e bat. de sapeurs
Train	»	3	140	Du 4e bat. *bis*, à St-Esprit.
TOTAUX	14	276	8.930	

N° 56

SITUATION DE LA PLACE DE BAYONNE LE 1ᵉʳ MARS 1814.

(Commandant Clerc. — *Campagne du Maréchal Soult*).

Brigades	Régiments	Chefs de corps	Bataillons	Officiers	Troupes
Colonel St-Martin (1).	34ᵉ léger............	Leclerc............	4ᵉ	19	546
	Gendarmes à pied et à cheval	....	»	»	»
4ᵉ brigade Général Maucomble (2).	5ᵉ léger...	Courrier de Pilvort.	1ᵉʳ	15	605
	82ᵉ de ligne........	Vivien.......... ..	1ᵉʳ	20	531
	95ᵉ de ligne........	Delassalle..........	3ᵉ	11	281
	119ᵉ de ligne.......	Dodit, Magendie ...	2ᵉ, 3ᵉ	36	994
	15ᵉ chas. à cheval...	....	»	»	»
1ʳᵉ brigade Général Beuret (3).	27ᵉ léger...........	Moullet...........	1ᵉʳ	19	670
	63ᵉ léger...........	Moutard..........	1ᵉʳ	20	704
	64ᵉ de ligne........	Aulard et Macé.....	1ᵉʳ, 2ᵉ	32	1.084
	120ᵉ de ligne.......	Fauchon..........	3ᵉ	18	599
	Détachement.......	....	»	»	»
2ᵉ brigade Colonel Gougeon (4.)	1ᵉʳ de ligne........	Delohr............	1ᵉʳ	20	787
	94ᵉ de ligne........	Reynet, Couderc...	1ᵉʳ, 2ᵉ	30	1.136
	95ᵉ de ligne........	Daribau...........	1ᵉʳ	14	778
	118ᵉ de ligne.......	Bernard	4ᵉ	19	513
3ᵉ brigade Général Delorme (5).	31ᵉ léger...........	Gay..............	4ᵉ	16	545
	26ᵉ de ligne.........	de Sandricourt.....	1ᵉʳ, 2ᵉ	32	1.009
	66ᵉ de ligne........	Dupuy............	1ᵉʳ	25	752
	70ᵉ de ligne........	Noël..............	1ᵉʳ	23	641
Artillerie et Train (6).	3ᵉ d'artillerie (10ᵉ et 16ᵉ compagnies)............			6	228
	5ᵉ d'artillerie (24ᵉ et 25ᵉ compagnies).......... .			5	265
	6ᵉ d'artillerie (11ᵉ et 20ᵉ compagnies)...........			5	219
	8ᵉ d'artillerie (2ᵉ compagnie)...................			3	95
	2ᵉ compagnies d'armuriers			1	28
	Train d'artillerie......................			1	120
	2ᵉ batterie de sapeurs (3ᵉ et 9ᵉ compagnies).....			5	308
	Pionniers de Bayonne......................			3	136
	Ouvriers d'artillerie (12ᵉ compagnie)...........			3	68
	1ᵉʳ bataillon de pontonniers (4ᵉ compagnie).....			1	15

EMPLACEMENTS :

(1) Bayonne, 546 hommes. — (2) Citadelle et camp retranché, 2.411 hommes. — (3) Droite du front d'Espagne, 3.057 hommes. — (4) Gauche du front d'Espagne, 3.214 hommes. — (5) Front de Mousserolles, 2.947 hommes. — (6) Répartis dans la place et les camps retranchés, suivant les besoins, 1.483 hommes.

Nᵒ 57

DIVISIONS ANGLAISES DE BLOCUS.

(Dépêches de Wellington et autres documents).

			Effectif	Absents de la divis	Total
1ʳᵉ division d'infanterie Lieut.-gén. sir John Hope K. B et major-gén. Howard.	Major-génér. the Hon. E. Stopford.	1 st Guards 1 st batt ...	785		
		1 st id. 3 rd » ...	776		
		Cold. id. 1 st » ...	767		
		3 rd id. 1 st » ...	864		
		1 co 60 th. Fourtg 5 th. bat.	50	311	7.401
	Major-génér. Hinuber.	1 st Line Batt K. G. L....	574		
		2 nd id. » ...	532		
		5 th id. » ...	482		
		1 st Light bat » ...	568		
		2 nd id. » ...	585		
5ᵉ division Major-génér. the Honour. Ch. Colville.	Major-génér. Hay.	1 st Foot 3 batt...	320		
		9 th id. 1 st » ...	482		
		38 th id. 1 st » ...	364		
		47 th id. 2 th » ...	256		
		1 co Brunswick Oels...	25		
	Major-génér. Robinson.	4 th Foot 1 st batt. ..	344	2.827	7.715
		59 th id. 2 nd » ..	268		
		84 th id. 2 nd » ...	294		
		1 co Brunswick Oels ..	20		
	Col. Regou.	3 rd Line-Portuguese	668		
		15 th id.	427		
		8 th Caçadores	189		
	Major-génér. Lord Aylmer.	62 nd Foot 1 st batt...	427		
		76 th id.	546	228	2.349
		77 th id.	170		
		85 th id.	430		
		13 Line Portuguese......	547		
		24 th id.	609	696	2.395
		5 th Caçadores	293		

N° 58

ÉTAT APPROXIMATIF DE L'ARMÉE ALLIÉE FORMANT LE BLOCUS DE BAYONNE.

(Dépêches de Wellington).

Division Colville : Hay, 1er, 9e, 38e, 47e, 1 comp. Brunswick ; Robinson, 4e, 59e, 84e, 1 comp. riflemen ; Regou (P.), 3e, 15e port., 8e caçadores ;

Division Howard : Stopford, gardes, comp. de rifles (Coldstream et fusiliers écossais ou 3e rég. des gardes) ; Hinuber (A.), légion germanique ;

Brigade anglaise : Aylmer, 76e, 84e, 85e régiments ;

Brigade portugaise : Bradfort (P.), 13e, 24e port., 5e caçadores ; Wilson (P.), 1er, 16e, 4e caçadores ;

Division espagnole : Don Carlos, 1er et 5e de la 4e armée ; Freyre, 3e et 4e de la même armée ;

Brigade de cavalerie : Vandeleur, 12e et 16e dragons légers.

N° 59

PARC DE SIÈGE.

(Journals of Sièges, John Jones).

24 pounders	52
8 inch howitzers	22
68 pounders, carronades	16
13 inch mortars	4
10 inch mortars	19
4 1/2 brass cohorn mortars	20
18 pounders iron, of field équipement	6
TOTAL de pièces	139

24 pounders round shot	71.730	
24 pounders grape	3.338	} 90.998 or, 1.750 rounds à gun.
24 pounders sphérical	15.930	
18 pounders round shot	25.413	
18 pounders grape	1.382	} 31.145.
18 pounders sphérical	4.350	
For 68 pr. carronades and 8 inch howitzers. — round shot	700	
case wod grape	1.500	
sphérical grape	10.266	} 19.994 or, 500 rounds cachs.
common shells	7.328	
carcasses	200	
13 inch common shells	1.694	} 1.797 or, 450 r. cachs.
13 inch carcasses	103	

10 inch common shells......................	5.705
10 inch carcasses............................	220
Round of pound shot fort 10 inch	1.065
4 2/3 inch shells............................	8.000
4 2/3 inch carcasses	400
Barrels of pounder, 90 l. cach...............	10.160

6.990.

8.400 or, 426 r. cach.

PARC POUR BAYONNE

24 pounders guns.............................	26
8 inch howitzers...	12
10 inch mortars.............................	12
4 2/3 inch cohorn mortars....................	20
Total de pièces................	70

Ce qui suit forme la proportion de huit jours de feu, dont la moitié débarquée à Saint-Jean-de-Luz pour être transportée par terre, l'autre moitié envoyée par les chasse-marée à l'embouchure de l'Adour :

For 24 pounder	round shot.................................	29.400
	grape and case............................	1.920
	sphérical case............................	1.920
For 8 inch howitzers	commons shells............................	5.020
	sphérical case............................	1.280
	carcasses.......	100
10 inch mortars.....	commons shells............................	5.020
	carcasses	100
4 2/5 inch commons shells....................		4.000
Barrels of pounder, 90 l. cach		4.050

Les quantités envoyées au Boucau, durant l'investissement, étaient :

24 pounders rounds............................	36.721
24 pounders grape............................	2.000
24 pounders sphérical........................	2.253
8 inch shells....	6.205
8 inch sphérical	7.864
4 2/2 inch sphérical.........................	6.998
Barrels of pounder...........................	6.000

FIN

TABLE DES MATIÈRES

PAGES

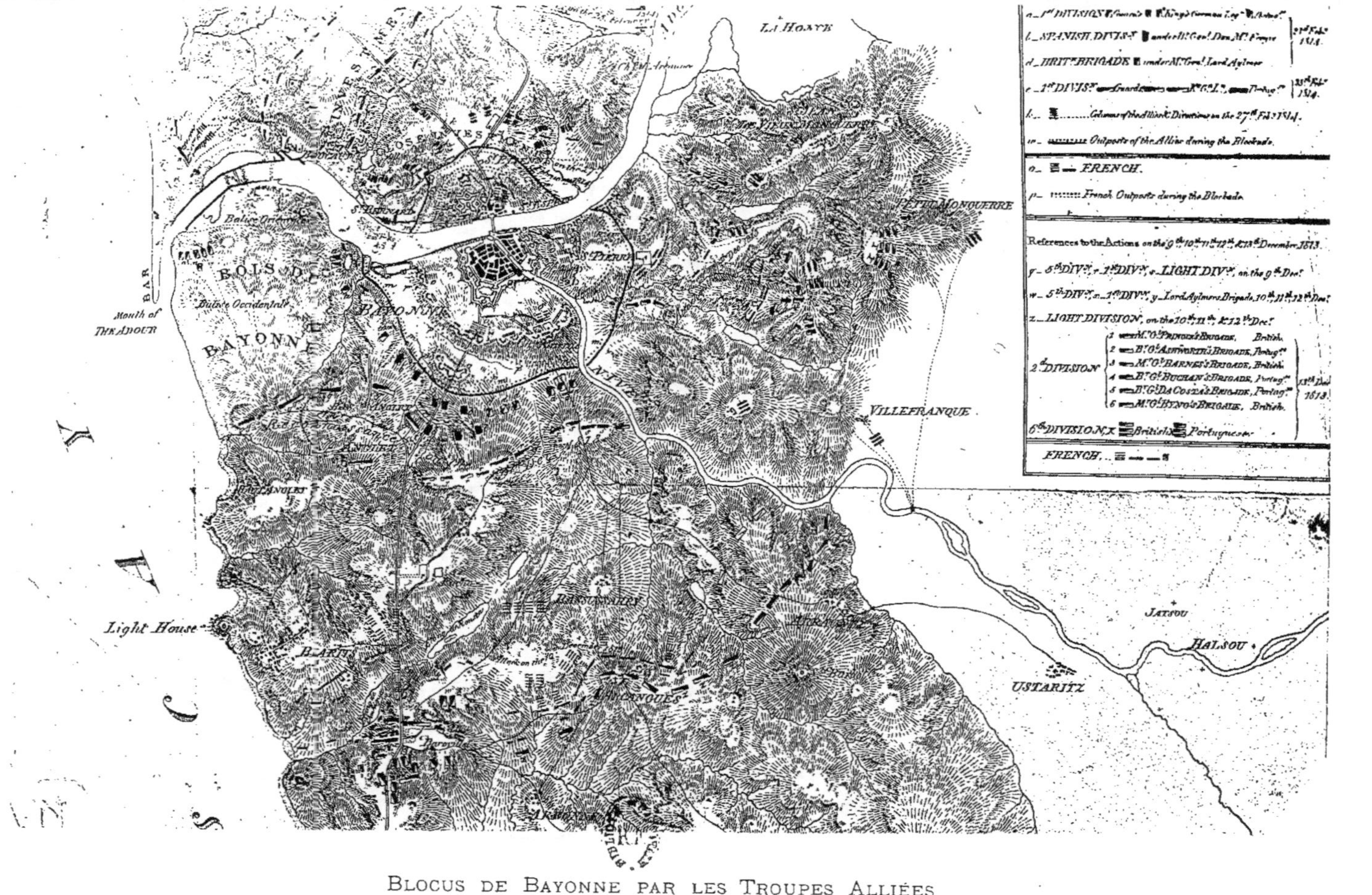

BLOCUS DE BAYONNE PAR LES TROUPES ALLIÉES

TABLE DES ILLUSTRATIONS

PLAN
de la place, Citadelle
et ouvrages extérieurs
DE BAYONNE.
année 1813.
Légende.
Échelle.

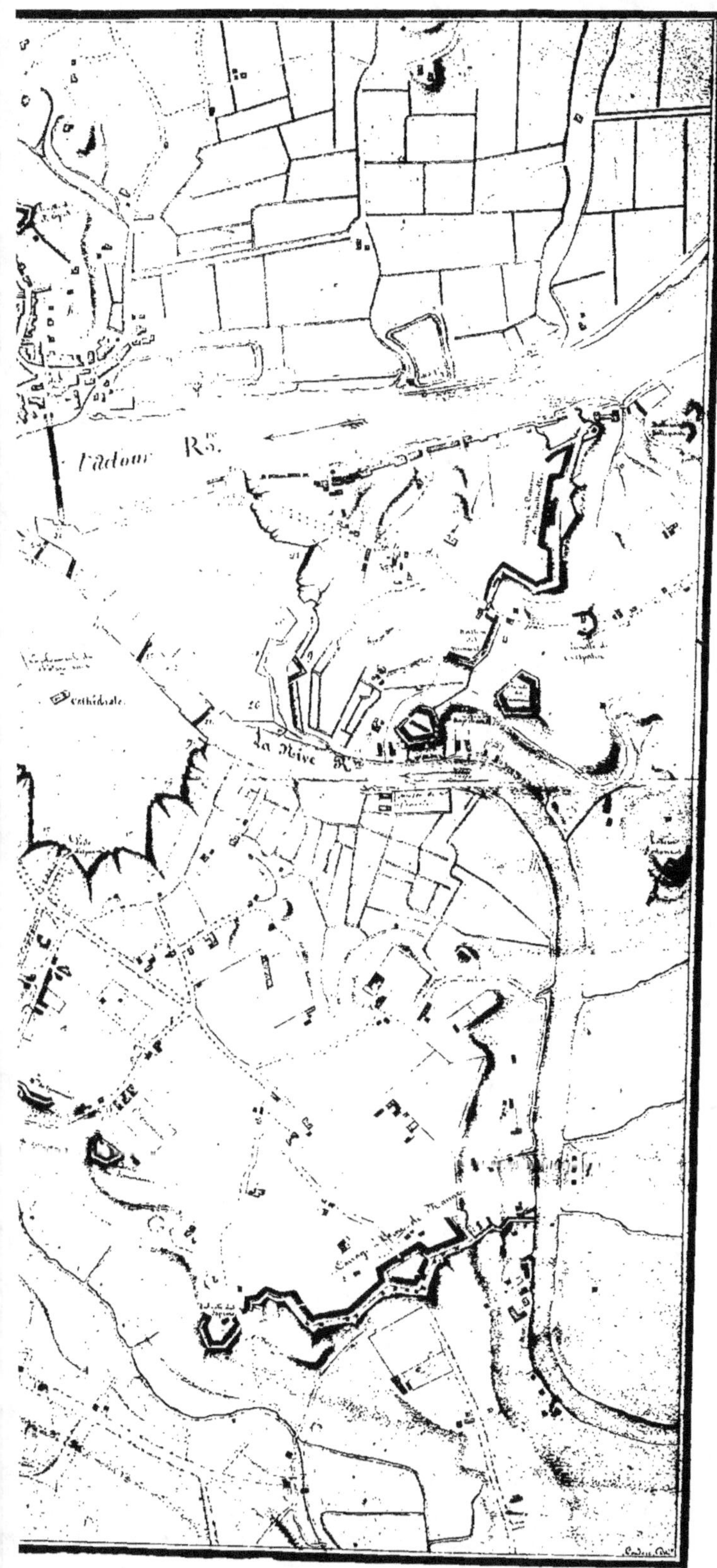

l'Adour R.
Cathédrale
la Nive R.

www.ingramcontent.com/pod-product-compliance
Lightning Source LLC
Chambersburg PA
CBHW051259060726
47596CB00001B/175